政治文化与政治文明书系

主 编：高 建 马德普

行政文化与政府治理系列

执行主编：吴春华

教育部人文社会科学研究青年项目
"空间资本与外来人口的居住隔离问题研究"
（19YJC840024）资助

政治文化与政治文明书系

行政文化与政府治理系列

空间资本、居住隔离与外来人口的社会融合

——以上海市为例

Spatial Capital, Residential Segregation,
and Social Integration
of Migrant Population in Shanghai

刘　琳 ◎著

天津出版传媒集团

天津人民出版社

图书在版编目（CIP）数据

空间资本、居住隔离与外来人口的社会融合：以上海市为例 / 刘琳著. -- 天津：天津人民出版社，2021.8

（政治文化与政治文明书系. 行政文化与政府治理）
ISBN 978-7-201-17651-2

Ⅰ.①空… Ⅱ.①刘… Ⅲ.①外来人口—社会管理—研究—上海 Ⅳ.①D631.42

中国版本图书馆 CIP 数据核字(2021)第 178543 号

空间资本、居住隔离与外来人口的社会融合：以上海市为例
KONGJIAN ZIBEN JUZHU GELI YU WAILAI RENKOU DE SHEHUI RONGHE YI SHANGHAISHI WEI LI

出　　版	天津人民出版社
出 版 人	刘　庆
地　　址	天津市和平区西康路35号康岳大厦
邮政编码	300051
邮购电话	（022）23332469
电子信箱	reader@tjrmcbs.com

策划编辑	王　康
责任编辑	安　洁
特约编辑	郑　玥
封面设计	卢炀炀

印　　刷	天津新华印务有限公司
经　　销	新华书店
开　　本	710毫米×1000毫米 1/16
印　　张	20.75
插　　页	2
字　　数	280千字
版次印次	2021年8月第1版　2021年8月第1次印刷
定　　价	81.00元

政治文化与政治文明书系

天津师范大学政治文化与政治文明建设研究院·天津人民出版社

编　委　会

目 录

第一章 绪 论 / 1

一、外来人口的基本状况与相关政策背景 / 1

　(一)户籍制度 / 1

　(二)上海市外来人口的历史与现状 / 3

　(三)上海市外来人口的空间分布状况 / 13

　(四)上海市的住房政策与房价 / 22

二、研究内容 / 25

　(一)外来人口的界定 / 25

　(二)研究问题 / 26

　(三)研究框架 / 28

　(四)分章结构 / 30

三、研究意义 / 32

第二章 空间资本、居住隔离与社会融合 / 34

一、理论的基础与概念的提出 / 35

　(一)古典社会学理论中的"空间"隐喻 / 35

　(二)将空间引入马克思主义 / 36

　　　　（三）空间的政治经济学　/　37

　　　　（四）人类生态学——芝加哥学派　/　39

　　　　（五）社会空间视角　/　42

　　　　（六）概念的提出——空间资本　/　43

　　　　（七）居住空间：将社区空间带回住房研究　/　45

　　二、国外相关研究　/　47

　　　　（一）居住隔离　/　47

　　　　（二）居住隔离与社会融合　/　52

　　三、国内相关研究　/　56

　　　　（一）住房研究　/　57

　　　　（二）居住隔离　/　61

　　　　（三）社会融合　/　67

　　四、文献述评与小结　/　69

第三章　外来人口的居住现状与影响因素分析　/　73

　　一、数据说明　/　74

　　二、变量的选取和描述性统计　/　75

　　三、分析方法和统计模型　/　83

　　四、外来人口居住状况描述　/　85

　　　　（一）住房产权　/　85

　　　　（二）住房类型　/　92

　　　　（三）居住面积　/　93

　　　　（四）住房设施　/　98

　　　　（五）住房费用　/　99

　　　　（六）住房稳定性　/　100

（七）周边环境和配套设施 / 101

（八）社区位置 / 103

（九）社区外来人口比例 / 107

五、小结 / 108

第四章 居住空间资本指标体系的建构 / 111

一、数据说明 / 111

二、居住空间资本的指标选取 / 112

（一）交换价值 / 113

（二）使用价值 / 114

三、统计方法：潜变量建模（Latent Variable Modeling） / 122

四、分析结果 / 124

（一）探索性因子分析（EFA） / 124

（二）验证性因子分析（CFA） / 130

（三）探索性结构方程模型（ESEM） / 134

（四）最终模型 / 137

（五）检验：因子与社区平均房价的相关性分析 / 140

第五章 外来人口与本地人口居住空间资本的差异性分析 / 145

一、关于移民居住问题的文献回顾 / 145

二、研究问题与研究假设 / 149

三、研究设计 / 151

（一）变量的选取和描述性统计 / 151

（二）交互分析结果 / 153

（三）统计模型 / 157

四、研究结果与发现 / 158

（一）交换价值 / 158

（二）使用价值 / 167

五、小结 / 187

第六章　居住空间资本与居住隔离 / 189

一、居住隔离形成机制的文献回顾 / 189

二、研究问题和研究假设 / 192

三、变量的测量和操作化 / 194

（一）局部居住分异指数 / 194

（二）局部孤立指数 / 196

（三）统计模型及自变量 / 198

四、居住空间资本与居住隔离的关系验证 / 198

（一）理论模型 / 199

（二）居住空间资本与孤立指数 / 200

（三）居住空间资本与居住分异指数 / 204

五、回归分析结果 / 209

（一）孤立指数的影响因素 / 209

（二）户籍与居住空间资本对孤立指数的交互效应 / 213

（三）居住分异指数的影响因素 / 216

（四）户籍与居住空间资本对居住分异指数的交互效应 / 219

六、小结 / 221

第七章　居住空间资本和居住隔离对社会融合感受的影响 / 223

一、居住隔离与社会融合的文献回顾 / 224

二、研究框架和研究假设 / 226

三、研究设计 / 228

　(一)变量的操作化 / 229

　(二)统计模型 / 231

四、研究结果 / 231

　(一)描述性统计结果 / 231

　(二)排斥感受 / 235

　(三)安全威胁 / 244

五、小结 / 250

第八章　居住隔离、社区社会资本与定居意愿 / 253

一、问题的提出 / 253

　(一)定居意愿的影响因素 / 254

　(二)居住隔离 / 256

　(三)社区社会资本 / 257

二、数据、变量与方法 / 259

　(一)数据来源 / 259

　(二)变量的操作化 / 259

　(三)模型的选择:定序对数比率回归(ordered logistic regression) / 262

三、实证结果及分析 / 263

四、小结 / 270

第九章　结论 / 273

一、居住空间资本 / 273

二、外来人口居住现状 / 275

三、居住空间资本与居住隔离 / 277

四、居住隔离与社会融合 / 278

　　五、研究反思：局限性及未来可能的研究方向　/　281

参考文献　/　282

第一章
绪　论

一、外来人口的基本状况与相关政策背景

(一)户籍制度

　　户籍制度是当代中国城市外来人口管理的基本制度，除了基本的人口登记与社会管理功能以外，户籍还被赋予了社会福利分配的功能，体现在教育、住房、就业、社会保障等方面。1980—1983 年，我国逐步出台了相关的户籍政策，在政策上允许了人口的流动，这意味着我国户籍制度改革进程的开始。城乡之间巨大的发展差距，吸引了大量的外来流动人口拥入城市寻找生活机会，因此城市中流动人口的数量出现了快速增长的现象。1984 年，我国通过实行"居民身份证"制度加强了对流动人口的管理。从 1985 年开始，全国各省(区、市)开始实施暂住证制度，使得非户籍人口得以在非户籍地长期居住。进入 21 世纪后，不少大中城市相继放松了落户限制，例如实行人才居住证制度和积分入户制度，部分大城市和个别特大城市为实现部分外来流

动人口平等享有流入地基本公共服务提供了机会,但并未从实质上突破户籍所包含的利益固化问题。2014年7月30日,《国务院关于进一步推进户籍制度改革的意见》的印发,标志着我国户籍制度改革进入全面实施和整体推进阶段。

作为我国特大城市的代表,上海市的人口迁移状况随着相关户籍制度的变迁发生着变化。图1-1为1977—2014年上海市人口迁入迁出情况,在改革开放之初的人口峰值之后,上海市的人口迁入、迁出与机械增长都处于一种缓慢下降后保持平稳的状态。1979年3—11月,上海市先后准予七类特殊群体在上海落户(上海市公安局公安史志编纂委员会,1997:256)。此外,上山下乡的知识青年、被迫害的干部、知识分子与其家属也都按照政策返沪。因此,在这一时期,制度内迁入人口猛增,但上海市并未放松对外来人口的迁入管理。从改革开放初期到20世纪90年代初期,上海市对外来人口制度性迁入的管控非常严格。在图1-1中,1997年的人才引进政策使得上海市的迁入人口出现了小幅上涨,至2000年左右恢复平稳趋势,并伴有迁入人口的小幅回落,至2006年触底后,出现了一个较为剧烈的上涨,这应该与新的居住证制度相关。2009年出现了迁入人口的增长现象,这可能是受"居转户"新政的影响,即2009年上海市出台的《持有〈上海市居住证〉人员申办本市常住户口试行办法》。

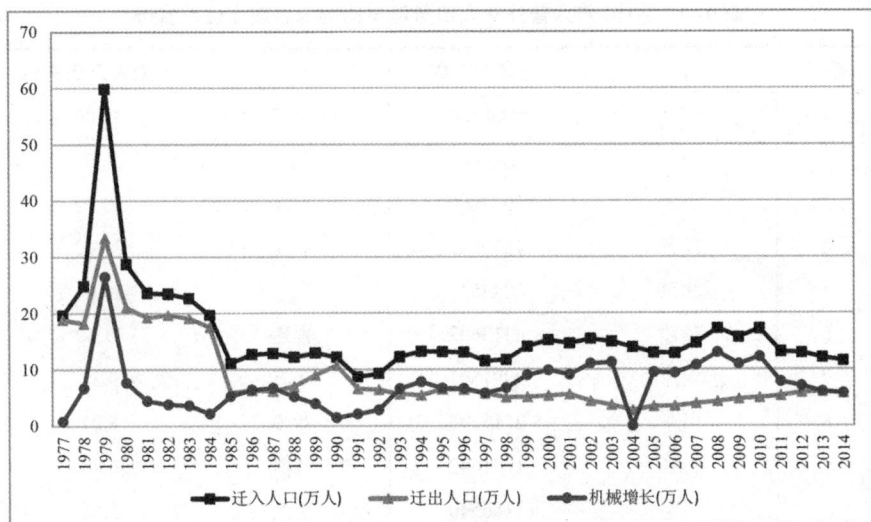

图 1-1 1977—2014 年上海市人口迁入迁出情况

资料来源:根据《光辉的六十载——上海历史统计资料汇编》与《上海市统计年鉴2015》制作。

(二)上海市外来人口的历史与现状

1840 年爆发的中英鸦片战争改变了中国的历史,同时也改变了上海的历史。在从鸦片战争至新中国成立前的 100 年间,上海已从一个沿海小县城发展成为"军事、政治、外交和金融枢纽性质"的中心城市,甚至被誉为"资本主义世界中的东方心脏"(于醒民、唐继无,1991)。发达的经济吸引了大量的移民,使得上海成为中国"移民城市"的代表。改革开放以来,城市化进程的持续升温使得上海市外来人口不断增加。根据表 1-1,2010 年第六次全国人口普查(以下简称六普)的结果显示,上海的外来人口数量位居中国所有省份中的第三位,已经达到 897.7 万,而外来人口比例位居中国所有省份中的首位,占到上海市总人口的 39%。可见,上海市的外来人口问题值得给予特别关注。

表 1-1 2010 年六普外来人口数量与比例排名前十位的省份

排序	省份	外来人口数	省份	外来人口比例%
1	广东	21497787	上海	39.00
2	浙江	11823977	北京	35.92
3	上海	8977000	天津	23.12
4	江苏	7379253	浙江	21.72
5	北京	7044533	广东	20.61
6	福建	4313602	福建	11.69
7	天津	2991501	江苏	9.38
8	山东	2115593	新疆	8.21
9	新疆	1791642	海南	6.79
10	辽宁	1786530	宁夏	5.85

注:此处的外来人口是指户口登记地在该省以外的其他省份。

上海市的移民历史可追溯至 1840 年的鸦片战争，上海地区总人口由 1843 年的 23 万迅速增加到 1865 年的 70 万,1895 年接近 100 万(邹依仁,1980)。自 1863 年至 1945 年,上海市由英美合并的公共租界、法租界,租界以外的南市、闸北、浦东和附近郊区的华界三个部分组成。旧上海的华界只在 1928 年以后才在调查人口的同时登记了居民的籍贯,至 1937 年抗日战争时停止;公共租界从 1885 年起开始登记籍贯;而法租界从未登记过居民的籍贯。

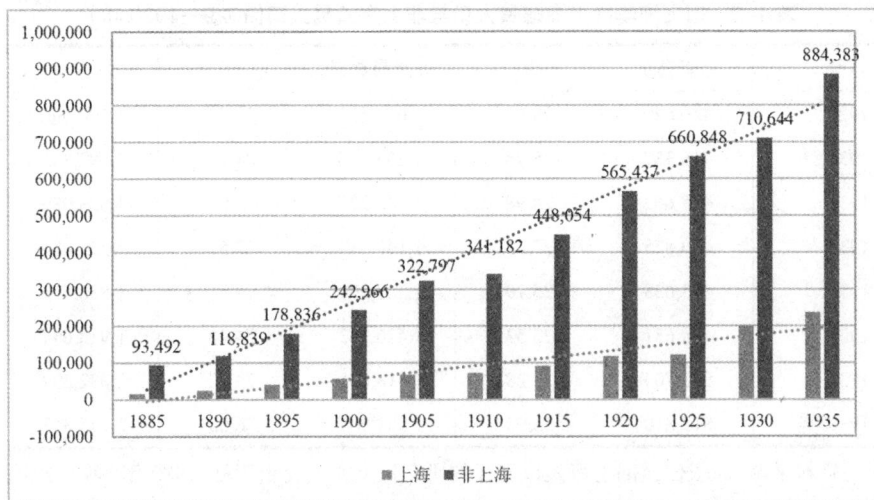

图 1-2 旧上海公共租界上海籍贯人口与非上海籍贯人口数量变化（单位：人）

资料来源：邹依仁：《旧上海人口变迁的研究》，上海人民出版社，1980年，第112页，表19。

根据图1-2，自1885年至1935年间，公共租界的上海籍人口和非上海籍人口都呈现上涨的趋势，但上海籍人口数量少，上涨幅度小，而非上海籍人口数量一直大于上海籍人口，且上涨幅度较大，由1885年的近9.35万人上涨至1935年的近88.44万人。但是公共租界的非上海户籍人口比例从1885年的85.53%下降到1935年的78.9%。可见，虽然非上海籍人口数量增加，但比例有所下降。自1930年后，非上海籍人口比例降至80%以下。

与公共租界相比，旧上海华界的非上海籍人口比例较低。以1930年为例，公共租界非上海籍人口比例为78.02%，而华界非上海籍人口比例为74.22%。另外，1929—1936年，华界人口从150万余人上涨至214.53万余人。其中，上海籍贯人口呈现小幅增长，总人口的上涨主要源自非上海籍贯人口的增加（参见表1-2）。

表1-2　旧上海华界上海籍贯人口与非上海籍贯人口（1929—1936年）

年份	上海籍贯	%	非上海籍贯	%	总人口
1929	426,648	28.43	1,073,852	71.57	1,500,500
1930	436,337	25.78	1,255,998	74.22	1,692,335
1931	455,662	24.98	1,368,327	75.02	1,823,989
1932	430,875	27.43	1,140,214	72.57	1,571,089
1933	473,638	25.79	1,362,991	74.21	1,836,629
1934	488,631	25.52	1,426,063	74.48	1,914,694
1935	513,704	25.28	1,518,695	74.72	2,032,399
1936	513,810	23.95	1,631,507	76.05	2,145,317

资料来源：邹依仁：《旧上海人口变迁的研究》，上海人民出版社，1980年，第112页，表20。

根据《上海通志》（第三卷）第二章第二节"迁移变动"，1946年，上海市非本地籍人口为299.67万人，占总人口的79.60%。1950年1月，上海市非本地籍口为383.01万人，占总人口的83.61%。1951至1981年间的外来人口无从考察，只能依据《上海通志》（第三卷）第二章第三节的"人口流动"中记载的暂住人口情况大致进行描绘（参见图1-3）。暂住人口为公安局登记暂住三日以上者，与本书将要研究的外来人口并不是一个概念，流入暂住人口远大于本书将要研究的外来人口。

第三次全国人口普查（以下简称三普）资料显示，1982年7月1日上海市暂住1年以上常住流入人口为20.3万人。据1987年全国1%人口抽样调查推算，上海市常住流入人口为40.9万。据1988年上海市流动人口抽样调查推算，全市范围内常住流入人口32.7万人。1990年第四次全国人口普查（以下简称四普）时，上海市的常住流入人口已达48.8万人，占上海总人口的3.66%。据1993年上海市流动人口抽样调查推算，全市范围内常住流入人口81.5万人。

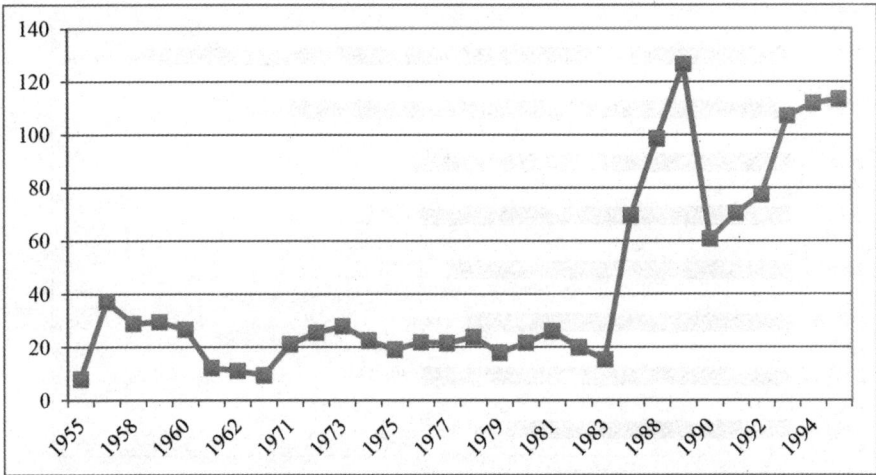

图1-3 1955—1995年上海市暂住人口数量情况(单位:万人)

注:1983年以前的暂住人口数不包括郊县,其中部分年份无数据。

第五次全国人口普查(以下简称五普)资料显示,2000年上海市外来常住人口为387.11万人;2005年全国1%人口抽样调查资料显示,截至2005年10月31日,上海市外来常住人口达到438.4万。而第六次全国人口普查资料表明,截至2010年10月31日,上海市外来常住人口总量已猛增至897.7万人,比五普增加584.21万人,增长186.36%(见图1-4)。

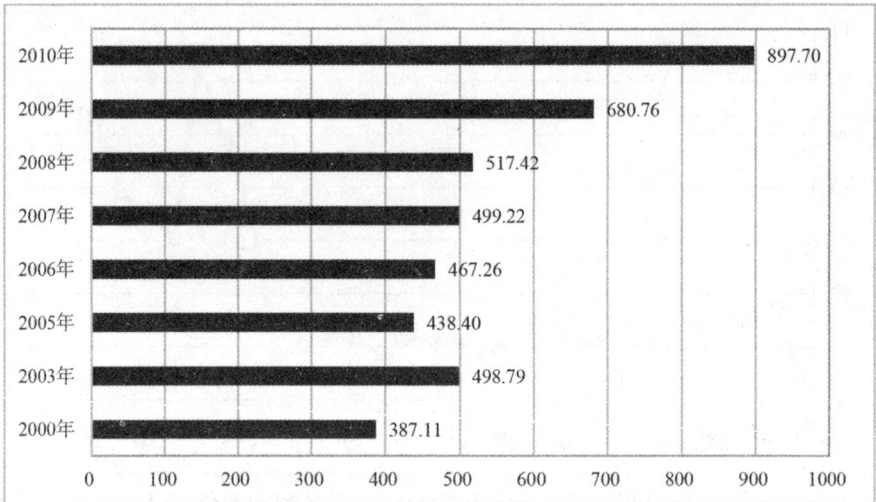

图1-4　上海市2000—2010年外来常住人口总量(单位:万人)

注:2000年、2010年是普查数据,其余年份为《上海统计年鉴》的抽样调查推算数据,2009年的数据为《上海统计年鉴2010》表2.3和《上海统计年鉴2011》表2.3的平均值。

2000年五普数据显示,在上海市外来人口中,男性占58%,女性占42%。而六普数据显示,2010年上海市外来人口女性比例有所上涨,涨至46%,男性比例有所下降,降至54%(参见图1-5)。1990年的四普结果显示,上海市外来人口共40.7万人,其中男性26.6万人,占65.36%,而女性仅有14.1万人,占34.64%。可见,从四普至六普,上海市的外来人口呈现出男性比例下降、女性比例上升的特点。

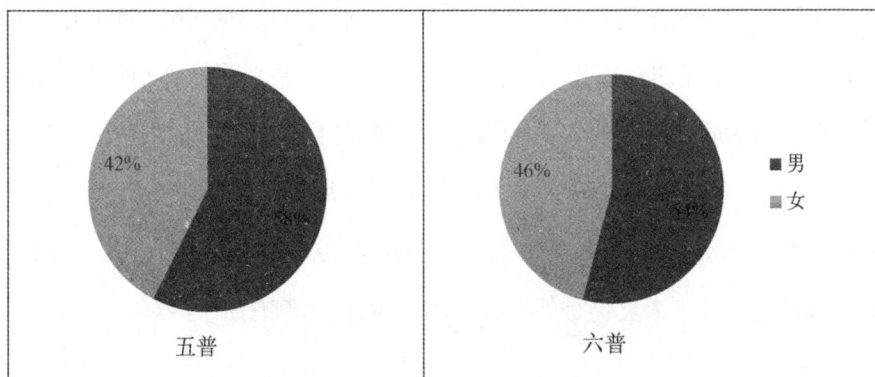

图1-5　上海市外来人口性别比例

　　根据图1-6可知，在外来人口的年龄方面，五普和六普的结果较为接近，差异不大。比例最大的群体都是20~39岁之间的青年群体，比例最低的是65岁及以上的老年群体。外来人口来到上海多是为了谋求生机或发展，因此主要年龄段分布于青年阶段。比较五普和六普的结果，39岁以下的群体比例有所下降，40~64岁的中年群体比例上升了不到10%。

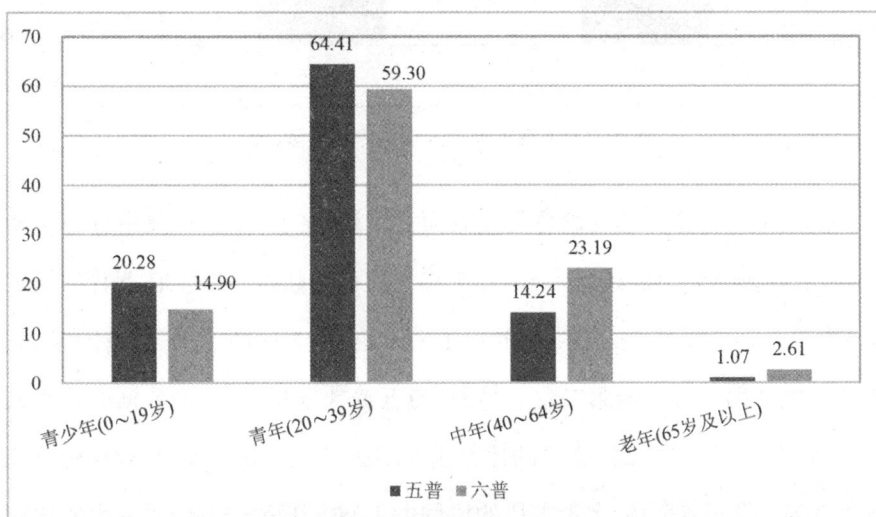

图1-6　上海市外来人口年龄分布(%)

空间资本、居住隔离与外来人口的社会融合

中国的户籍制度将户口划分为了农业和非农业两种类型。对于外来人口而言，外来农业户口即为"农村进城务工人员"，是乡—城流动行为；外来非农业户口意味着从上海以外的城镇地区来到上海的人口，是城—城流动行为。根据五普结果，上海市外来人口中，农村进城务工人员比例达到85.28%，而六普结果显示，农村进城务工人员比例降至79.43%（参见图1-7）。可见，虽然农村进城务工人员仍是外来人口的主体，但比例有所下降。

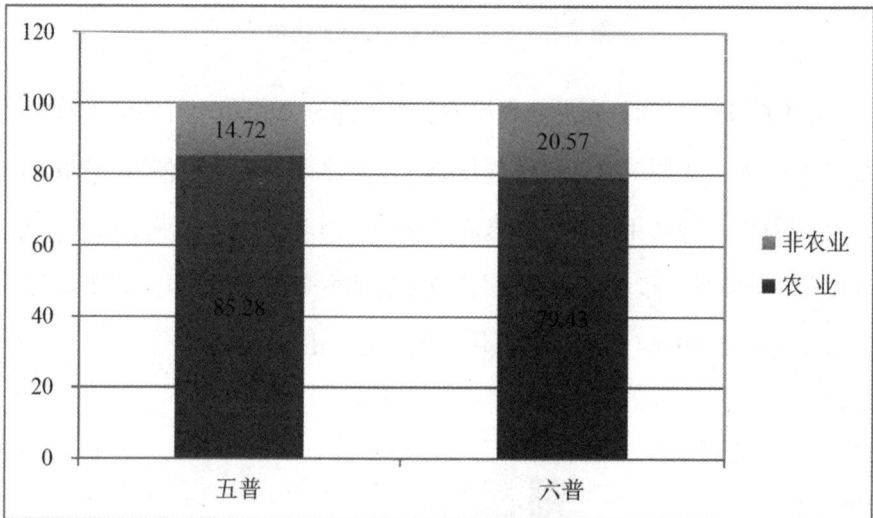

图1-7 上海市外来人口的户口类型(%)

由图1-8可知，在受教育程度方面，上海市的外来人口集中分布于初中，无论五普(55.24%)还是六普(52.75%)，比例都超过50%。在五普的结果中，外来人口受教育比例第二高的是小学，而在六普中降至第三位；同时，高中的比例由第三位升至第二位。另外，与五普数据相比，六普数据的外来人口受教育程度明显更高，高中的比例由11.19%升至16.27%，大学专科的比例由2.22%升至6.65%，大学本科的比例由1.28%升至6.53%，研究生的比例也有所上升。这与前文户口类型有所呼应，受教育水平的提高可能与非农户口比例的增加有关。

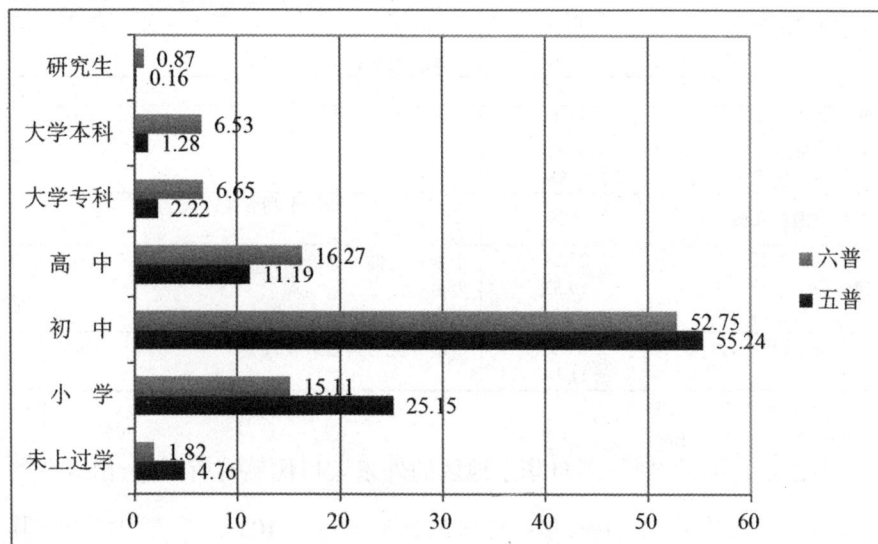

图1-8 上海市外来人口受教育程度(%)

在五普和六普中,上海市外来人口的职业类别并不统一,因此只能将大致相同的类型进行比较。职业获得与受教育程度之间的正相关关系,已经被无数的前人研究所论证。与五普相比,六普的外来人口受教育水平有所提高,在较高地位的职业类别中,外来人口的比例也有所上升。表1-3显示,2000年,外来人口在机关事业单位中工作的比例仅为0.54%,而2010年,机关事业单位的负责人比例都已达到3.82%,加上办事人员和相关人员,比例已经超过10%;专业技术人员比例也由3.79%升至8.31%;商业、服务业人员比例也有所上升。同时,农林牧渔业人员和产业工人的比例都有所下降。可见,与2000年相比,2010年上海市外来人口在较高职业地位中的比例有所上升。

表 1-3 上海市外来人口的职业类别(%)

职业类型	五普	职业类型	六普
机关事业单位人员	0.54	国家机关、党群组织、企业、事业单位负责人	3.82
		办事人员和相关人员	6.91
各类专业技术人员	3.79	专业技术人员	8.31
商业服务人员	13.88	商业、服务业人员	34.01
餐饮服务人员	6.62		
居民生活服务人员	6.86		
农林牧渔业人员	7.29	农、林、牧、渔、水利业生产人员	2.22
制造加工人员	25.84	生产、运输设备操作人员及相关人员	44.67
建筑施工人员	19.53		
运输设备操作人员	2.92		
废旧物资回收人员	1.59	不便分类的其他从业人员	0.06
其他	11.14		

根据表 1-4 的结果,来自华东地区的外来人口比例有所下降,由五普的 74.81% 降至六普的 57.91%,华中地区的外来人口由 10.64% 升至 21.23%,其中,河南省的比例由 2.90% 上升至 8.72%,江西省、湖北省和湖南省出现小幅上涨。西南地区的外来人口比例也有所上升,主要是来自四川和重庆市的外来人口比例涨幅较大。

表 1-4 上海市外来人口的来源地分布(%)

来源地	五普	六普	来源地	五普	六普
北京市	0.41	0.25	江西省	4.33	5.43
天津市	0.25	0.14	河南省	2.90	8.72
河北省	0.76	0.75	湖北省	2.21	4.54
山西省	0.40	0.50	湖南省	1.20	2.55
内蒙古自治区	0.27	0.26	华中地区	**10.64**	**21.23**
华北地区	**2.11**	**1.91**	重庆市	0.86	2.54
辽宁省	0.71	0.70	四川省	4.89	6.96
吉林省	0.45	0.66	贵州省	0.78	1.65
黑龙江省	0.90	1.10	云南省	0.36	0.78
东北地区	**2.06**	**2.45**	西藏自治区	0.03	0.01
江苏省	32.62	16.75	西南地区	**6.92**	**11.93**
浙江省	16.22	5.02	陕西省	0.52	1.41
安徽省	20.91	28.99	甘肃省	0.37	1.06
福建省	2.21	2.94	青海省	0.09	0.13
山东省	2.85	4.22	宁夏回族自治区	0.07	0.11

来源地	五普	六普	来源地	五普	六普
华东地区	**74.81**	**57.91**	新疆维吾尔自治区	1.23	0.32
广东省	0.90	0.88	西北地区	**2.29**	**3.02**
广西壮族自治区	0.22	0.55	N	444699	8977000
海南省	0.04	0.11			
华南地区	**1.17**	**1.54**			

(三)上海市外来人口的空间分布状况

以上对于外来人口的数据分析主要是基于人口特征的说明,那么如果将以上特征投射到空间分布上又会呈现出怎样的结果呢? 根据人口普查的结果,进行空间分布的分析,本质上是对外来人口居住情况的空间分布说明。与前文的分析相对应,本部分将根据不同的时间段,从历史和现状两个维度对上海市外来人口的空间分布进行描述。

表 1-5 为旧上海外来人口的分布情况,根据书中数据整理计算得到非上海籍人口的百分比。表中从上至下,黄浦至杨树浦为中心城区,新市街至真如为远郊区。不难发现,非上海籍人口集中地分布于中心城区。其中,徐家汇和闸北的非上海籍人口比例在 1946 年并未达到 80%, 分别为 77.04%和 64.34%。但是至 1950 年,中心城区各区县的非上海籍人口比例都有所增长,全部达到了 80%以上。1946 年, 远郊地区的各区县非上海籍人口比例都在 50%以下,高桥区的非上海籍人口比例仅为 10.02%,但是至 1950 年,远郊地区的非上海籍人口比例也出现了超过 50%的现象,例如,新泾的非上海籍人口比例达到了 68.22%,新市街的非上海籍人口比例达到了 65.71%。可见,抗日战争结束后,非上海籍人口出现了明显的返沪迹象,并且居住地的分布由集中于中心城区开始向远郊地区扩散。

表 1-5　旧上海各区本地籍贯人口与非本地籍贯人口（1946—1950 年 1 月）

行政区划	1946年			1950年1月		
	上海籍%	非上海籍%	总人口	上海籍%	非上海籍%	总人口
黄浦	5.81	94.19	111,253	4.71	95.29	104,731
老闸	11.14	88.86	123,647	4.82	95.18	123,718
邑庙	8.35	91.65	167,424	6.30	93.70	222,711
蓬莱	11.97	88.03	230,203	9.99	90.01	284,939
嵩山	9.81	90.19	336,762	7.17	92.83	377,541
卢家湾	10.82	89.18	145,320	9.30	90.70	180,373
常熟	17.56	82.44	143,673	14.44	85.56	189,224
徐家汇	22.96	77.04	73,820	18.04	81.96	96,757
长宁	12.39	87.61	125,132	11.03	88.97	163,154
静安寺	12.28	87.72	161,633	11.08	88.92	187,821
新成	5.19	94.81	271,172	8.14	91.86	286,919
江宁	12.48	87.52	215,085	9.63	90.37	237,414
普陀	6.13	93.87	127,681	5.75	94.25	151,594
闸北	35.66	64.34	108,920	2.57	97.43	243,206
北站	9.66	90.34	183,936	5.97	94.03	238,330
虹口	10.95	89.05	138,543	8.05	91.95	181,098
北四川路	11.36	88.64	74,248	7.62	92.38	137,863
提篮桥	5.73	94.27	169,919	4.85	95.15	285,143
榆林	8.69	91.31	140,247	7.54	92.46	210,600
杨树浦	11.36	88.64	74,140	8.45	91.55	138,095
新市街	55.62	44.38	30,123	34.29	65.71	54,807
江湾	76.81	23.19	29,142	63.03	36.97	35,648
吴淞	69.17	30.83	26,096	45.78	54.22	33,662
大场	77.75	22.25	42,949	61.93	38.07	57,027
新泾	50.08	49.92	87,101	31.78	68.22	166,203
龙华	88.63	11.37	79,232	77.80	22.20	92,397
杨思	72.73	27.27	59,481	60.98	39.02	68,449
洋泾	81.54	18.46	102,025	40.94	59.06	210,362
高桥	89.98	10.02	59,114	81.27	18.73	66,994
真如	71.66	28.34	37,261	53.45	46.55	54,214
总计	20.40	79.60	3,764,630	15.07	84.93	4,980,992

　　注：1946 年行政区划还包括塘湾和马桥两个区，外国人除外。

　　资料来源：邹依仁：《旧上海人口变迁的研究》，上海人民出版社，1980 年，第 113 页，表 21。

　　《上海通志》（第三卷）的第二章"人口变动"第三节"人口流动"记载了 1949—1995 年的流入暂住人口数量，但并未记载具体分布情况。根据五普的结果，上海市外来人口在各区县的分布并不平均，总体的外来人口比例为 23.59%，比例最高的区县是浦东新区（46.32%），比例最低的区县是崇明县（8.31%）。中心城区的比例普遍较低，在 15% 至 25% 之间，而边缘城区的外来人口比例普遍较高，除金山和崇明外，基本在 30% 左右。与历史数据进行比较,不难发现,外来人口的居住分布发生了明显的变化,由聚居于中心城区向边缘地区扩散开来。再进一步分析六普的结果,无论是总体的外来人口比例还是各区的比例都有所上升,六普的外来人口比例达到了39%,比五普增加了15.41个百分点。另外,比例最高的区县由浦东新区变为松江区(59.24%),比例最低的区县由崇明县变为杨浦区(20.96%)。松江区(59.24%)、嘉定区(56.29%)和青浦区(55.96%)位列外来人口比例最高的三个区县,比例均超过各自区县总人口的50%,而这三个区县在2000年五普时的比例都在30%左右(参见表1-6)。与五普数据相比,不难发现,从2000年至2010年,上海市的外来人口居住分布向着更边缘的地区发展。

表1-6　五普和六普各区县外来人口分布情况

现住地	五普（2000年）		六普（2010年）		
	市外户籍（人数）	比例%	市外户籍（人数）	比例%	排序
黄浦区	94325	16.42	132510	30.82	8
卢湾区	48513	14.75	54000	21.71	16
徐汇区	233084	21.89	279531	25.76	11
长宁区	162652	23.16	175385	25.40	12
静安区	46396	15.20	57245	23.20	14
普陀区	231090	21.97	362977	28.16	9
闸北区	144007	18.03	199969	24.08	13
虹口区	143829	16.71	196105	23.00	15
杨浦区	196799	15.82	275303	20.96	18
闵行区	480967	39.51	1203693	49.55	4
宝山区	374426	30.49	766116	40.22	6
嘉定区	253959	33.72	828199	56.29	2
浦东新区	856950	46.32	2024277	40.13	7
金山区	60797	10.48	201126	27.46	10
松江区	190462	29.71	937412	59.24	1
青浦区	168231	28.23	604984	55.96	3
奉贤区	130561	20.91	527168	48.66	5
崇明县	54027	8.31	151000	21.46	17
总计	3871075	23.59	8977000	39.00	

　　根据上海市各区县的区位分布,将六普外来人口比例分布情况通过图1-9进行展示。上海市外来人口分布呈现出"同心圆"趋势,中心城区的中间一小圈颜色较浅,外来人口比例普遍较低,大致分布在20%~30%之间。边缘区域的一圈颜色较深,外来人口比例较高,大致分布在40%~60%之间,将中

空间资本、居住隔离与外来人口的社会融合

心城区包裹起来,形成了"一深一浅"两个"同心圆"的分布形态。如果将崇明县和金山区视为最外围的一圈,那么也可以将其看成三圈的"同心圆",外来人口比例先升高后下降,呈现出由内至外颜色由浅变深再变浅的趋势。上海市外来人口与本地人口之间的居住隔离状态已然形成,各区县的外来人口比例分布相差悬殊,杨浦区外来人口比例最低,仅为20.96%,而外来人口比例最高的松江区已达到59.24%,比杨浦区高出38.28个百分点。这可能与上海市近年来飙升的房价有关,房价的飙升导致外来人口无力支付中心城区高昂的租金,因此向边缘区县扩散,但是同时考虑到通勤时间等因素,崇明县和金山区还未成为外来人口的聚居区。

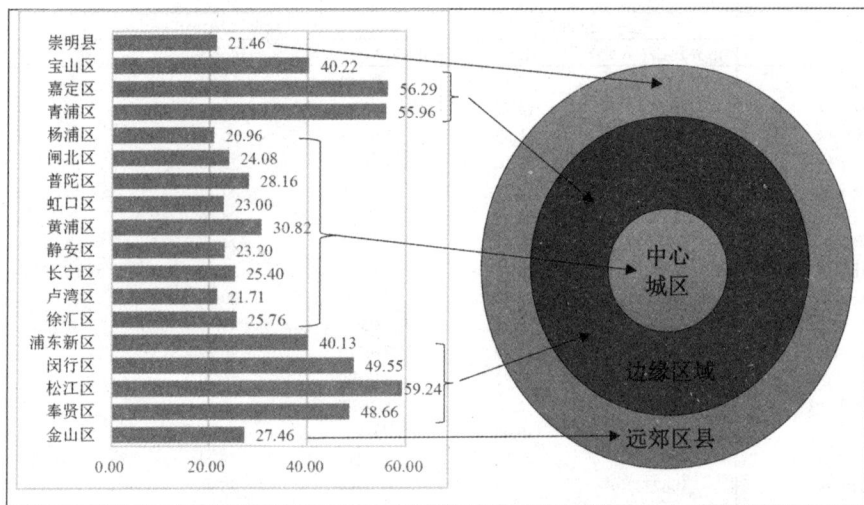

图1-9 上海市外来人口比例的分布情况(%)

将外来人口按照性别和居住地进行划分,根据性别比绘制出图1-10。计算性别比以"女性"为参照,假设女性为100,那么性别比超过100表示该区县男性外来人口较多,性别比小于100表示该区县女性外来人口较多。根据结果可知,女性外来人口较为集中地分布于长宁区(88.12)、卢湾区(92.64)

和静安区（95.62），这三个区县的性别比小于100。相对而言，崇明县（173.34）、宝山区（131.04）和嘉定区（129.41）三个区县男性外来人口较为集中，性别比大于100，且位列前三名。可见，中心城区的性别比显著小于边缘地区。男性外来人口更为集中地分布于上海北部的四个边缘地区，即崇明县、宝山区、嘉定区和青浦区。

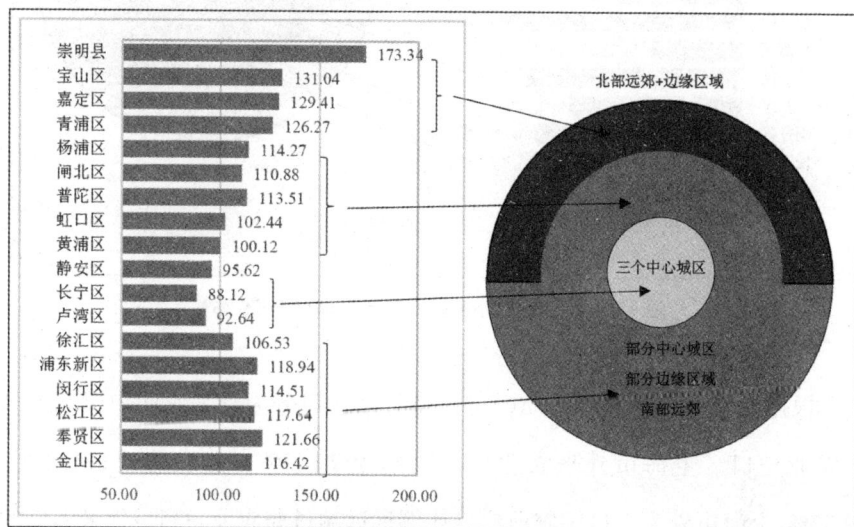

图1-10　上海市外来人口性别比

与前文相呼应，将外来人口按照年龄段划分为青少年（0~19岁）、青年（20~39岁）、中年（40~64岁）、老年（65岁及以上），根据前文的分析结果，青年群体的比例最高（59.30%），中年群体次之（23.19%），青少年群体再次（14.90%），老年群体比例最低（2.61%）。由于青年群体比例最高，且已超过外来人口半数，因此根据不同区县的青年群体比例绘制图1-11。根据分布图可以看出，上海市外来人口的青年群体聚居于长宁区（63.37%）、嘉定区（62.05%）、松江区（61.73%）、徐汇区（61.26%）和闵行区（60.91%），集中于上海市的西部地区。

17

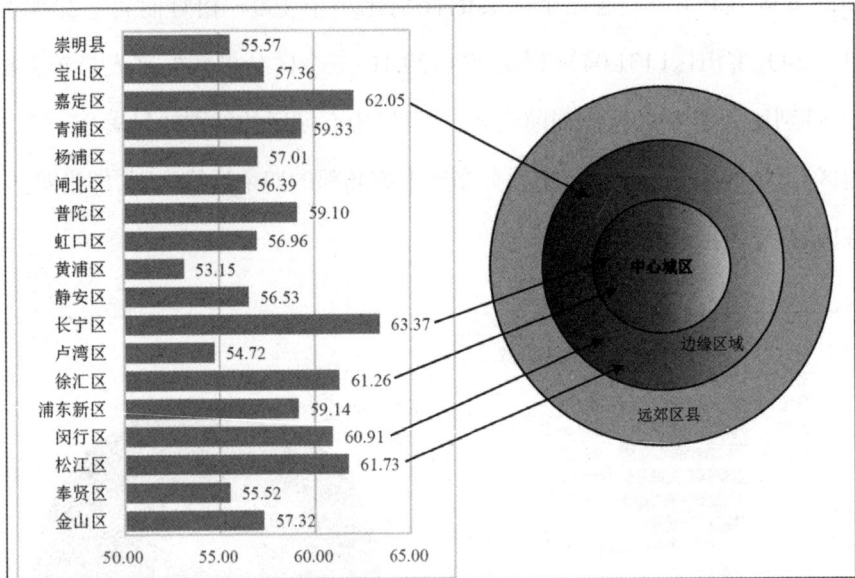

图 1-11　上海市外来人口青年群体分布图(%)

　　根据外来人口的户口性质,可以将外来人口分为外来农业户口和外来非农业户口。上海市外来农业户口比例为 79.43%,非农业户口比例为20.57%,上海市外来人口中农业户口比例远远超过非农业户口。外来人口的农业户口组成了农村进城务工人员的主体,不能说外来人口的农业户口群体全部都是农村进城务工人员,但基本可以代表农村进城务工人员的聚居情况。因此,根据不同区县的比例绘制图 1-12,农业户籍外来人口聚居于上海市的边缘区县,比例最高的区县是青浦区(92.23%),崇明县次之(91.67%),奉贤区再次(90.59%),并且呈现出由边缘至中心城区农业人口比例逐步下降的趋势。换言之,农村进城务工人员聚居于上海市最边缘的城区,而外来非农人口集中聚居于中心城区。

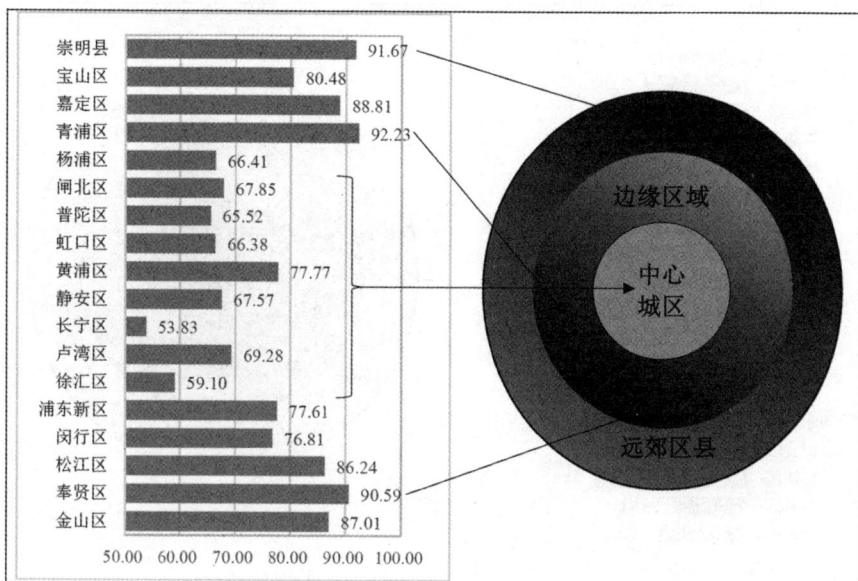

图 1-12 上海外来人口农业户籍分布(%)

在外来人口的受教育程度方面,根据前文的分析可知,上海市的外来人口的教育水平集中于初中(52.75%),其次是高中(16.27%)和小学(15.11%)。初中学历的外来人口集中居住于嘉定区(60.86%)、宝山区(59.86%)和青浦区(59.24%)。中心城区中仅有黄浦区的初中学历外来人口比例达到了53.88%,其他各区皆小于50%,而边缘城区的初中学历外来人口比例普遍大于50%。由此可见,初中学历的外来人口集中分布于边缘城区。图 1-13 是根据外来人口高中及以上学历绘制的聚居分布图,不难发现,高学历外来人口的聚居分布与初中学历群体存在着显著的差异性,高学历外来人口集中分布于中心城区,以长宁区(54.64%)、徐汇区(49.49%)和普陀区(41.81%)最为突出。

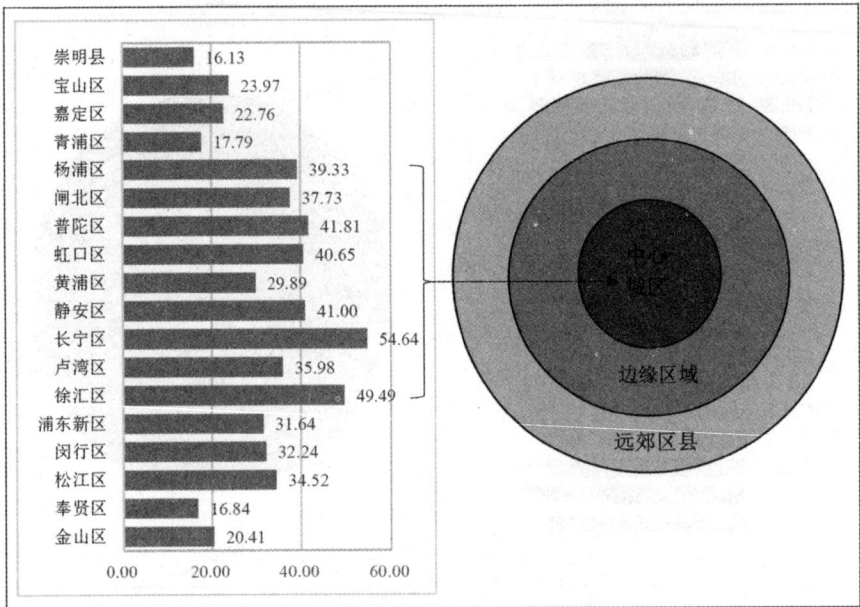

图 1-13 上海市外来人口的高学历群体分布情况(%)

　　最后,将关注点集中于不同职业外来人口的聚居情况,根据六普结果,将职业划分为"国家机关、党群组织、企业、事业单位负责人""专业技术人员""办事人员和有关人员""商业、服务业人员""农、林、牧、渔、水利业生产人员""生产、运输设备操作人员及有关人员"和"不便分类的其他从业人员"七大类。前文的分析结果已经说明,外来人口的职业类别集中于生产、运输设备操作人员及相关人员(44.67%)和商业、服务业人员(34.01%)。因此,笔者将这两种职业类别的外来人口聚居情况绘制成图 1-14 和图 1-15。

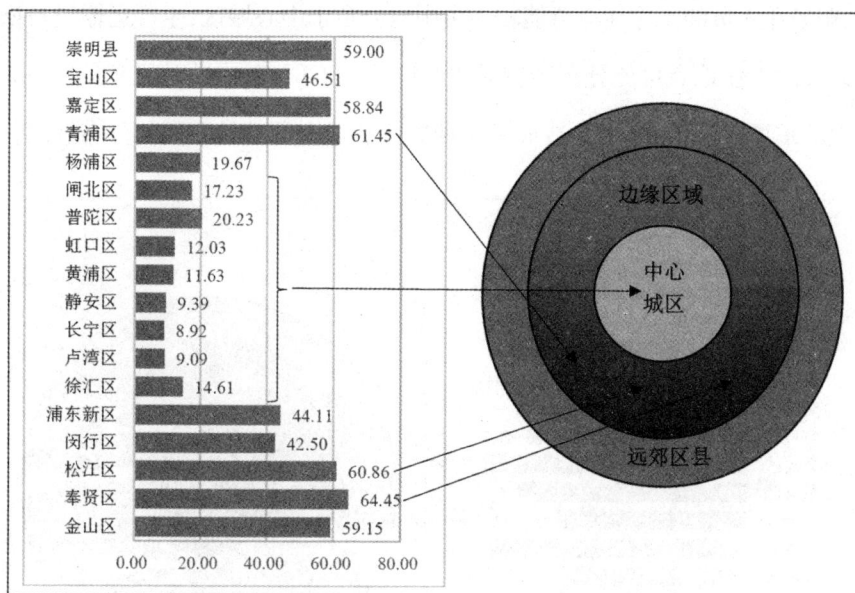

图 1-14　上海市外来人口中生产运输设备操作人员及有关人员分布情况(%)

　　根据图1-14,从事生产、运输设备操作及相关工作的外来人口集中地分布于边缘城区,比例最高的区县是奉贤区(64.45%),青浦区次之(61.45%),松江区再次(60.86%)。但是中心城区的生产、运输设备操作人员及有关人员比例极低,比例最低的区县是长宁区(8.92%),卢湾区次之(9.09%),静安区(9.39%)再次。比例较高的区县与比例较低的区县相差较为悬殊,可见,生产、运输设备操作人员及有关人员的聚居程度较高,且聚居于边缘城区。

　　从事商业、服务业工作的外来人口的聚居情况与生产运输业外来人口截然不同。外来人口中的商业、服务业人员较为集中地聚居于中心城区,比例最高的区县是黄浦区(73.39%),卢湾区(71.67%)次之,静安区(63.79%)再次;比例最低的区县是崇明县(17.13%),奉贤区(20.09%)次之,青浦区(20.96%)再次(参见图1-15)。可见,商业、服务业人员较为集中地分布于中心城区,边缘地区比例相对较低。这二者之间的差异可能与工作地点有关,商业、服务业人员的工作地点可能较为集中地分布于中心城区,生产运输设备操作人员的工作地点可能分布于较为边缘城区的工厂,而通勤时间又是选择居住地的重要影响因素,因此造成了两种职业从业人员截然不同的分布情况。

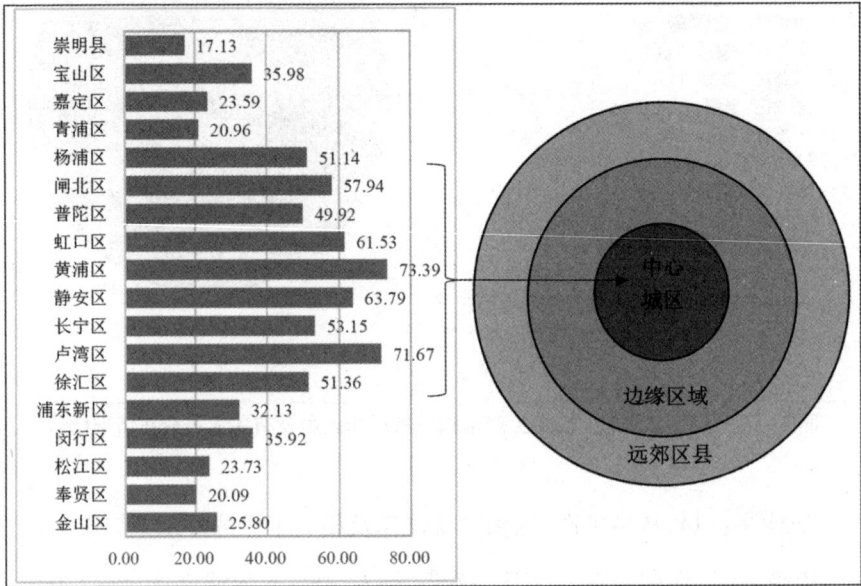

图 1-15 上海市外来人口中商业服务人员分布情况(%)

(四)上海市的住房政策与房价

上海的住房改革开始较早,措施也较全面(边燕杰等,1996:84)。1991 年5 月 1 日,《上海市住房制度改革实施方案》的正式出台,标志着上海住房制度改革正式开始。通过建立住房公积金制度,逐步提高职工家庭解决自住住房的能力,最终实现了住房的商品化。根据目前上海市的购房政策,对于购房者要首先区分本地与外地户籍。购房者凭本地户籍可以直接购房,如果尚未获得上海户籍,购房时需要同时满足三个条件:一是以家庭名义购房,即购房者已婚;二是该家庭在沪无房;三是能提供至买房合同签署日前两年内在沪累计缴纳一年以上个税或社保的证明。长期居住证满三年才可以享受上海本地人的待遇直接购房，无须提供税单（朱静宜，2015）。从购房政策上来看，对外来人口存在着诸多限制。

在保障性住房方面，2012年5月，上海市《关于进一步加强本市保障性安居工程建设和管理的意见》构建了廉租住房、共有产权保障住房（即经济适用住房）、公共租赁住房、征收安置住房（动迁安置房）"四位一体"的保障性安居建设体系。虽然廉租房、经济适用房和动迁安置房面对的群体各有不同，但是都主要针对本地户籍家庭。对于外来人口而言，只可能申请到公共租赁房。公共租赁房的供应对象包括持有《上海市居住证》和连续缴纳社会保险金达到规定年限的外来人口。由此可见，对于外来人口而言，享受到保障性住房的可能性并不大。尤其是对于绝大部分农村进城务工人员而言，公共租赁房目前定价较高，农村进城务工人员基本无法承受，因此绝大部分农村进城务工人员无法为上海市保障性住房政策所覆盖（国家统计局上海调查总队课题组，2013：33-34）。

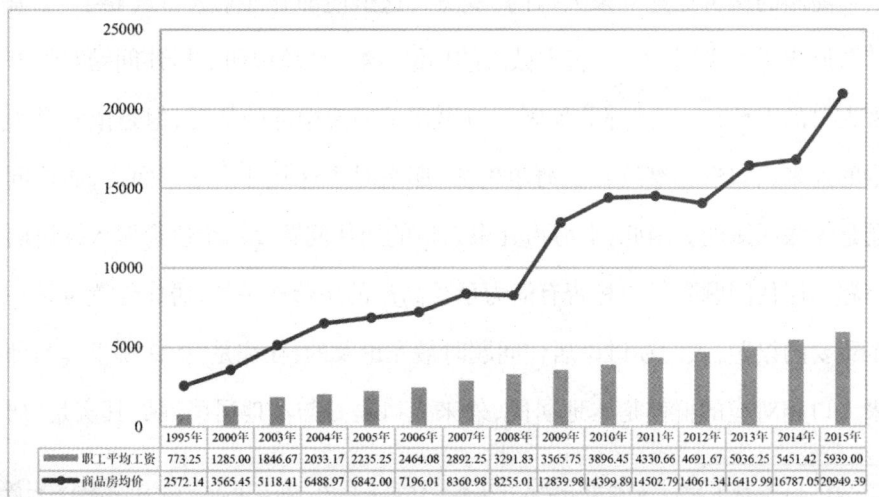

	1995年	2000年	2003年	2004年	2005年	2006年	2007年	2008年	2009年	2010年	2011年	2012年	2013年	2014年	2015年
职工平均工资	773.25	1285.00	1846.67	2033.17	2235.25	2464.08	2892.25	3291.83	3565.75	3896.45	4330.66	4691.67	5036.25	5451.42	5939.00
商品房均价	2572.14	3565.45	5118.41	6488.97	6842.00	7196.01	8360.98	8255.01	12839.98	14399.89	14502.79	14061.34	16419.99	16787.05	20949.39

图1-16 上海市商品房销售均价（元/平方米）和职工平均工资（元/月）

空间资本、居住隔离与外来人口的社会融合

据《2015 年上海市国民经济和社会发展统计公报》，至 2015 年末，全市常住人口总数为 2415.27 万人。其中，外来常住人口 981.65 万人，同比下降1.5%。也就是说，相比 2014 年 996.42 万的外来常住人口，2015 年上海有将近 15 万外来人口净流出，15 年来首次出现了外来常住人口负增长（上海市统计局，2016：27）。新加坡《海峡时报》指出，上海日益增加的生活成本——尤其是房价——和增长缓慢的工资是促使外来人口到其他地方寻求更好生活的关键因素。[①]

图 1-16 是根据上海市统计年鉴数据计算得出的结果，通过各年份的商品房销售总额除以销售总面积，获得各年份的商品房销售均价。从 1995 年到2015 年，上海市商品房的均价从每平方米 2572.14 元涨至 20949.39 元，上涨了近 10 倍，而职工平均工资仅从 1995 年的每月 773.25 元涨至 2015 年的5939 元。可见，上海市房价的涨幅远远大于工资涨幅水平，而居住又是外来人口来到上海市生活需要解决的首要问题。结合前文上海市住房的相关政策分析可知，外来人口在购房和享受福利性住房方面都受到诸多限制。

高昂的房价更是外来人口的"梦魇"，这迫使部分外来人口放弃了"上海梦"，形成了逃离"北上广"特大城市的局面。这一现象说明了居住问题对于外来人口的重要性，虽然部分外来人口出现了回流中部的情况，但是依然有大量的外来人口选择继续在上海市生活，那么对于这些外来人口而言，居住问题是无法回避的。因此，上海市外来人口的居住问题是一个值得深入探讨的问题。居住问题除了与是否有能力承受高昂的房价相关外，居住位置也是一个重要的议题，人们在讨论居住问题时最先论及的，往往是"住在哪里"。与外来人口相对应的群体是本地居民，外来人口是否与本地居民混居其实是"居

---

① 《上海对外来人口的吸引力正在逐步消失》(Shanghai's Allure Fading for Migrants)新加坡《海峡时报》(The Straits Times)，2016 年 3 月 27 日。

住隔离"的问题。混居是居住融合的表现,是社会融合的重要阶段。

二、研究内容

(一)外来人口的界定

《中华人民共和国户口登记条例》第六条规定:"公民应当在经常居住的地方登记为常住人口,一个公民只能在一个地方登记为常住人口。"公民在"常住地"登记常住户口,在当地称为"常住人口"。"外来人口"是指现住地与户口登记地不一致的人,具体而言是指现居住在本市半年以上,但其户口登记在外省市的人口。本书将"外来人口"的概念界定为出生于上海市以外的省市,由外地流入上海市工作、生活,但并未取得上海户籍者。根据表1-7,本书将户籍划分为六类,首先根据目前户籍登记地是否在"上海市"划分为"本地人口"和"外来人口";其次,考虑到农业户口和非农户口的不同类型,可以大致将户籍划分为四类,即本地农业户口、本地非农户口、外来农业户口和外来非农户口;最后,本地人口根据出生地还可以进行进一步划分,出生在上海市土生土长的本地人口,本书称为"老上海","新上海"指的是出生于上海以外的其他省市,目前已经获得上海市本地户口的群体。

表1-7 本书的户籍划分

	农业户口		非农户口	
本地人口	本地农业户口		本地非农户口	
根据出生地	老上海农业户口	新上海农业户口	老上海非农户口	新上海非农户口
外来人口	外来农业户口		外来非农户口	

(二)研究问题

居住问题和社会分层有着高度的联系，住房是研究社会贫富差距和阶层分化的重要视角。以往的研究将主要的目光集中于获得住房的群体，哪些群体可以获得住房？他们会获得怎样的住房？面积如何？质量如何？面对上海的高房价和不断更新的购房政策，外来人口在上海获得住房产权越来越困难。无法获得住房的群体成为此类研究的盲点，而大部分的外来人口深陷其中。但是租住房屋就毫无资本可言吗？对于居住问题的研究不应该局限于"住房"，作为一个社会人，"社区"同样是每个居民日常生活的重要方面。即使是租住房屋，也会占有社区的诸多资源，这是以往研究的另一个盲点。本书主要关注以下四个核心问题：

第一，上海市外来人口的居住状况如何？根据前文对上海市住房政策的分析，外来人口在上海市购房受到了一定的条件限制，还要面对如今高昂的房价，因此"买房难"显而易见。在保障性住房的范畴内，外来人口只可能申请到公共租赁房，但也要保证持有居住证并且缴纳社会保险到达一定的年限。由此可见，外来人口在上海市的居住问题是"难上加难"。根据对以往文献的回顾可知，大部分的外来人口，尤其是外来务工人员只能通过租住"私人住房"来解决居住问题。除了产权问题，居住面积和质量也是居住状况的重要方面，对于外来人口而言，面对高昂的房价和不菲的房租，他们只能选择狭小的居住面积和较差的居住环境(包括房屋内和社区的环境)。因此，本书的第一个基本假设是外来人口的居住状况较差，无论是在住房产权，还是在居住面积、住房质量和居住环境等方面。第一个研究问题会在第三章进行回应，对外来人口的居住状况与影响因素进行分析。

第二，如果将住房和社区视为一个整体，并将居住空间资本赋予个体，那么外来人口与本地人口在居住空间资本获得与占有方面又存在怎样的差异性？居住空间资本的概念包含了第一个研究问题中的居住状况，但内涵更广。除了产权、面积、质量和环境外，还包含了社区的周边资源和组织管理能力等。从资本的角度来说，可以将居住空间资本划分为交换价值和使用价值。外来人口在产权占有方面的劣势，决定了其与本地居民在交换价值持有方面的差异性。而就使用价值而言，受区位因素的影响，外来人口对使用价值的占有情况也不容乐观。因此，笔者提出本书的第二个基本假设，与本地居民相比，外来人口在占有居住空间资本方面处于劣势地位，该假设将在第五章进行验证，第四章为居住空间资本指标体系的建构过程。

第三，外来人口在居住空间资本方面的劣势是否可以作为解释外来人口与本地人口居住隔离状况形成的一种路径？政策和制度对于居住隔离的形成发挥着不可忽视的作用，本书将研究对象锁定在外来人口，这其中不可避免地涉及我国特有的户籍制度，而本书所分析的居住隔离正是着眼于外来人口与本地居民之间。提及居住问题，相关的政策影响也是不可忽视的，1998 年的住房改革使得我国的住房走向了商品化，这对于形成如今的居住隔离形态发挥着至关重要的影响。住房改革前，住房是单位制的附属品，那么居住隔离正是单位之间的分化。住房改革后，居住隔离的形态发生了根本性的变化，住房转变为商品后，人们依靠自身的社会经济地位来获得住房，随之居住隔离的形态会随着社会分层结构发生变化。正是住房市场的自由化，才使得西方的居住隔离理论对我国的研究具有了一定的指导意义。在移民居住问题上，以往的理论和研究指出，移民在择居时可能会主要考虑两个方面的因素，一是与社会经济地位相关的支付能力，二是移民聚居区能够提供的社会支持、工作机会和认同感。本书提出的"居住空间资本"与外来人口的社会经济地位密切相关，因此试图验证以往理论的第一条解释路径，即外来人口在居住空间资本方面的劣势地位导致了其与本地居民居住隔离状态的形成。这是本书的第三个基本假设，该假设将在第六章通过结构方程模型的方法进行验证。

第四，居住空间资本的占有和居住隔离的状态是否会影响外来人口和本地人口的社会融合感受？社会融合是一个多维度的概念，包含了客观和主观两个方面，而社会融合感受正是主观社会融合的测量。居住隔离是社会融合的客观方面，在社会融合的过程中发挥着重要的作用，居住融合是社会融合不可或缺的阶段。研究居住隔离的意义最终将指向外来人口的社会融合，这是关系到两大群体间和谐共处的重要议题。本地居民与外来人口在居住空间资本方面的差异性致使二者之间的居住隔离形成，而居住隔离的状态可能会进一步影响到他们的主观感受。因此，笔者提出本书的第四个基本假设，即居住空间资本的占有情况和本地居民与外来人口的居住隔离状态都会对二者的社会融合感受发挥显著作用，该假设的验证将在第七章呈现，第八章补充和验证了社区社会资本的效应。

(三)研究框架

根据以上研究问题，笔者提出本书的分析框架，参见图 1–17。根据户籍所在地和户口性质将上海市的受访者划分为不同的群体，即老上海非农群体、老上海农业群体、新上海非农户口群体、新上海农业户口群体、外来非农户口群体和外来农业户口群体，但在实际数据中，新上海农业群体数量过少，仅有两个样本，因此最终只包括五个群体。

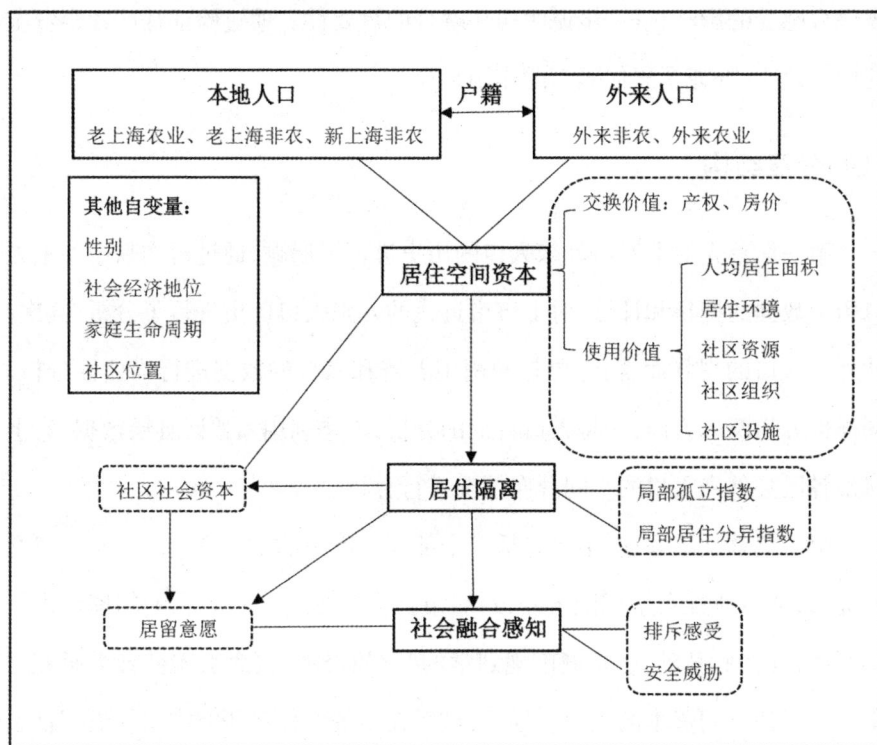

图 1-17 本书的分析框架

通过回顾相关理论,对居住空间资本的指标进行建构,最终构成了如图所示的两部分和六指标。两部分是指交换价值和使用价值,六指标是指由产权和房价构成的交换价值、使用价值中包含的人均居住面积、居住环境、社区资源、社区组织和社区设施。本书将通过数理模型的方法,分析不同户籍群体在居住空间资本方面的差异性。

根据本书的假设,本地居民和外来人口在居住空间资本方面的差异性将成为解释二者居住隔离状态形成的原因。居住隔离通过两个局部指标进行测量,即孤立指数和居住分异指数。而在进一步分析社会融合时,将注意力集中于社会融合的较高层次,即主观融合感受,包括排斥感受和安全威胁两个方面。最终,希望能够验证外来人口和本地居民之间的居住隔离对二者主观融合感受的影响,进一步说明居住融合的重要性。通过验证社区社会资本的中介效应,补充了居住隔离的作用路径。

(四)分章结构

第一章首先对上海市外来人口的历史进行了回顾,通过对文献中外来人口历史数据的搜集和计算,对上海市近代的外来人口历史进行了分析。其次,就外来人口的现状而言,主要是利用了五普和六普的数据进行描述性分析。同样也分为两大方面,一是人口特征的分析,二是利用六普区县层数据,对上海市各区县外来人口的空间分布情况进行分析。

第二章是文献综述,主要包括三个部分。第一部分是理论的基础与概念的提出,从古典社会学理论出发,对城市社会学中与"空间"相关的理论进行了回顾,并在此基础上,将城市规划学的"空间资本"概念引入社会学研究之中。在居住空间资本的概念引导下,试图在传统的住房研究中引入更多社区层面的影响因素。而本书的分析重点在于居住隔离的形成机制与对社会融合的影响,因此对国内外与居住隔离和社会融合相关的理论和研究进行了回顾,并且对二者的关系进行了探讨。

第三章利用流动人口问卷调查数据,对上海市外来人口居住现状的九个方面进行了分析:住房产权、住房类型、居住面积、住房设施、住房费用、居住稳定性、周边环境和配套设施、社区位置和社区外来人口比例情况。在影响因素方面,主要包括了受教育程度、资格证书、单位性质、职业类别和收入等社会经济地位因素,还包括了年龄、家人同住、婚姻状况和子女情况等家庭生命周期因素。

第四章在居住空间资本概念的基础上,结合调查问卷的结构,构建了相应的指标体系。在理论指导下,将居住空间资本划分为交换价值和使用价值,而本章着重对使用价值的指标进行了探索性因子分析和验证性因子分析，经过比较，最终采用探索性结构方程中的测量模型部分进行了指标构建。最后将生成的因子与社区平均房价进行了相关性分析，旨在检验因子的有效性。

第五章在前一章指标建构的基础上，对本地人口和外来人口在居住空间资本方面的差异性进行了分析。本书将户籍划分为六大类，但根据数据实际，最终包括了老上海非农户口、老上海农业户口、新上海非农户口、外来非农户口和外来农业户口五大类。因此，本章对这五类群体在居住空间资本中交换价值和使用价值的差异性进行了分析，使用价值包括了人均居住面积、居住环境因子、社区资源因子、社区组织因子和社区设施因子。

第六章旨在验证居住空间资本与居住隔离的关系。本书假设，外来人口和本地居民在居住空间资本方面的差异性是居住隔离形成的原因。换言之，外来人口在居住空间资本方面的劣势地位致使其无法融入本地居民聚居的社区。另外，除了居住空间资本外，本章还将对影响居住隔离的其他因素进行分析，即社会经济地位和家庭生命周期等相关因素。

第七章是居住隔离对社会融合作用的探索，社会融合包含了多个维度，本书着眼于主观层面，对受访者的社会融合感受进行测量。通过多层线性模型，验证了社区层次的居住隔离变量对社会融合感受的影响。另外，本章也将居住空间资本作为自变量纳入模型，同时考察了居住空间资本对社会融合感受的作用。

第八章利用 2017 年城市化与新移民调查数据，探讨了居住隔离、社区社会资本与外来人口定居意愿之间的关系。定居意愿作为外来人口社会融合的重要测量，本章补充了前面研究中因为数据未涉及"社区社会资本"所以无法深入讨论的问题。本章旨在验证社区社会资本在居住隔离与流动人口定居意愿之间的中介效应，进一步补充了居住隔离影响社会融合的过程。

第九章是本书的结论和讨论部分。首先，总结和梳理了本书的主要结论；其次，对于本书的主要贡献进行了说明；最后，对本书的局限性和未来方向进行了反思。

三、研究意义

本书希望通过对上海市外来人口居住隔离与社会融合的研究，对外来人口的居住现状、影响因素，以及居住隔离和社会融合的关系进行分析。本书的价值主要体现在以下四个方面：

首先，将城市规划学的"空间资本"概念引入社会学的研究，并结合实际进行了指标体系的建构。从马克思的《资本论》开始，"资本"概念在社会学领域就具有重要的研究意义，而布迪厄将资本分成了三种类型，即经济资本、社会资本和文化资本。城市规划学的学者结合城市规划的空间特征提出了"空间资本"的概念，而面对当今上海高涨的房价，空间资本概念的重要性日益凸显。空间资本不只是房价这么简单的概念可以概括的，当它不再以"建筑物"为研究对象，而是以"人"为主体时，这个概念将呈现出更为丰富的内涵。本书将结合问卷结构，建构一个能够代表居住空间资本的指标体系，并从该视角出发去解释外来人口的居住问题。"空间资本"概念的引入和指标体系的建构将为居住问题的研究提供新的可能。

其次，通过"空间资本"的视角对移民研究的理论进行补充。关于移民居住问题的理论主要包括了空间同化理论、种族劣势理论、族群认同理论、族群资源理论、庇护所理论、分割同化理论等。这些理论都以移民作为研究对象，而面对居住隔离问题，显然移民和当地居民群体都应该被纳入分析框架。本书引入的"空间资本"概念有助于在解释该问题时将二者同时纳入分析框架,将"居住空间资本"作为解释机制的其中一环,对以往的理论进行补充。

再次,本书将补充国内关于外来人口居住隔离形成机制的研究。关于居住隔离,国内的研究集中于地理学的描述性分析,对不同群体间的居住隔离现状进行说明。但是对于居住隔离形成机制的研究较少,已有的机制分析主要从理论出发,结合政策和质性研究结果对影响因素进行总结归纳,定量研究主要集中于个体特征变量的影响。本书将从个体居住选择的角度,以居住空间资本为分析工具,对居住隔离形成机制进行探讨,弥补国内实证研究结果的不足。

最后,促进居住隔离与社会融合研究的连接,从居住的视角对社会融合的研究进行了补充。根据以往的理论和研究经验,居住隔离是社会融合的重要阶段,但是已有的研究对这一问题的验证较少。本书将就居住隔离对主观融合感受的影响进行分析,一方面运用国内的数据验证国外的理论,填补国内此类研究的空白;另一方面也可以被视为从居住角度对于社会融合研究的补充。

第二章
空间资本、居住隔离与社会融合

　　根据前一章的研究背景可知，上海市的外来人口问题由来已久，并且非常具有研究价值。一方面，上海市的外来人口比例已达到全国最高水平，另一方面，无论从人口学特征还是空间分布上来看，研究外来人口问题都会有一些非常有趣的发现。本书将重点聚焦于上海市外来人口的居住问题，试图从"空间"的视角切入，对上海市外来人口的居住现状、聚居情况，以及与本地人口的社会融合进行讨论。谈到外来人口的聚居问题，当同时考虑本地人口时，本质上是"居住隔离"的问题，国外关于有色人种与白人居住隔离的大量研究对于分析我国外来人口与本地人口的居住隔离问题具有非常重要的借鉴意义。根据前文的研究背景不难发现，上海市外来人口与本地人口之间的居住隔离状态已然形成，那么为什么会形成这样的分布情况呢？本章文献综述将首先回顾城市社会学中关于"空间"的讨论，进而提出本书的核心概念——空间资本，空间资本将会成为本书关于居住隔离如何形成的重要解释路径。讨论外来人口的居住现状以及与本地人口的居住隔离，最终的落脚点是社会融合，面对当今我国大量的流动人口，社会融合是一个不可规避的重要议题。

一、理论的基础与概念的提出

城市规划的研究往往将"空间"视为社会活动的容器,但是从社会学的视角出发,这一观点是具有局限性的。空间因素构成了社会关系的一部分,并密切地牵涉进人们的日常生活,影响着人们的行为方式。因此,本部分将溯源至古典社会学理论,梳理城市社会学研究中的"空间"视角。

(一)古典社会学理论中的"空间"隐喻

在马克思(Karl Marx)、恩格斯(Friedrich Engels)、滕尼斯(Ferdinand Tönnies)、涂尔干(Emile Durkheim)、韦伯(Max Weber)、西美尔(Georg Simmel)等诸多古典社会学理论大师的作品中,城市都是一个无法避开的论题,他们都在试图解释城市化所引起的转型。马克思和恩格斯认为,城市的出现就是从野蛮向文明的转型;滕尼斯的《共同体与社会》也是在讨论从乡村"共同体"向城市"社会"的转型;涂尔干从社会秩序的角度分析了从"机械团结"走向"有机团结"的过程,"有机团结"正是现代城市的特征;韦伯在他的论文《城市》中,通过对比世界各国多个城市,得出了"完全的城市共同体"的理想型(马休尼斯、帕里罗,2016:109-115)。虽然在这些理论家的眼中,"城市"并不是理论的核心部分,但都有所涉及,这主要是由于城市化是现代性必不可少的因素。

西美尔是对城市社会学影响最大的古典理论家,当韦伯和恩格斯在强调城市的历史发展和生活方式的时候,西美尔更关注城市中的行为模式和思考方式,而后城市社会学最具代表性的芝加哥学派也与西美尔一脉相承,深受其影响。并且西美尔提出了"空间社会学"的概念,对空间的特征进行了阐释,是社会学对"空间"最早的探讨。空间的特征包括排他性、分割与统一、固定性、距离和流动性(西美尔,2002:300-483)。西美尔指出,"空间是社会生活必不可少的条件,但社会生活并不生产空间,空间只是本身毫无作用的形式,可以被某种社会形态所填充"。当然,在有些事件中,空间的形式条件也可能凸显为一种重要的影响事件的力量,然而西美尔还向我们展现了另一种可能,"并非空间,而是它的各个部分的由心灵方面实现的划分和概括,具有社会的意义",他真正关心的是心灵划界的空间化(西美尔,2002:459-466)。

(二)将空间引入马克思主义

马克思早在《共产党宣言》(1848)和《德意志意识形态》(1846)中就有强烈的地理和空间直觉。马克思认为,资本主义的生产方式"它一方面使土地所有权从统治和从属的关系下完全解脱出来,另一方面又使作为劳动条件的土地同土地所有权和土地所有者完全分离,土地对土地所有者来说只代表一定的货币税,这是他凭他的垄断权,从产业资本家即租地农场主那里征收来的。这样,土地所有权就取得了纯粹经济的形式,因为它摆脱了它以前的一切政治的和社会的装饰物和混杂物"[《马克思恩格斯选集》(第二卷),2012:605-606]。马克思将城市的居住空间也看作是一种"生活资料",住房如同其他生活资料一样具有经济价值,同时城市居住空间也是一种"关系性空间"。马克思和恩格斯在分析城市中工人阶级和一部分小资产阶级住房紧缺的问题时指出,住房资源的紧张其实是资本主义生产方式带来的后果。资本主义的生产方式导致了空间的资本化,促使了"级差地租"的出现。资本主义空间下产生了阶级分化,工人阶级只能住在"城市中最差地段中条件最差的住房"中[《马克思恩格斯选集》(第二卷),2012:604-638;《马克思恩格斯选集》（第三卷），2012：179-273]。

保罗·福塞尔在《格调：社会等级与生活品味》（2011：103-133）中指出，住房的外观特征能够直观地反映房主的社会阶层地位，车道、草坪、房屋形状、车库、门牌号、各种摆设等，都是社会阶层地位的体现。因此，住房格调的差异其实反映的是社会阶层间的差异，通过分析一个人的住房状况就可以分析他所处的社会阶层地位。雷克斯和摩尔在《种族、社区和冲突》中对英国伯明翰市的一个内城区的住房资源进行了调查，在其中探究住房与种族的关系。雷克斯与摩尔认为，住房内涵了房主的职业能力，提出了"住房阶级"（housing class）的概念，处于职业地位上层的人，其住房也同样会处于上层（Rex et al.，1967）。桑德斯（Saunders，1984）从"住房所有权"和"消费社会"的视角，将住房阶级的讨论进一步深化，住房对于阶层划分的意义比工作更为重要，因此是一个更有意义的划分标准。按照住房产权所属情况，可以将社会群体划分为依赖政府公房领域者和依赖市场私房领域者两大群体（Saunders，1986）。孙洛龟（2012）又在"住房阶级"理论的基础上，结合韩国高房价的社会现实问题，提出了"房地产阶级"的概念。阶级的划分标准由生产性资源转变为消费性资源，因此决定人们生活质量的住房资源成了重塑阶级身份的关键因素。

（三）空间的政治经济学

列斐伏尔认为，社会空间并不是社会关系的"容器"，而是社会关系的"产物"。空间已不再是马克思所谓的物质生产的容器，而是"成为生产力与生产关系的重要组成部分"（列斐伏尔，2006：180）。从空间政治经济学的角度，列斐伏尔对空间的交换价值和使用价值进行了探讨。空间的"动产化"使得交换价值被接受，交换价值意味着可交换性，空间成为一种商品，空间的可交换性要求它具有和其他空间的可比性,甚至和所有同类空间的可比性。让空间重新呈现在以私有制的名义而被占有的土地上,这是人们对待这些住宅的方式(列斐伏尔,2015:84-85)。

空间的使用价值并不会完全被交换价值吸收消化,空间的购买者会根据使用价值进行再次购买。空间的购买者不仅可以居住于该空间,还可以与其他空间进行交换。使用价值包括了空间的距离,例如该空间到达中心区的距离,中心区是指商业、休闲、文化、工作和决策的中心,距离越近,空间的所有者越会获得更大的"舒适性"。空间包含着时间,通过空间,被生产和再生产出来的,是一种社会时间(列斐伏尔,2015:86)。交换价值和使用价值的辩证关系被复杂化了,价值的这两极,存在于空间里。空间形式,即中心的空间形式,以及和中心相关的、周边地区的空间形式,发挥着作用(列斐伏尔,2015:87)。

与列斐伏尔的思想一脉相承,洛根(John R. Logan)和莫洛奇(Harvey L. Molotch)将城市看作"财富的增长机器"。这是一个运转严密的系统,由利益相关的几方力量共同推动,随时根据需求变换方向。而这一系统带来的结果便是空间的社会分层,核心机制源于社会群体所占有的交换价值和使用价值的差异性,而社区(neighborhood)正是这些资本的来源,同时也是这些社会群体社会身份的象征(洛根、莫洛奇,2016:4-5)。

房产的价格、回应房地产价格,以及决定土地使用和财富分配的是对使用价值和交换价值的追求。空间与一般商品的区别体现在空间的不可或缺性,所有的人类活动都必须发生在某个特定的空间。位置(location)产生了一种在个体之间的特殊的集体利益。每一处空间都有相对于其他空间的一个独特的政治或经济地位,影响着生活在其边界内的人们可获得的生活水平和机会,社区实质上可以成为一种地方的力量。吉登斯(Giddens,1973:

108-110)指出,空间分化是阶级结构化的直接原因,作为消费的一个方面而不是生产的一个方面作用于阶级分隔的固化，而这种分隔是因为不均衡的市场能力而产生的。来自空间的交换价值表现为"租金"(rent)。"租金"宽泛地涵盖所有直接支出和房屋购买者或租客支付给房东、房地产经纪人、抵押贷款、房地产律师、产权公司等的费用。和使用价值一样,人们通过多种方式追求交换价值,而这些方式是与他们创造其他商品方式不同的。空间并不是提供者"生产"出来的,马克思认为土地是"虚拟商品"(fictitious),斯托普和沃克(Storper and Walker, 1983)将土地描述为"伪商品"(pseudocommodity)。最根本的"奇妙"之处在于土地市场是天然的垄断,提供给作为一个阶级的土地拥有者对商品的总供给的完全控制权，没有其他额外的企业家或者新产品(洛根、莫洛奇,2016:16-22)。

社区在多个方面体现其使用价值:第一,社区为居民的日常生活提供了便利和支持,居民的生活习惯在社区中形成;第二,社区为居民提供社会支持,例如邻里间的互助行为、就业和生活信息的共享等;第三,社区为居民提供了安全和信任,社区是居民日常生活的场所,熟悉、安全、有序能够为居民提供可预测的保护作用,从而形成社区信任感;第四,社区提供身份的边界与意义,社区通过公共设施来彰显其相对的竞争优势,居民通过社区边界来实现社会划分;第五,由上述种种价值形成的互补效益集聚效应;第六,社区同样也是种族群体的汇聚和庇护地(洛根、莫洛奇,2016:4-5;100-106)。

(四)人类生态学——芝加哥学派

帕克(Robert E. Park)无疑是芝加哥学派的领军人物,在其经典论文《城市:对城市环境中人类行为的研究建议》(Park,1915)提出了一项研究计划,用来指导芝加哥大学的城市社会学。帕克所描绘的城市图景包括三个维度:

空间资本、居住隔离与外来人口的社会融合

首先,帕克与马克思、韦伯和涂尔干一样,看到了现代生活中一种由产业竞争驱动的复杂劳动分工,"围绕城市形成的市场的产物"。与滕尼斯一样,帕克认为这种市场的支配性,将导致对传统生活方式深刻而持续的侵蚀(Park et al.,1984:12-14);其次,帕克认为城市具有正式社会结构的特征,其最好的例子就是大规模的科层组织,这些组织会取代不那么"正式的"诸如邻里互动等方式来组织日常生活;再次,受西美尔的影响,帕克的研究也包含了城市生活的心理维度,城市中传统情感联系纽带的弱化和消失,可能导致以利益集团的形式出现的新的社会联系纽带(马休尼斯、帕里罗,2016:119-120)。帕克指出,大规模的人口运动也会影响城市的发展。早期来到芝加哥的大量移民,受文化程度和技能的限制,非常贫穷,只能拥入市中心拥挤的住宅区,但是后来迁入的移民与这些移民的后代会逐渐离开他们最初居住的旧社区,进入城市主流社会。芝加哥学派的学者们将这种人口转型叫作"侵入—替代"过程。

同心圆模型由伯吉斯(Burgess,1925)提出,伯吉斯认为经济竞争是城市生活的中心。在此模型中,从城市中心向外辐射出五个区域,由里及外通常伴随着社会经济地位的提高与住房密度和房龄的下降。族群倾向于集中在移民殖民地和贫民窟的中心区域。伯吉斯的重要性体现在三个方面:首先,依据竞争位置或区位的生态理论,解释了住房、邻里和工业、商业选址的模式;其次,同心圆模型揭示了城市空间内按照两个性质不同但是相关的过程的人口和活动的迁移,即中心化和分散化;最后,城市人口的社会组织特征在空间上得以部署,从中心到边缘的一个梯度流动趋势确立了城市人口属性的特征(戈特迪纳、哈奇森,2011:54-55)。

由霍伊特(Hoyt,1939)发展而来的扇形模型将方位视为其关键的预测指标。该扇形模型的提出基于霍伊特早期关于住房租金分配的实证研究,其将

城市描述为从中心商业区(CBD)辐射而出的一组饼形图,其中的每一块分别代表着由一个特殊社会经济地位群体组成的居住社区。伴随着城市的发展,这些楔形向外扩张,但这些楔形所象征的身份地位水平却始终被维持在一定的边界内,此外,每一次向外扩张通常都伴随着各个群体居住需求的增长。扇形模型与隐含社会经济地位差异的大城市居住区的描述最为契合。

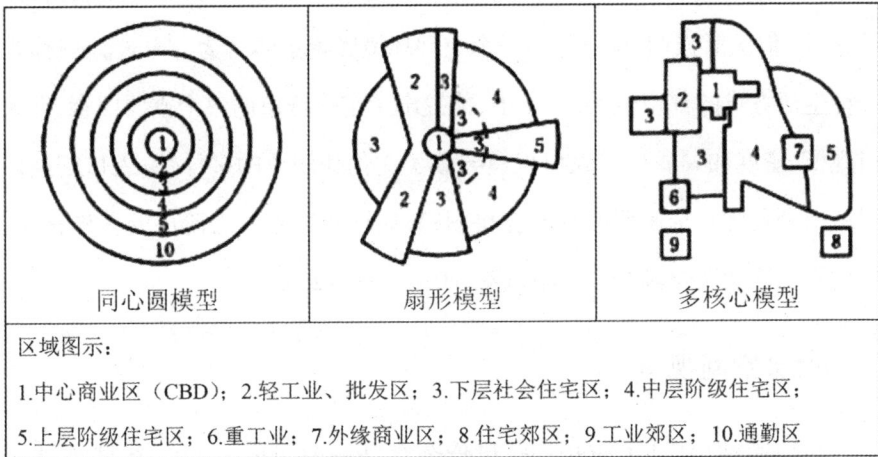

| 同心圆模型 | 扇形模型 | 多核心模型 |

区域图示:

1.中心商业区（CBD）;2.轻工业、批发区;3.下层社会住宅区;4.中层阶级住宅区;
5.上层阶级住宅区;6.重工业;7.外缘商业区;8.住宅郊区;9.工业郊区;10.通勤区

图2-1　芝加哥学派三大模型

哈里斯和乌尔曼(Harris and Ullman,1945)提出了多核心模型,他们认为不能仅通过中心商业区导向这一单一或基础的方面去解释大城市的发展。由于每个城市都有其独特的地形和历史,其他诸如前城镇、工厂遗址、移民聚集区等的中心作为次级组织发展的小节点,与中心商业区分别形成了竞争。多核心观点中极为重要的是,尽管其承认空间中人口的划分真实存在,但是它认为这种不公平仅考虑到中心商业区是不够系统化的,仅仅由一个中心商业区导向的简单模型不足以作为其要点。

贝里认为,这三种模型是城市社区社会经济结构中相互独立的因子(Berry,1965)。这一构想后来得到一定的发展,用以尝试综合性的因子生态分析,将社会经济地位、家庭生命周期、族群划分的调查结果作为独特因子。这也是对综合城市社会空间结构三种有效模型的一种尝试。综合模型认为,社会经济地位呈扇形分布,家庭生命周期特征呈同心圆分布,而种族和族群则呈多核心分布(Murdie,1969)。

路易斯·沃斯(Louis Wirth)同样受到西美尔的启发,但与以帕克为代表的芝加哥学派的主流思想有所不同。帕克等将城市空间看作一个包容行为的容器。但沃斯强调,城市作为一个空间环境影响个体行为的方式。在《作为一种生活方式的都市生活》一文中,他提出了定义城市的三个重要因素,即人口规模、密度和异质性。人口规模导致了文化和职业的多样性;人口密度使得城市分化为特征鲜明的马赛克拼图;异质性意味着社会阶层的多样化,同样增强了流动性(马休尼斯、帕里罗,2016:121–122)。

(五)社会空间视角

戈特迪纳(Mark Gottdiener)和哈奇森(Ray Hutchison)在《新城市社会学》一书中首次提出了城市研究的"社会空间视角"(social spatial perspective),强调了社会和空间之间的相互作用。社会空间视角的三大理论基础是吉登斯的"场所"、列斐伏尔的"空间生产"和林奇的"城市意象"(司敏,2004:18)。吉登斯(1998)的"场所"概念从空间的视角来诠释行动与结构的关系,更加系统地处理地点与空间的问题;列斐伏尔的"空间生产"融合了空间的物质性和抽象性,把社会的维度引入了空间的研究之中(Lefebvre,1991);林奇(2001)的"城市意象"则强调了空间对于人的影响,包括视觉、认知系统和经验。

社会空间视角吸收了很多芝加哥学派的城市生态学,但又有所不同,更加注重空间与社会、行为、文化心理因素的关系。在社会因素方面,阶级、教育、权力、性别、种族等因素决定了人们与空间的关系,社会活动需要空间得以发生,社会因素同样需要空间得以发挥作用。在行为因素方面,空间影响人们的行为,而人们同样对空间的结构和安排发挥着作用,二者之间是一种互动关系。在文化、心理因素方面,空间的意义源于社会文化,人在一定空间中的行为意义也同样受到文化心理因素的影响(戈特迪纳、哈奇森,2011:18-20;何雪松,2006)。

(六)概念的提出——空间资本

"资本"的概念在过去的几十年得到了热烈的讨论和发展。根据布迪厄的观点,除了经济资本,资本还包括文化资本和社会资本,并且不同形式的资本之间是可以实现转化的(Bourdieu,1986)。经济学家德·索托在他的著作《资本的秘密》(*The Mystery of Capital*)中讨论了如何将资本转化为确切的价值。他举的一个最主要的例子是关于"土地"和如何将土地转化为"资本",一方面,土地或不同的地块需要地理上的定义、社会和经济价值上的描述、测量,并写入代表地块的文件之中;另一方面,这些文件需要被授权并纳入合法的体系,使得产权和经济交易得到控制和保障(德·索托,2001:40-43)。空间赋予了资本以权力,城市结构的重建和变迁,正是权力角逐之下"优胜劣汰"的结果。如前文所述,西美尔和芝加哥学派更加注重空间在个体和社会层面的差异性,而政治经济学派则更侧重于空间在资本积累和创造利润方面的作用。

马库斯(Lars Marcus)提出了"空间资本"(spatial capital)的概念,测量城市形态对土地价值的影响。他认为,城市中的不同位置具备不同的经济价值,可能影响房地产价格和租金。尽管市场对这些价值有所影响,但是市场中的"位置"(location)变量很难分析。基于希列尔(Hillier,1996)的"空间句法"(space syntax)，马库斯通过异质性(diversity)和可达性(accessibility)两个变量来进行测量。"空间句法"是关于空间与城市的理论和方法，主要应用于建筑设计和城市规划领域。但是，"空间句法"的理念与社会学的"社会网络"密不可分。简言之，"社会网络"研究的是人与人之间的关系，而"空间句法"关注空间与空间之间的关系，进而分析空间如何为人工作。马库斯基于这一方法，对"位置价值"(location-values)进行评估，并进一步预测新的城市工程如何创造新的位置价值。马库斯将"空间资本"划分为"交换价值"和"使用价值"。交换价值是指城市形态的价值如何被转化为经济资本。使用价值是指代表了日常生活方式多样性的城市形态价值，包括社会、文化和环境方面(Marcus,2007;2010)。

马库斯从城市规划的角度来讨论"空间资本"，以建筑和空间为核心，因此研究对象多为城市或设计工程。如果从社会学的角度来讨论"空间资本"，以"人"作为研究对象，那么"空间资本"到底意味着什么呢？结合社会空间的视角，空间资本对于个人的行为和心理都将产生重要的影响，当然，这种影响是相互的，人的行为和心理也会反过来对空间产生影响，并且空间资本与个体的社会特征紧密相关。与马库斯的"空间资本"相类似，本书的"空间资本"同样可以划分为"交换价值"和"使用价值"进行讨论，当然这并不是源于马库斯，而是源于马克思对于"资本"的讨论，经过列斐伏尔、约翰·洛根和哈维·莫洛奇等学者对空间政治经济学的剖析逐步清晰起来。对于个人而言，空间资本的"交换价值"显然是指空间能够带给个人的经济价值，换言之，可以转化为经济资本的空间价值；而"使用价值"是指空间给人们日常生活带来的价值，包括社会、文化和环境多个方面，可参照洛根和莫洛奇对社区使用价值的分析，空间能够给人们带来便利的生活、身份的象征、社会网络的支持等。

(七)居住空间:将社区空间带回住房研究

在明确了"空间资本"的概念后,笔者需要对研究内容进一步聚焦。根据空间功能的不同,我们可以将城市空间划分为诸多类型,比如工厂是工作空间,商场是购物休闲活动空间,而本书将聚焦于居住空间。选择居住空间进行研究主要考虑到以下三个方面:首先,根据前文对城市社会学发展的梳理,不难发现,住房、社区等居住空间的研究一直以来都是城市社会学的研究重心,可追溯到恩格斯对英国不同阶层的住房研究;其次,居住空间对于人们而言是一个较为稳定的空间,当然,居住空间并不是一成不变的,家庭规模的变化、工作的变动、政府规划都可能造成居住空间的变化,但是相对于购物休闲空间而言,居住空间是一个更为稳定的空间;再次,居住空间是一个更具有社会学意涵的概念,休闲空间当然也能够体现一个人的阶层和品位,但是居住空间与个人社会经济地位的联系更为紧密,因而更能体现社会的阶层结构。

本书之所以针对"居住空间"进行分析,实质上的意图是希望将"社区"重新带回到住房研究的视域之中。在 20 世纪早期,"社区"已经成为美国城市社会学的研究对象。帕克(1925)强调情感、传统和历史占据社区生活的主流,社区是城市社会和政治组织中的最小单位。他将社区看作一种"地域共同体",划分为物理维度和社会维度,物理维度主要指社区的空间性,而社会维度是居民在社区形成的联系,包括功能性、组织性和心理情感上的联系(王小章,2002)。当物理维度和社会维度相互影响时才能够形成"共同体",居民在社区范围内形成了共同的网络、情感和认知,并且与其他社区相区隔(方亚琴、夏建中,2014)。麦肯齐认为,"社区"这一词汇总体上有两个内涵:物理层面上是对所关注的对象的接近,以及人们住得彼此靠近组成的亲密团体,这意味着一种对"内部"和"外部"的感知(McKenzie,1970)。凯勒认为,社区("邻里居住地")可以清楚地划定或者只是被模糊定义为城市的一部分(Keller,1968:12)。"社区消失论"和"社区继存论"是城市社会学领域的经典论争,虽然这两个论争的观点完全相反,但都假设社区对于居民社会网络和人际交往具有重要意义(蔡禾,2003:128)。

在本章后半部分的国内研究中,笔者将对目前国内与居住相关的研究进行梳理,大部分的研究将关注点置于"住房"。研究住房是无可厚非的,因为谈到居住问题,第一重要的"小空间"便是住房,购房者购买的空间也是以住房的单位价格乘以住房面积得到的。但是在购买住房的同时,购房者何尝不是将"社区"同时"购买"了回来。这里的购买并不是像住房一样能够通过实际计算获得的,但是社区的位置、环境、服务水平其实都会在住房的单位价格中有所体现。需要进一步指出的是,这些社区层面所提供的价值并不能够被房价全部体现,例如较好的社区组织能力可能为社区居民提供更为融洽的交往环境,会为居民带来更多的社会资本,这些正是房价无法完全体现的方面。本书正是在此基础上,希望将社区重新带回到住房的相关研究中,提出"居住空间"的概念,试图对社区层面进行测算,得到一个更为全面系统的图景。在国外学者看来,"社区效应"(neighborhood effect)是族群间居住隔离发生的重要作用机制,该效应将社区的特征传递到每个个体的身上,形成了相应的社会后果。社区效应的核心观点是社区环境对个体的一系列社会后果具有非常重要并且独立的效应,这种效应是排除了个体特征、家庭背景、宏观社会经济条件的影响之外,人们生活的居住空间会对其未来的生活产生的重要影响(Urban,2009)。

二、国外相关研究

笔者根据前文对城市社会学中"空间"视角的梳理,提出了本书的核心概念"空间资本",并且进一步将其聚焦于"居住空间"。而根据前一章对于上海市外来人口空间分布状况的描述,不难发现,外来人口呈现出了非常不均衡的分布趋势,那么这就涉及一个城市社会学研究非常重要的概念——居住隔离。本部分将对居住隔离的概念、理论基础、以往的经典研究进行回顾,并进一步对其与社会融合的关系进行探讨。

(一)居住隔离

很多学者都曾经对"居住隔离"的概念进行定义。布劳(Blau,1977)认为,隔离指 "一个群体或阶层中与其他群体或阶层没有社会接触的成员比例"。对于空间隔离的定义是一个特定的群体在城市中的比例过高,而其他群体的比例过低(Peach,2009;Simpson,2004)。居住隔离可以被简单地定义为群体在居住空间上的物理隔离,居住隔离的研究已经被一系列社会和人口特征所定义的亚种群所实现,包括种族、职业、年龄和家庭状况。"隔离是两个或更多团体在城市环境的不同部分各自独立生活的程度"(Massey and Denton,1988)。

世界各国学者关于居住隔离研究的侧重点有所不同。北美城市以种族文化隔离为主导,根植于美国漫长的移民史,城市社会学家和地理学家首先绘制了少数种族的居住模式,并且记录了他们的隔离和集中(Huttman et al.,1991;Peach,1975;Phillips,1998;Van Kempen and Özüekren,1998)。与来自国外的白人群体相比,黑人群体的隔离情况明显更加严重(Lieberson,1980)。

空间资本、居住隔离与外来人口的社会融合

根据坎特罗威茨的研究，纽约市西班牙裔群体的隔离情况与黑人群体相差无几(Kantrowitz,1973)。而在梅西对十个区域(大多数位于新南部地区)所进行的研究中,发现西班牙裔群体的隔离情况要低于黑人群体(Massey,1979)。研究表明,大部分少数族群倾向于集中居住在条件最差、最贫苦的社区,处于劳动力市场的底层。后续的研究开始寻求社会和空间融合积极的方面,记录社区的动态和居住模式的多样性 (Bolt et al.,2010;Clark and Drever,2000; Özüekren and Van Kempen,2002),越来越多的学者转向定性研究,探究少数种族群体的经历和意愿,包括他们的住宅、邻里关系,聚焦于他们的主观感受方面(Bolt et al.,1998;Ehrkamp,2005;Phillips et al.,2007)。欧洲国家的空间不平等问题大致可分为三类:第一类国家趋向于集中在阶层差异上,例如英国争论的焦点是职业阶层和其他分裂;第二类国家将中心放在种族或文化议题上, 例如经历大量连续种族移民潮的国家——荷兰和德国(Deurloo and Musterd,1998);第三类国家由于贫困和衰落而形成了居住隔离,例如斯堪的纳维亚国家。研究欧洲的居住隔离问题,福利制度当然是不可忽视的方面(黄怡,2004:67),但是文化和经济因素(Echazarra,2010)、教育和劳动力市场准入机制(Musterd and Ostendorf,2009)、受访者的收入、教育水平、语言能力和所在城市大小(Sager,2012)都是与之密切相关的因素。

居住隔离的分析范围逐渐扩大到其他群体特征,一般来说,所有定义明确的群体分类都可以进行分析, 例如一些人按照职业和产业对社会分化情况进行了分析(Duncan and Duncan,1955a)。研究发现,两个群体在职业地位上的差距越大,他们在人口普查中的分布情况就越不同。其他的社会地位指标,例如收入和教育程度,也展示出类似的情况。随着人们对于人口老龄化问题研究兴趣的增加, 一些人开始对老年群体的隔离情况进行分析研究(Cowgill,1978;Tierney,1987)。大部分的研究结果显示,尽管年龄隔离情况非

常重要，在制定相关政策时应当给予考虑，但是并没有像族群或者社会经济隔离情况那样普遍。

在学者们研究居住隔离的形成机制时，逐渐形成了不同的理论视角。其中，以下四种理论是最具代表性的。

1.空间同化理论（spatial assimilation theory）

同化是指不同群体之间的社会、经济、文化模式的普遍趋同（Alba and Nee，2003）。空间同化模式是用来解释在特定的居住安排中，跨越种族和族裔群体的文化适应和社会经济地位的差异有助于隔离形成（Massey，1985）。该模型假定，新移民往往先定居在相对同质性的少数种族聚居地的范围内。这可能是由于移民会感觉更舒服和被同乡欢迎，并且很多移民能够负担得起少数族群聚居区的房子（Charles，2001）。少数族群居民会在适应当地生活后建立自己的社会网络，社会经济地位的向上流动为他们的迁居奠定了经济基础，他们会选择搬入公共设施和服务更好的主流社区之中，从而实现与主体族群的空间同化。当移民获得更高的社会经济地位时，如通过提高收入、英语能力和加深对当地的了解，他们将在这些方面的收益转化为改善空间位置的资本。这种典型的空间改善是转移到更多土生土长的非西班牙裔白人的社区（Massey，1985）。在本质上，居住迁移遵循个人的文化适应和社会流动。这导致在一段时间内移民和少数种族成员与主流群体的隔离（Alba and Nee，2003；Massey and Denton，1988）。"文化适应产生了需求，社会经济地位向上流动提供了途径，少数族群由此也就实现了空间同化"（Bolt and Van Kempen，2010）。空间同化理论蕴含了居住隔离形成的经济视角，族群之间的居住隔离是与族群间的阶层差异相吻合的，实质上是少数族群在经济水平上的劣势导致了居住隔离的形成。

2.种族劣势模型(ethnic disadvantage model)

与同化理论相反,种族劣势模型认为,学习新国家的语言知识,熟悉文化和习俗往往不会导致同化增加。"居住位置和隔离程度可以视为一个群体在社会中相对地位的指标"(Park et al.,1984:56),种族与族群不平等内在地镶嵌于空间不平等之中,统治集团的偏见和歧视阻碍了同化过程(Charles,2003)。一方面,主体族群对于少数族群的偏见和歧视形塑了少数族群的居住模式,住房市场对少数族群的歧视导致了族群间的居住隔离(Alba and Logan,1991)。房地产市场的歧视性做法已被广泛证明,尤其是对美国黑人、西班牙裔和亚裔(Turner and Ross,2003;Turner et al.,2002)。多年来,歧视性做法已将种族群体引导到某些街区,包括地产代理、不平等地获得抵押贷款、排他性的分区(群体被限定于特定的社区)和社区的敌意(Goering and Wienk,1996;Meyer,2000;Yinger,1995)。另一方面,当社区中少数族群的数量达到一定的规模后,就会出现"白人逃离"(white flight)的现象,那么居住融合的社区将再次变成居住隔离的状态。博博(Bobo,1989)将种族间的居住隔离称为美国种族关系的"结构性关键"(structural linchpin),而这种结构性障碍对美国黑人的影响最大(Bobo and Zubrinksy,1996;Farley et al.,1994;Iceland and Scopilliti,2008;郝亚明,2013;朱荟、郝亚明,2016)。

3.文化偏好视角(cultural preference)

文化偏好视角认为,每个族群都体现出以文化和同质性为基础的偏好,居住隔离与居住偏好存在密切关联。谢林指出,"即使是少数族群集中居住的偏好非常小,也可能会导致严重的居住隔离"(Schelling,1971)。居住隔离实质上是少数族群对自身的隔离,是一种选择的结果(Bolt and Van Kempen,2003)。很多学者都赞同文化偏好视角,但在居住偏好形成的原因方面却存在不同的理解,形成了三个理论分支:族群认同理论(ethnic identity theory)认为,为了保持种族的相似性,人们更加偏好于与自己文化背景相同的人聚居在一起,居住隔离正是在这一过程中形成的(Clark,1992);族群资源理论(ethnic resource theory)认为,少数族群为了应对多元文化生活的需要,会选择聚居区来获取更多来自本族群的同质性资源;庇护所理论(safe haven theory)指出,少数族群将隔离的居住区视为逃避外界歧视的庇护所,因此会主动选择居住于此,该行为是以文化为基础的聚居偏好(Dawkins,2004;Farley and Frey,1994;郝亚明,2012;朱荟、郝亚明,2016)。

4.分割同化理论(segmented assimilation)

这个观点侧重于当代移民(Portes and Zhou,1993;Zhou,1999)中不同的融入模式,个人层面(教育、职业预期、英语语言能力、出生地、年龄、到达时间、在美国居住时间的长短)和结构层面(种族状况、家庭社会经济背景、居住地)的因素同时影响融入过程,并存在着两个层面之间的交互作用。分割同化理论认为,移民进入了美国社会的不同阶层,从富裕的中产阶级郊区到贫困的内城贫民区都有他们的身影,而且对移民自己或他们的孩子而言"成为美国人"并不一直是一种优势。因此,根据分割同化模式,我们应该会看到不同移民群体居住方式的巨大差异,一些群体与非西班牙裔白人的居住隔离在一段时间内没有下降。换言之,居住隔离对于某些群体而言会一直存在,并不会像空间同化理论所说的,最终走向居住融合。

制度性因素对居住隔离的影响不可忽视。列斐伏尔指出,空间的生产绝对不是自然而然的过程,而是人为制造的,这其中混合了制度和意识形态。首先,政府的角色非常重要,市场的自由度与社会的不平等程度密切相关,而欧洲国家的政府会通过干预行为来消减社会的不平等(Musterd and De Winter,1998)。其次,社会福利制度也是重要的制度性因素,福利性住房和社会保障都可能影响居住隔离的形成。梅西和丹顿提出,造成美国种族居住隔离的主要原因是制度和政策因素，其影响超过了个体的经济状况和选择（Massey and Denton，1987）。汉隆则以 20 世纪美国肯塔基州列克星敦市的贫民窟清理计划为例来检验种族居住隔离的空间动力学机制，提出居住隔离模式与政府主导的以种族隔离为基础的空间秩序改造密切相关（Hanlon，2011）。

(二)居住隔离与社会融合

"社会融合"是迪尔凯姆在研究自杀现象时首次提出的，被视为自杀的重要社会因素，而后逐渐成为西方社会政策研究和社会政策实践的核心概念。对于"社会融合"的概念，至今学界还没有统一的表述。帕克和伯吉斯将融合定义为"个体或群体互相渗透（interpenetration）、相互融合（fusion）的过程，他们共享经验和历史，了解和获取对方的记忆、情感和态度，最终整合于一种共同的文化生活之中"（Park and Burgess，1921；Park，1928）。"融合"（integration）和"同化"（assimilation）经常被交换应用。在美国关于空间隔离的文献中，空间同化（spatial assimilation）和居住融合（residential integration）是同义的（Alba and Nee，1997）。同样的，在检验美国学者理论的欧洲居住隔离研究中，同化和融合也是同义的。但是融合在欧洲的文献中更常出现，而同化被更为广泛地应用于美国的研究中。根据阿尔巴和尼的观点，同化"在下降，在其消失的端点，用种族的区别和文化社会的差异性来表达它"（Alba and Nee，1997：863）。布鲁贝克重新表述为，同化是从一种同质性的形式向另一种同质性的形式的转化——比例更类似于人口的分布（Brubaker，2001：541）。

空间同化与移民同化的相关性在理论方面也有所体现（Alba and Nee，1997；Massey，1985）。当移民在文化和经济上与主流群体趋同后，群体间的地位差异将会逐渐消失,最终实现居住融合,居住融合有助于移民完全融入当地社会。空间同化并不是同化过程的原始子过程或者通过的一个阶段,戈登在他关于移民适应非常有影响的著作中指出了这一点(Gordon,1964)。但是值得注意的是,空间同化是走向完全融合过程中的一个重要亚阶段(Alba and Nee,1997;Marston and Van Valey,1979)。空间同化理论假设,到达一个新的国家,移民最初将居住在移民飞地,通常位于房价较低、较为贫困的中心城区。随着移民经济地位的提高和适应当地社会的语言、风俗、规范和价值观,移民与主流群体之间客观和主观的差异会逐渐消失。一旦社会距离缩小,移民与非移民的空间沟壑会拉近。

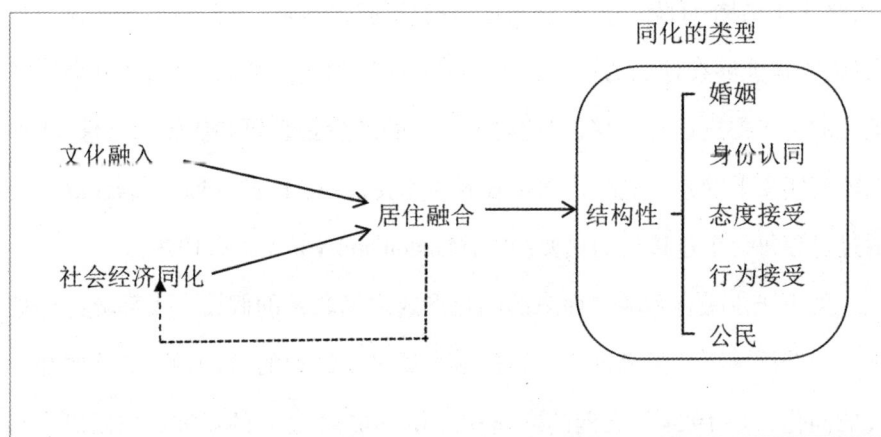

图 2-2　空间同化模型:居住融合的相关变量及其与同化结构和后续形式的关系

上图总结了空间同化模型,社会经济地位和文化适应是居住融合的诱因。箭头从居住融合又指回社会经济地位同化,反映出空间同化能够进一步影响移民的社会经济地位(例如,通过增加他们的社会网络或者将移民置于更接近好工作的位置)。一旦移民与主流群体共享相同的居住空间,人与人之间的关系会有所发展。初级群体与主流群体关系的构成是结构性同化的标志,是通向完全融合的阶段或亚阶段——婚姻、身份认同、态度接受、行为接受和公民同化（Gordon，1964）。由于居住融合的缺位，移民可能并不能够达到结构性同化或其他同化的效果。

空间融合是社会融合的关键阶段，"如果一个群体没有在物理距离上融入当地社会，结构同化与其随后的各种同化阶段都很难发生"（Massey and Mullan，1984）。将概念化的居住隔离作为同化过程整体构成的基础能够在帕克（Park，1950）和霍利（Hawley，1944）的研究中有所发现，群体间的物理距离与其二者的社会关系特征密切相关。族群隔离显然是社会关系的结果，包括外生性的和内生性的，既是物理距离也是社会关系隔离的结果。马斯顿和范·维利认为，同化过程是一个连续的过程，始于文化维度，伴随社会经济过程，终止于结构：①第一步文化同化是指任何种族群体完全和平等地参与社会；②群体能够在他们的社会经济地位方面得到实质性的提高；③社会经济地位的进步促进居住迁移，因此居住隔离的减少是必要和优先的条件；④种族隔离实质上的减少是结构同化必要的先决条件。因此，种族的居住隔离是通过过程每一个连接处的重要结果（Marston and Van Valey，1979）。

关于居住融合和随之而来的同化形成之间联系的假设，大部分已经被连续的美国国际移民潮证实。居住融合促进了结构的、婚姻的、经济的和公民的同化，如1924年之前的欧洲移民和1965年之后的亚洲和白西班牙移民（Lieberson，1980；Iceland，2009）。空间同化理论预测，无关种族，所有的移民都将通过文化适应和社会经济流动与主流群体达到居住融合，但不是所有的移民都能够跟上空间同化理论下居住融合的线性过程。对于黑人移民和带有非洲特征的西班牙移民而言，种族是约束他们实现居住流动的主要因素（Darden and Kamel，2000）。研究已经显示，黑人移民倾向于居住在少数族群主导的中心城区，社区中黑人比例超过半数（Freeman，2002），很少有机会与白人接触（Crowder，1999）。尽管社会经济地位和文化适应都有所提高，但黑人移民还是与白人保持隔离(Iceland and Scopilliti,2008)。普遍的共识是种族是美国黑人移民择居的决定因子,黑人移民居住隔离的固定模式已经引起了许多学者的关注,他们预言了一个严峻的未来,所有黑人,无论出生地,都面对着美国社会的排斥(Iceland,2009:13)。

关于居住隔离对社会融合影响的研究,目前集中于论证居住隔离对社会融合的负效应。少数族群的聚居可能会限制他们的生活机会,例如就业。隔离的社区限制了他们的就业机会和提高语言能力的效率(Friedrichs et al.,2003;Kearns and Parkinson,2001;Musterd and Ostendorf,1998)。欧洲很多国家存在着一种政策制定者的一般认识,认为种族居住隔离阻碍了少数种族群体在社会中的融合和参与(Harrison et al.,2005),甚至在一些坚持多元文化主义的国家,像英国和荷兰,居住隔离被视为国家团结的重要威胁。作为居住隔离的结果,令人恐惧的是少数种族群体处于"平行生活"的危险之中,与不同背景的人无法产生交集。事实上,居住隔离对社会凝聚的负效应已经成为欧美学界和政界的一个共识。

大部分文献关注集中贫困的影响,一些国家的研究已经证明了种族集中对于社会经济融合的消极影响,越是居住于本种族人口较高的社区,在统计上的表现越为贫困,并且有很大的失业危险(Clark and Drinkwater,2002;Galster,2007;Galster et al.,1999a,1999b)。巴克研究发现,隔离对于少数种族的社会经济融合存在显著的消极影响(Buck,2001)。在荷兰,已经发现种族集中对于少数种族获得与当地人联系的可能性存在强烈的负向影响(Van Der Laan Bouma-Doff,2007)。马斯塔德和安德森的研究关注社会网络和社会化理论,研究发现,更少的社会网络或亚文化群体的存在会减少少数种族在主流社会劳动力市场就业或社会参与的机会(Musterd and Andersson,2005)。经济学家也为隔离阻碍社会经济进步提供了支持,尽管他们的关注点最初是在居住融合对于收入机会的增长作用,斯蒂格评估发现,居住隔离造成的收入机会剥夺的影响每年超过 100 亿美元(Steger,1973)。鲁夫认为,居住隔离是城市结构特征(年龄和非白人比例)和社会经济不平等结构的中介变量。他认为,隔离直接地影响教育不平等和相应的职业不平等,进而影响收入不平等。另外,他还讨论了除直接相关的教育机会外,隔离对于职业不平等的直接效果(Roof,1972)。

但是有些学者认为,社会经济融合和居住隔离之间的联系弱于常见的说法(Musterd,2005)。巴尔和吉布斯讨论了黑人和白人的居住隔离与收入、教育和职业并不显著相关,他们的结论是居住隔离可能并不是他们种族分异的基础(Bahr and Gibbs,1967)。相似地,吉奥布和马歇尔也认为,隔离并不会对同化产生很大的影响,黑人和白人隔离的程度并不与社会经济层面的种族差异相关(Jiobu and Marshall,1971)。德雷弗讨论了德国种族集中对于文化同化的影响,研究发现,居住于少数种族聚居区不会导致少数种族群体异于德国文化,也不会对其国家文化根源的保护倾向产生影响(Drever,2004)。阿尔巴奇和马尔赫罗斯也对隔离与融合相关的假设提出了质疑,使用几个南欧国家的实例,他们注意到了废除种族隔离的趋势并不与移民融合相联系(Arbaci and Malheiros,2010)。相反,废除种族隔离是排他性进程的结果。举例来说,中部地区的高档化和租赁部门能够负担部分的急剧减少已经导致了很多移民的搬离。边缘化的过程导致了更差的移民住房条件,尽管居住隔离程度低,但还是存在住房导致的种族不平等明显增加的趋势。

三、国内相关研究

国内相关研究的回顾将从三个方面进行。首先,与本书密切相关的住房研究,本书以居住空间为研究内容,住房无疑是内含于居住空间之中的,并且相对于居住隔离的研究而言,社会学关于住房的研究更为成熟,形成了一定的体系。其次,关于居住隔离的研究,国内相关研究多为城市规划背景的学者对不同城市居住隔离现状的描绘。最后,关于社会融合的研究,通过前文的文献回顾可知,居住隔离对社会融合存在着一定的影响,国内这一类研究较为鲜有,但是对外来人口社会融合的研究较为丰富,且一直以来都是社会学和人口学的重要议题。

(一)住房研究

国内关于住房的研究一直以来紧紧围绕着一个核心,即市场转型与社会分层,而住房差异正是其中的一个主要方面(Szelényi,1983;Bian et al.,1997;刘精明、李路路,2005)。在国家再分配体制下,城镇居民的住房主要由单位或房管部门以福利的方式分配, 分配的主要依据是居民是干部还是群众身份、职业等级和技术职称如何、工龄的长短、婚姻状态和家庭规模等(Whyte and Parish,1984;Logan et al.,1999;Huang and Clark,2002;Wang and Murie,2000;Logan et al.,2009)。其中,干部身份尤为重要,一般群众的住房面积较小,而精英群体在住房获得方面处于优势地位,住房面积较大并且质量较好(Szelényi,1978;Howe,1968)。单位性质也是影响住房不平等的重要因素,城镇居民的住房不平等一定程度上源于单位间的不平等,单位规模大、行政级别高、国有单位的居民在住房获得方面具有显著的优势(Logan,1987,边燕杰等,1996;Lee,1988)。

1998 年的住房改革标志着福利分房时代的终结和商品房制度的开端,但改革前的体制分割并不会随着市场的作用完全消失, 反而会延续甚至进一步扩大(方长春,2014)。中国的住房改革包括了两条路径,一是原有公房的私有化,二是开发新的商品房(Logan et al.,2010),有学者将这描述为两个市场,即内部市场(internal market)和开放市场(open market)(Sato,2006)。随着住房改革的推进,住房演变成了一种商品,进入了住房消费市场,那么人们获得住房需要的是购买能力。在市场体制下,影响住房获得的因素是收入和职业等与人们阶层地位密切相关的因素,这些因素决定了人们是否能够占有住房产权、获得多大面积的住房,以及住房的质量好坏(洛根、莫洛奇,2016)。国内的大量研究验证了这一结论,边燕杰和刘勇利(2005)对五普数据的分析结果显示,阶层地位是影响产权占有、购买租赁比和购房能力的重要因素,精英群体在住房产权方面表现出了绝对的优势,这再一次证明了改革中制度的延续。刘欣(2007)的研究主要围绕着中产阶层展开,但同样说明了中产阶层内部的上层得益于收入的优势,拥有了更大面积的住房。与此结论相类似的,郑辉和李路路(2009)的研究也表明了精英群体在住房面积方面的优势地位。王琪(2015)发现,城市居民在住房质量和区位方面的差异主要受政治面貌、户口、行政级别、行业等再分配机制因素和教育年限、职业、个人和家庭收入等市场机制因素的双重影响。

鉴于住房对于社会分层的重要意义,刘祖云和毛小平(2012)将住房作为了社会地位的划分标准,通过是否占有产权对社会地位进行了划分,即无产权房阶层、有产权房阶层和多产权房阶层。李强(2009)使用了"住房地位群体"的概念,认为人们的住房将影响其所处的社会地位,这其中包括了"住房的所有权、价格、地理位置、级差地租、社区环境、社区文化特征等多方面的因素"。从这一界定中,我们也可以看到,不同住房地位群体在诸如地理位置、社区环境和社区文化等社会空间因素上必然存在差异,这也反映了体制改革以来城市居住空间分布中的分层化趋势。刘精明和李路路(2005)也验证了阶层地位与居住空间的关系,阶层地位由低至高指向了住房地段的由劣至优,以及房屋质量的由老旧至优良。同样的,刘祖云和胡蓉(2010)的研究也发现了住房产权占有和区位分化的阶层差异。张文宏和刘琳(2013)的研究发现,住房产权的占有情况显著地影响着上海市居民的阶层认同,自有住房的居民更倾向于认同自己处于较高的阶层地位。李骏(2009)的研究发现,在城市的新型商品房小区内,住房产权的占有对参与基层社区选举发挥着积极的影响。

影响住房获得和占有的因素包括了诸多方面。首先,家庭生命周期是一个非常重要的变量,如户主年龄、学历、婚姻、家庭规模、从业人数、户口性质和登记状况、迁移等(Huang,2001;易成栋,2007;刘望保等,2010)。生命周期分为个体和家庭生命周期,孙远太(2015)的研究发现,个体生命周期对城市居民住房资产获得的影响高于家庭生命周期。其次,与阶层地位密切相关的社会经济地位变量也是重要的影响因素,例如受访者的人力资本、政治资本、职业、收入等(Sato,2006;李斌,2004;刘望保等,2010;刘祖云、毛小平,2012)。毛小平(2014)发现,政治资本或人力资本只是影响住房分层的必要条件,而不是充分条件。李斌(2013)根据 CGSS2003 和 CGSS2005 的数据证明了教育在居住空间获得方面的重要性在不断提高,尤其对于上海市居民的购房行为而言,教育更是一种隐形的准入要求。最后,也有研究者关注到了住房问题的地区间差异。原鹏飞和王磊(2013)发现,住房不平等的差异性主要体现在地区之间和东部地区的内部。胡蓉(2010)的研究表明,地区的市场化水平与住房不平等程度之间呈现出倒"U"形的曲线关系。但是,易成栋(2007)的研究发现,城镇家庭住房消费的省际差异并不显著,住房消费和地区的市场化指数、人均可支配收入、非农产值和非农就业比重、城市化水平、商品住宅价格等呈现出了正相关关系。

本书将重点关注外来人口,因此需要对外来人口居住状况的相关研究进行回顾。首先,在住房产权方面,外来人口由于无力购买价格高昂的商品房,又不被保障性住房所覆盖,因而只能以租房为主。住房改革前,农村进城务工人员由于没有城镇户口和无法进入单位体制, 因此无法进入城市的住房分配体系,只能以私人住房来解决居住问题(Huang,2003)。即使在住房改革后,就大多数流动人口而言,虽然住房商品化逐步实现,住房仍难以获得并受到诸多限制 (Chan and Zhang,1999;Wang and Murie,2000;Solinger,1999;World Bank,1997;邹湘江,2013)。流动人口在住房方面的劣势地位主要是由两个因素造成的,一是流动人口进入城市,由于人力资本的缺失,大多从事较为底层的劳动,流动人口的收入显著地低于本地人口,因此没有经济实力购买住房;二是户口带来的局限性,流动人口没有本地户口,因此无法进入保障性住房体系, 例如经济适用房的购买体系 (Knight et al.,1999;Wu,2002、2004;Wang,2003;侯慧丽、朱静,2010)。租住私人住房或者单位集体宿舍成为这些流动人口的最佳住房选择(Wang and Zuo,1999;吴维平、王汉生,2002;Zheng et al.,2009;Wang et al.,2010;He et al.,2010;侯慧丽、李春华,2010;王玉君等,2014;杨菊华,2015;刘厚莲,2016),近些年来关于城中村的研究指出, 大都市城中村的低廉房租为农村进城务工人员解决居住问题又增加了一条路径(魏立华、阎小培,2005)。

其次,外来人口的居住条件极差,住房面积小,住房质量差(张斐、孙磊,2010;赵晔琴,2014;仇楠楠、周利兵,2015; 朱祥波等,2015)。蒋耒文等(2005)的研究表明,城镇流动人口的住房面积小,尤其是来自农村地区的流动人口, 而且流动人口的住房条件很差, 尤其是农业户口在其中的作用显著。何炤华和杨菊华(2013)的研究发现,来自农村或其他城市的流动人口的居住状况都不及本地居民,尤其是来自农村地区的流动人口,其住房面积更小、设施更差、产权占有率更低,只能"寄居"在大城市。

最后，关于外来人口住房状况影响因素的相关研究多以个体层面的因素为主。与阶层地位相关的教育、收入、工作单位类型等个体因素对流动人口获取城市住房具有显著影响（Wu，2002、2004；郑思齐、曹洋，2009）。赵晔琴（2014）对于外来务工人员的居住现状调查发现，房租便宜、离上班地点近是外来人口选择居住地的首要考虑因素，高昂的房租依然是外来人口最大的居住问题。彭华民和唐慧慧（2012）的研究关注低收入农村进城务工人员，研究发现，行业因素影响了他们的住房面积、形式和基本设施。这可能是由于不同行业在提供住房上有所不同，相较于服务行业，工业行业更倾向于为职工提供住房（Li and Zhang，2011；Li et al.，2009）。刘婷婷等（2014）对上海各区县流动人口的研究发现，家庭随迁会显著提高流动人口的住房拥有率，自身的阶层地位也会对其住房选择产生显著影响。依据上海市的户口打分政策，学历、海外留学经历、特殊技能能够显著提高非户籍人口获取居住空间的能力（朱静宜，2015：104）。

（二）居住隔离

国内的居住隔离研究更多提及的概念是"居住分异"，虽然在国外的实证研究中，居住分异（residential dissimilarity）是居住隔离（residential segregation）的测量指标之一，但是在国内的研究中其实二者在本质上是相同的。杜德斌等（1996）将居住空间分异定义为不同阶层地位群体之间居住水平和区位的差异，主要表现为空间形态上的异质群体隔离而居和同质群体的聚居现象，影响这一现象形成的因素包括收入、家庭结构、择居观念等。李强和李洋（2010）认为，"居住分异"即居住空间的分化现象，例如国外的研究中经常会划分的穷人区和富人区，这是以居民的收入水平作为划分标准。而李斌（2013）认为，居住空间分异是社会阶层分化在居住空间布局方面的反映，社区内的阶层集中性会不断提高，不同阶层的居民会居住在不同水平的社区之内。

关于居住隔离的研究，本书首先对中国各城市的居住隔离情况进行回顾，由于本书聚焦于上海市，因此重点回顾了以北上广为代表的特大城市的居住隔离情况。综观以往关于居住隔离状态的研究，大致可以归为两个大方向：

一个方向是以芝加哥学派为基础，采用生态因子分析等方法，对于居住隔离的形态进行描绘。黄怡（2001；2005；2006）和杨上广（2006）的研究侧重于总结上海市居住隔离的模式，黄怡的研究发现，上海市根据内外环线呈现出类似"同心圆"的圈层式隔离，在局部呈现出了"扇形"分布，而杨上广的研究则借用了芝加哥学派的同心圆、扇形、多核心三个模式叠加的组合模型来分析上海的情况。冯健和周一星（2003）利用三普和五普数据，分析了北京都市区 1982 年和 2000 年逐步复杂化的社会空间结构演化情况，形态以同心圆为主，多核心和扇形为辅。郑静等（1995）利用 1990 年人口普查数据，根据不同社会区域聚居人员的特征，将广州市中心区划分为人口密集混合功能旧城区、混合工人居住区、以交通通讯业从业者为主的聚居区、农业人口散居区、干部居住区、知识分子居住区、以移民为主的新开发区。王兴中等（2000）对西安市区也进行了社会区域的划分，分为人口密集混合居住区、干部居住区、知识分子居住区、工人居住区、边缘混杂居住带、农业人口散居区等 6 个社会区域类型，西安市的空间结构特征是"圈层"同心圆与"扇形"相结合。

第二个研究方向是以某一因素作为划分标准，分析不同群体间的居住隔离状况。早期对于中国大城市居住隔离的研究大都与阶层紧密相连，因此学者会将职业或收入等作为划分标准。杨上广和王春兰（2006）以收入水平作为划分依据,对上海市的居住分异情况进行了分析,发现高收入阶层聚居于中心城区, 而中低收入阶层只能聚居于中心城区的老旧公房或外环线附近。孙斌栋和吴雅菲(2008)利用 2006—2007 年的上海住房租赁价格分析了上海市不同收入阶层的居住分异指数。研究发现,低收入群体出现了明显的聚居现象, 而高收入群体居住分异指数最高, 中间群体的居住分异指数最低。李倩等(2012)利用 2009 年北京市内大规模居民调查问卷发现,富裕人群与贫困人群存在一定的居住隔离现象,尤其是四环以外的地区,贫困人群聚居在经济适用房或破旧民居中, 基础设施和公共设施的数量和质量都较差。陶海燕等(2009)对广州市海珠区的研究发现,与西方国家的模式不同,我国的高收入群体聚居于老城区,而贫困家庭集中居住在城乡接合部。

　　欧美国家对于居住隔离的分析发端于种族问题, 而后续的研究更多地向社会经济特征和家庭生命周期等因素转向, 而社会经济特征的转向与我国的阶层研究相对应。对于国内的学者而言,我国的居住隔离问题研究始于与阶层相关的研究是具有合理性的, 因为中国正处于社会转型的大背景之下, 伴随着转型而来的社会分层与结构的问题无疑是社会学研究的核心议题。如与前文分析住房改革相类似,住房从单位福利变成了商品,那么随之而来的居住空间的变化应该也是从"单位聚居"走向阶层导向的居住形态(王美琴,2010)。在中国的情境中,与种族相对应的是少数民族,但是中国的少数民族是聚居于个别省份的, 虽然近些年部分的少数民族务工人员拥入大城市, 形成了少数民族聚居的城中村,但该现象并不普遍。由于风俗习惯的差异性非常大,因此混居较为鲜有,这与欧美国家的种族问题存在着很大的差异性。但是中国有一个可以与"种族隔离"进行类比的问题,那就是中国的"户籍"政策带来的隔离。近些年,很多城市规划、社会学、人口学的学者将目光转向了外来人口、流动人口与本地居民的居住隔离研究,取得了一定的成果。

根据吴维平对中国城市边缘群体的空间聚集分析，农村进城务工人员聚居区一般位于城乡接合部（Wu，2004）。段成荣、王莹（2006）利用北京市1997年外来人口普查数据和2000年五普数据建构了流动人口居住隔离指数，计算结果显示流动人口与市民的居住隔离程度较高。李志刚等（2014）运用六普数据计算广州新移民与本地常住人口的居住隔离指数，超过了美国亚裔移民水平，广州新移民呈现出近郊集中和远郊分散的特征。袁媛和许学强（2008）利用普查数据发现，1990—2000年广州市外来人口的居住隔离程度呈现出增长趋势，核心和外围区域的隔离程度与变化差异大，空间模式以散点状为主。黄友琴和易成栋（2009）根据武汉市2000年人口普查的0.1%按户抽样数据对武汉市不同类型的移民群体和本地居民的居住分异状况进行了研究，测算出武汉市区不同户口类型的移民群体居住分异和隔离程度并不高，但各分区的居住隔离程度存在明显的差异性。景晓芬（2014）通过五普和六普数据分析了西安市外来人口的空间分布状况，十年间西安市中心区域的外来人口聚集度下降，而外围区域的聚集度上升。雷敏等（2007）在对北京、沈阳、石家庄、无锡和东莞的问卷调查中发现，流动人口的居住隔离是由于他们聚居在城市边缘地区而形成的。张展新、侯亚非等（2009）的研究发现，同一社区内的本地人口与外来人口也存在着居住隔离，并且村委会的居住隔离程度比居委会更加严重。

由于本书的研究对象为上海市的外来人口群体，因此着重回顾上海市外来人口居住隔离的相关研究。李志刚和吴缚龙（2006）以五普的抽样数据考察了上海市外来人口居住空间分异情况，居住分异指数仅在0.20~0.28之间，隔离程度并不严重。陈钊等（2012）根据对2006—2007年间上海部分市区数据，计算得出户籍与非户籍居民的居住分异指数为0.25，居住隔离程度并不高,但这个结果可能低估了当时的上海居住隔离情况。赵渺希(2006)利用外来流动人口五普数据描绘了上海市中心城区外来人口的社会空间结构分布,划分为长期定居上海群体、来沪务工群体人口聚集区、高社会经济地位人口聚居区和社会特殊群体聚居区。耿慧志和沈丹凤(2009)通过五普数据分析上海市外来人口的分布情况发现,最集中的区域为外环线向外十千米左右的范围内,外来人口数量较少的区域为城市核心区和最外围区域。王桂新和张得志(2006)的研究发现,上海市外来人口与城市本地居民在居住方面存在显著差异,外来人口的居住表现出了明显的"临时性",聚居于"城中村""棚户区"和建筑工地宿舍等。陈杰和郝前进(2014)根据六普的微观数据发现,户籍人口与非户籍人口之间的居住隔离已经比较严重,居委会层面的户籍居住分异指数为 0.4562,街道层面为 0.3373,镇区高于城区,与 2000 年相比居住隔离程度大幅增长。根据这些学者的研究不难发现,中国大城市中的居住隔离已然形成,那么居住隔离的形成机制是什么呢?

第一,住房政策和住房制度改革是导致居住隔离形成的直接因素。住房商品化改革和针对不同群体的住房供应政策,成为加速城市居住空间分异现象出现的原因(陈燕,2008:63)。许学强等(1989)、郑静等(1995)对广州市社会空间结构的分析都证明了城市经济发展政策和住房制度的重要意义。徐菊芬和张京祥(2007)的研究发现,加剧中国城市居住分异的制度性因素是住房制度、土地制度和税收制度。廖邦固等(2012)认为,上海中心城区居住空间分异的变化根源于土地使用制度的变迁。刘望保和翁计传(2007)指出,住房制度改革致使城市居民选择住房的行为相对自由化,而在商品房开发、阶层差异性、公共部门干预等多方作用下最终形成了居住隔离。

第二,城市化对于居住隔离的形成发挥了一定的促进作用。城市化推动下的旧城区改造与户籍改革之下推动的城市郊区化都在一定程度上改善了城市的居住状况,由于配套设施和资源相对完备,城市中心区聚集了城市中的中高收入群体,低收入者只能选择在外围和郊区购置经济适用房或廉租房,但郊区还有另一个高收入群体存在,高收入群体会选择居住于郊区的高档别墅区(陈燕,2008:64)。陈映芳(2008)指出,"中国城市化进程本身就可以看作是一个居住空间再生产和居住空间权利再分配的过程"。

第三,个体层面的因素,外来人口的家庭生命周期、社会经济地位等都会成为影响居住隔离形成的重要因素。李志刚等(2014)的分析表明,年龄和婚姻状况是影响新移民聚居的重要因素。梁海祥(2015)使用上海市六普数据来分析本地和外地常住人口的聚居情况,通过对教育程度、年龄结构等因素的空间分布分析,验证了双层劳动力市场分割在居住空间方面的表现。杨菊华和朱格(2016)使用2014年八城市"流动人口社会融合与心理健康调查"数据发现,户口类型、流动区域、居住的社区类型、曾经遭受歧视都是影响流动人口居住隔离风险的重要因素,尤其是居住于城中村、棚户区、工业园区或者连片出租屋。

更多的学者倡导结合多种因素,构建居住隔离形成机制的综合模型。吴启焰(2001)认为,"居住空间分异是社会阶层分化、住房市场空间分化与个人择居行为交互作用的空间过程与结果"。吴启焰等(2002:27)在此基础上,提出了两个机制和五个机构力量,由于社会阶层分化通过住房市场空间分化和个人择居行为而实现,因此可以通过两个机制来理解,而五个影响城市居住空间分异的机构力量包括政府、建筑地产开发商、金融信贷业、地产物业机构和城市规划。宋伟轩等(2010)通过对南京居住空间分异的研究,进一步揭示出新时期中国城市居住空间分异动力模型的一般范式。杨上广(2005)认为,国家意识形态、个体居住选择和开发商市场行为等因素是构成社会空间结构变迁的综合动力机制。陈燕(2014)认为,制度政策因素(主要干预力量)、经济规则(中观层面的基本力量)、社会文化和个人抉择(内在影响因子)等多因素相互作用,共同促成了城市居住空间结构的演化与居住空间的分异。

(三)社会融合

社会融合是一个不同个体、群体和文化间相互渗透和融合的过程(Park and Burgess,1921:735)。就群体间的社会融合而言,一般会涉及少数群体与多数群体,例如黑人与白人、移民与土著等。他们之间生活机会的不平等导致了很多社会问题——贫困问题、犯罪问题、教育问题,甚至是政治冲突(Galster et al.,1999a;Solivetti,2010;Castles and Miller,2003)。移民的社会融合问题在欧美地区得到了诸多学者的关注与研究(E.g. Gordon,1964;Alba and Nee,1997;Portes et al.,1980;Van Der Laan Bouma-Doff,2007;Quillian,1995;McLaren,2003),他们的研究为我国的外来人口研究提供了理论和实证分析的范例。

20世纪80年代以来,中国的农村进城移民潮引起了国内外学者的关注,学者们将社会融合的概念引入国内的移民研究领域。我国的"国内移民"与西方移民有许多相似之处,虽然我国的外来人口与本地居民并没有在生理方面表现出鲜明的差异性,例如肤色,但是我国的外来人口与欧美地区移民在社会融合过程中面临着类似的障碍,因为户口限制了他们只能在城市中处于次级地位。国内的学者如任远和邬民乐(2006)认为,"社会融合是不同个体、群体或文化间的相互配合、适应的过程"。童星和马西恒(2008)提出,社会融合是指新移民在各个方面融入当地生活,向当地居民转变的过程,其中包括居住、就业、价值观念和生活方式等方面的内容。周皓(2012)认为,社会融合是迁入人口在迁入地接受与适应当地的社会文化生活,进行互动交往,最终形成相互认可。有些学者认为社会融合是双向互动的过程,而另外一些学者则强调融入者主动地适应环境(任远、乔楠,2010)。近年来,众多学者从不同领域对于社会融合进行了深入的研究,其中较多的研究集中于分析社会融合的影响因素,主要包括了人力资本、社会网络与社会资本和制度性分析三个方面。

在人力资本方面,由于分割的劳动力市场导致外来人口的教育回报率偏低(曾旭辉,2004),职业培训对外来人口而言非常重要,因为会影响其职业素养和经济条件,作为原有人力资本的补充和转化(赵延东、王奋宇,2002;姚先国、俞玲,2006)。大量的国内研究指出,大多数外来人口在次级劳动力市场工作,工资较低,无法获得社会保障、医疗保险、失业保险和基本福利(李强,2000;任远、邬民乐,2006)。外来人口经常更换工作,但很难实现职业向上流动(李强,1999)。外来人口被排除在初级劳动力市场之外,难以实现融合。张文宏和雷开春(2008)的研究发现教育年限对新移民的社会融入影响显著,新移民的心理和身份融入较快,而文化和经济融入相对较慢。

社会网络可以为外来人口提供经济和情感的支持,雷开春(2011b)的研究发现,本地的社会资本更有利于城市新移民的社会融合,特别是在适应城市环境方面,但同质化的社会网络实际上阻止了外来人口融入城市社会(朱力,2002)。李汉林(2003)的分析发现,农村进城务工人员的社会网络以"强关系"为基础,同质性较强。移民必须通过与城市居民的互动,发展新的社会网络,以促进他们的融合,但考虑到城市的体制和劳动力市场条件,外来人口在城市建立新的社会网络是非常困难的(曹子玮,2003)。赵延东和王奋宇(2002)提出,社会资本在农村进城务工人员职业地位获得方面的影响比人力资本等因素更为显著。悦中山等人(2011)的研究发现,非亲属关系虽然对农村进城务工人员社会经济融合的影响有限,但是对文化和心理融合具有显著的正向影响。张春泥和谢宇(2013)发现同乡就业聚集能够显著地提高农村进城务工人员的收入水平。目前的文献多集中于分析社会网络和社会资本对务工人员在求职、增加收入水平和融入城市生活等方面的作用(Fan, 2003;Zhuang,2009;张春泥、刘林平,2008;李树苗等,2008;续田曾,2010)。

在制度分析方面,已有研究主要关注户籍制度对于社会融合的影响。户籍制度被认为是一种"社会屏蔽"(social closure)制度,对于外来人口而言,户籍制度屏蔽了他们享受城市资源和保障的机会(李强,2002)。户口对于外来人口的限制不仅表现在增加生活成本方面,由于户口内含了诸多制度方面的限制,因此致使外来人口处于一种劣势地位,而这一劣势地位直接影响了外来人口融入本地生活。户籍制度阻碍了外来人口的上升空间,在职业流动、教育获得、婚姻匹配等方面都设置了隐形障碍,这必然造成外来人口融入信心的受挫(李强,2002)。任远和戴星翼(2003)在上海的调查显示,大多数农村进城务工人员对长期居留持"否定"态度,而作者认为这并非他们的本意,而是他们在认识到自己不可能长期居留于此的一种"自知之明"的理性决策。户口制度对外来人口的种种限制,致使外来人口无法在当地安居乐业,会最终形成一种过客心态。李强(2000)指出,与欧美国家有所不同,户籍制度使得外来人口无法将流入地作为自己的长期居留地,而最终形成一种"中断的城市化"过程,无法实现完全的城市化。

四、文献述评与小结

"空间"是国内社会学界较为忽视的概念。从西方古典社会学理论开始,空间就是城市研究的重要概念。西美尔明确提出了"空间社会学"的概念,并对其特征进行了阐释,虽然其他学者并未明确提出空间的概念,但在他们对

空间资本、居住隔离与外来人口的社会融合

城市的研究中都会有所涉及。马克思和恩格斯将居住空间作为生活资料,不仅论及了土地的重要性,而且对不同阶层的住房状况进行了分析。沿袭着空间与阶层的方向,福塞尔将住房作为了社会等级的表现,雷克斯和摩尔提出的"住房阶级"的概念。列斐伏尔作为新马克思主义城市研究的代表人物,将空间视为生产资料和消费对象,以"空间生产"来解释资本主义的城市化过程。与列斐伏尔的空间政治经济学一脉相承,洛根和莫洛奇将城市看作"财富的增长机器",并对居住空间的交换价值和使用价值进行了分析。通过对上述理论的回顾可以发现,空间在社会学研究中的重要性由来已久,空间的分化是社会结构的表现,空间与社会之间存在着互动关系,人们的居住形态是在其自身社会特征作用下形成的社会阶层分布的空间表现。从马克思主义出发,空间是生产资料,是"资本"的一种形式。

"空间资本"是城市规划学提出的概念,用于测量城市形态对土地价值的影响,将其划分为交换价值和使用价值进行探讨。本书试图将"空间资本"概念引入社会学研究,当以"人"作为研究对象时,空间资本同样是具有分析意义的。空间政治经济学的研究已经对空间的交换价值和使用价值进行了分析,为本书奠定了坚实的基础。除了关注"住房"这一相对较小的居住空间外,居住空间资本的概念试图将社区空间融入分析框架之中,对居住空间进行更为全面的概括。

提到城市社会学,芝加哥学派无疑是最早对城市特征进行生态学分析描绘的代表,伯吉斯的同心圆模型、霍伊特的扇形模型、哈里斯和乌尔曼的多核心模型都是对城市形态高度概括的描述。芝加哥学派对种族的关注,造就了早期关于居住隔离的研究基础。居住隔离是不同群体间社会融合的空间表现,是实现社会融合必不可少的部分,对于不同群体最终实现融合发挥着不可忽视的作用。西方关于不同种族间的居住隔离研究对于中国的外来

人口研究具有重要的借鉴意义，中国的户籍制度造就了一种类似于种族不平等的差异性。虽然户籍并不像种族差异一样可以通过生理特征对群体进行区分，但是我国的户籍制度无疑将群体进行了类型的分化，并且不同的户籍群体能够享受的福利不同，像种族特征一样，存在着歧视和差别对待的现象。同时，关于外来移民的研究对我国的外来人口研究也具有一定的意义，尤其是外来群体面对新环境时的不适应和区隔。国内对于居住隔离的现有研究多集中于城市地理学运用人口普查数据进行 GIS 分析，多停留于人口居住现状的描述。对于居住隔离形成原因的分析集中于结合政策的理论模型建构，鲜有实证研究的验证性分析。结合本书提出的"居住空间资本"概念，笔者试图从居住空间资本的角度对外来人口和本地居民居住隔离状态的形成原因进行阐释。

关于社会融合的多数研究将视角集中于移民融入的方面，尤其是国内的研究几乎将所有的关注集中于新移民如何融入城市生活，未将社会融合视为双向互动的结果。在下一步的研究中，笔者试图同时考虑外来人口和本地居民，将社会融合视为一个双向互动的过程。社会融合可以被划分为主观和客观两个层面（E.g. Portes and Rumbaut，2006；Massey and Mullan，1984；Semyonov and Glikman，2009；嘎日达、黄匡时，2009：23），戈德拉斯和里士满将融入的指标主要分为七大类，其中客观层面主要包括经济、文化、社会、政治四类，主观层面指社会心理层面，涉及认同、归属感和满意度三类（Goldlust and Richmond，1974）。心理融合是社会融合中非常重要并且最为直观的指标，也是社会融合诸多维度中的最高境界，如任尚从国家认同的角度提出，移民的情感归属（emotional attachment）是移民的终点（Renshon，2008）；朱力（2002）认为，社会融合分为经济、社会和心理三个维度，三个维度之间存在一定的递进关系，心理层面融合是社会融合的最高境界。社会融合的主观方面对于客观融合和同化研究都是非常重要的。在戈登的同化框架中,态度的接纳/融合是结构同化的组成部分,属于更高阶的同化(Gordon,1964)。少数群体和多数群体对于群体间关系持有不同的观点,例如本地人常常对移民表现出负面和歧视性的态度(Quillian,1995;McLaren,2003;Berg,2009),与此同时,移民群体表现出了希望融入本地的强烈意愿(Berry,1997;Van Ouden-hoven et al.,1998)。感受或者说态度,是非常重要的,人们如何看待大量移民的现象、对他们的融合态度如何会潜移默化地作用于其行为,影响两个群体之间的客观融合。如果群体间关系是一种互相对立,甚至对抗的关系,那么冲突就极有可能发生。因此,更好地理解人们的社会融合感受对于制定政策建议也具有非常重要的意义。居住隔离是社会融合的重要阶段,本书也将对居住隔离和心理融合的关系进行探讨,分析居住隔离对心理融合的影响。

第三章
外来人口的居住现状与影响因素分析

通过第二章中对于外来人口居住问题的文献回顾，可以得到一些关于该问题的研究共识：首先，外来人口的居住状况偏差，集中地体现在住房占有率低、以租房为主，住房面积小，住房质量差、各种设施条件缺位，住房环境恶劣。其次，我国的外来人口问题不能简单地套用西方的理论来进行解释，受我国特有的户籍制度的影响，外来人口的居住问题中制度性因素和非制度性因素并存，是一个受多方共同作用的结果。再次，影响外来人口的制度性因素主要是指各种住房政策中体现出的户籍排斥，尽管中央政府和地方政府不断出台新的住房改革政策和住房保障制度，但是在实施的过程中，外来人口需要面临的首要问题就是户籍制度的限制，在购房和保障性住房两个方面都处于劣势。最后，影响外来人口的非制度性因素主要来源于外来人口的个体和家庭社会经济特征，外来农业户籍人口在这个方面的劣势会更加明显，也就是所谓的农村进城务工人员，他们的受教育水平低，处于职业地位的底层，收入无法承担城市高昂的房价，甚至连租房都成了问题。

本章将对上海市外来人口的居住状况进行描述，选取囊括更多住房相关变量的调查数据，以期对该问题形成一个更为全面的认识。本章将通过对调查数据的分析,从多个方面对上海市外来人口的居住现状进行描述,并进一步分析与个体特征相关的非制度性影响因素。

一、数 据 说 明

本章使用的数据来源于"2013 年流动人口管理和服务对策研究问卷调查",该调查为配合 2012 年度教育部哲学社会科学重大攻关项目"流动人口管理和服务对策研究"而进行。调查对象为城市流动人口,定义如下:年龄 16 周岁以上,户口不在所调查城市,有工作或正在找工作。另一个要求是在本地居住 1 个月以上,或在企业工作 1 个月以上。2013 年 8 月,以配额抽样和便利抽样相结合的方式,在上海、天津、广州、武汉、成都、兰州、哈尔滨、三亚八大城市同时展开。

表 3-1　本调查外来人口来源地分布情况与六普的对比情况(%)

地域划分	来源地	六普	本调查
华北地区	北京市	0.25	0.18
	天津市	0.14	0.18
	河北省	0.75	1.66
	山西省	0.50	0.37
	内蒙古	0.26	0.74
东北地区	辽宁省	0.70	0.55
	吉林省	0.66	0.37
	黑龙江省	1.10	1.29
华东地区	江苏省	16.75	18.23
	浙江省	5.02	2.95
	安徽省	28.99	29.65
	福建省	2.94	2.39
	江西省	5.43	4.42
	山东省	4.22	4.60
华中地区	河南省	8.72	13.08
	湖北省	4.54	4.60

地域划分	来源地	六普	本调查
	湖南省	2.55	3.68
华南地区	广东省	0.88	0.55
	广西壮族自治区	0.55	0.74
	海南省	0.11	0.00
西南地区	重庆市	2.54	1.10
	四川省	6.96	3.50
	贵州省	1.65	1.47
	云南省	0.78	1.47
	西藏自治区	0.01	0.00
西北地区	陕西省	1.41	1.10
	甘肃省	1.06	0.92
	青海省	0.13	0.00
	宁夏回族自治区	0.11	0.00
	新疆维吾尔自治区	0.32	0.18
	N	8977000	543

最终样本情况为男性55%，女性45%；农村进城务工人员80%（400人），白领（大学毕业者）20%（100人）；中心城区（商业、居住为主）40%~50%，边缘或半边缘城区（制造业为主）50%~60%。本章的分析运用了在上海地区完成的543个样本，采用该数据主要是考虑到该问卷中关于外来人口居住的题项较多，可以更为全面地对外来人口在上海的居住现状进行描述。表3-1将本调查外来人口来源地分布情况与六普情况进行了对比，数据分布情况与六普较为接近，虽然数据样本量较小，但具有较好的代表性。

二、变量的选取和描述性统计

在本次调查中，72.93%的受访者为外来农业户籍，27.07%的受访者为外来非农户籍；其中，61.09%为男性，38.91%为女性；年龄分布为16~62岁，平均年龄为30岁;来源地按照上海市六普结果,将比例较高的安徽省和江苏省分别单独列为一项,本次调查中29.51%的外来人口来自安徽,18.05%来自江苏,将华东其他省份合并,比例为14.47%,华中地区比例为21.43%,将剩余省份合并为其他地区,比例为16.54%。以月为单位计算迁入上海的时间,本次调查的外来人口平均已经在上海生活了100个月,即8年4个月,最小值为1个月,最大值为481个月,即已经在上海生活了40余年。

在受教育程度方面,41.92%为初中及以下,21.62%为高中/高职/中专,12.59%为大专学历,考虑到抽样中包括了白领(大学毕业者),因此将本科及以上学历单独划分为一类,比例为23.87%。可见,外来人口的受教育水平集中于高中及以下,另外,仅35.90%的外来人口拥有职业资格或技术等级证书。在单位性质方面,25.81%的外来人口没有单位,65.28%的外来人口在非国有制单位中工作,仅有8.92%的外来人口在国有制单位中工作。在职业类别方面,34.79%的外来人口为产业工人或零散工人等一般工人,23.19%从事商业服务业工作,14.07%为专业技术人员,仅有8.75%的外来人口属于管理人员,10.84%为办事人员,另外还有8.37%为自雇经营者。

表3-2 变量的描述性统计

离散变量	频率	频次	离散变量	频率	频次
产权占有			户籍		
工作提供或借住亲友	37.22	198	农业户口	72.93	388
私人租住	46.62	248	非农户口	27.07	144
自购自建	6.95	37	籍贯地		
公租廉租	9.21	49	安徽	29.51	157
住房类型			江苏	18.05	96
简易房/普通平房	35.16	186	华东其他	14.47	77
老式楼房	20.42	108	华中地区	21.43	114
新式楼房	44.42	235	其他地区	16.54	88

续表

离散变量	频率	频次	离散变量	频率	频次
社区位置			**性别**		
市区	19.66	103	男	61.09	325
近郊区	45.80	240	女	38.91	207
远郊区及农村	34.54	181	**受教育程度**		
社区外来人口比例			初中及以下	41.92	223
外地人超过半数	61.52	100	高中/高职/中专	21.62	115
外地人和本地人各一半	20.93	191	大专	12.59	67
本地人超过半数	17.55	99	本科及以上	23.87	127
家人同住			**资格证书**		
不同住	49.25	262	无	64.10	341
同住	50.75	270	有	35.90	191
政治面貌			**单位性质**		
非党员	89.10	474	无单位	25.81	136
党员	10.90	58	非国有	65.28	344
婚姻状况			国有	8.92	47
无配偶	48.87	260	**职业类别**		
有配偶	51.13	272	一般工人	34.79	183
子女情况			商业服务业	23.19	122
无子女	54.51	290	专业技术人员	14.07	74
有子女	45.49	242	管理人员	8.75	46
			办事人员	10.84	57
			自雇经营	8.37	44

连续变量	N	均值	标准差	最小值	最大值
总居住面积	530	48.919	45.561	3	500
人均居住面积	530	14.264	13.050	0.8	133.333
住房费用	530	603.509	778.800	0	5000
住房费用比例	528	17.093	16.848	0	100
住房设施	532	6.321	2.873	0	11
换房次数	530	0.898	1.318	0	12
目前居所居住时间	525	24.712	25.890	0	99
周边环境	411	58.722	18.683	1	100
配套设施	447	58.276	18.022	1	100
迁移时间	532	100.335	88.539	1	481
年龄	532	30.190	9.716	16	62
家庭年收入	527	88677.80	87366.73	1600	999999

空间资本、居住隔离与外来人口的社会融合

在政治面貌方面，仅有 10.90% 的外来人口为中共党员。上海市的外来人口中，51.13% 有配偶，45.49% 有子女，50.75% 与家人同住。在家庭收入方面，2012 年全年全家总收入的平均值为 88677.80 元，收入最小值为 1600 元，最大值为 999999 元。此处由于收入第二高的受访者年收入为 800000 元，与 999999 元相差并不悬殊，可能是受访者所填数字大于录入位数，因此记作 999999。进一步分析发现，该位受访者为自雇经营者，过去半年平均每月投资成本为 30 万元，上交税费和净赚金额未填写，可见该位受访者的年收入非常可观，其家庭年收入为 999999 元并不是奇异值，因此未进行缺失处理。在放入模型时，为了线性拟合，家庭收入变量进行了对数处理。

"产权占有"通过问卷中"您目前居住在什么地方？"获取，将原始分类中"企业员工宿舍""工作场所"和"借住亲友房"合并为"工作提供或借住亲友"，此类住房不占有产权且不收取房租或缴纳较低的房租；将"私人出租屋"命名为"私人租住"，该类住房也没有产权，但需要支付与市价等值的房租；将"自购房"和"自建房"合并为"自购自建"，此类住房为受访者自有产权；将"公租房"和"廉租房"合并为"公租廉租"，此类住房也不占有产权，但需要符合一定的条件才有可能租住，因此与第一类"工作提供或借住亲友"有所不同，不能合并，单独归为一类。根据表 3-2 的结果可知，"私人租住"是上海市外来人口居住形式中最高比例的一种，达到了 46.62%，近半数；37.22% 的外来人口居住地为"工作提供或借住亲友"；9.21% 的外来人口居住于"公租房"和"廉租房"；仅有 6.95% 的外来人口居住于"自购自建"的居所，自有产权。由此可见，上海市外来人口自有产权的比例极低，还不足 10%，居住形式以"租住"为主，与以往研究的结果一致。

"住房类型"根据问卷中"您目前的住房建筑类型"测量，原始分类为简易房（临时板房）、普通平房、老式楼房（1990 年以前建）、新式楼房（1990 年

及以后建)、其他五类,将前两类合并,上海市 35.16% 的外来人口居住在"简易房 / 普通平房"中,20.42% 的外来人口居住在"老式楼房",44.42% 的外来人口居住在"新式楼房"。

"总居住面积"通过问卷中"您目前的居住面积为多少平方米"获得,上海市外来人口的住房面积均值为 48.919 平方米,最小值为 3 平方米,最大值为 500 平方米。"人均居住面积"为"总居住面积"除以"有多少人共同居住"计算得出。本次调查结果显示,上海市外来人口的人均居住面积平均值为 14.264 平方米,最小值仅为 0.8 平方米。

"住房设施"或者可以称为住房质量,是通过问卷中对住所中一系列设施或工具是否拥有情况获得,即为图 3–1 中所列设施或工具。由图可知,拥有比例最高的是电视机(82.52%),卫生间次之(81.02%),空调再次(68.93%),比例最低的是音响(18.46%)。但是,这其中有一个值得注意的问题,题项中所涉及的设施或工具并不都是生活必需的,本书的关注点应该更多地集中于必需的设施或工具,影碟机和音响拥有率比较低,可能会影响外来人口的生活品质,但并不对日常生活造成巨大的不利影响。相比之下,厨房(63.72%)、热水器(65.04%)、洗衣机(59.59%)和电冰箱(58.38%)这些是更值得关注的必需设施或工具,这四项的比例都在 60% 左右,换言之,还有 40% 左右外来人口的住所是缺少一些生活必需的设施和工具的。在建模过程中,将所有设施或工具相加和,形成了计数型变量,意为拥有这些设施和工具的个数,表 3–2 的结果显示,上海市外来人口平均拥有以上设施或工具 6 个,最少拥有 0 个,最多拥有 11 个。

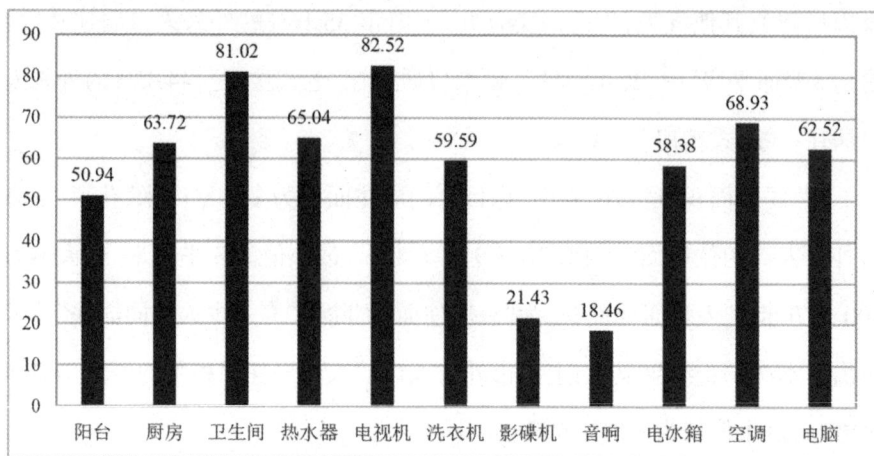

图 3-1　上海市外来人口的住房设施拥有比例(%)

"住房费用"由问卷中"过去半年,全家每月平均住宿费"获得,平均值为603.509 元 / 月,最小值为 0 元,最大值为 5000 元 / 月。为了进一步测试住房对个人的压力,通过住房费用除以全部的消费金额,求得"住房费用比例"。上海市外来人口的住房费用占消费总金额的平均比例为 17.093%,最低比例为 0%,最高比例为 100%。

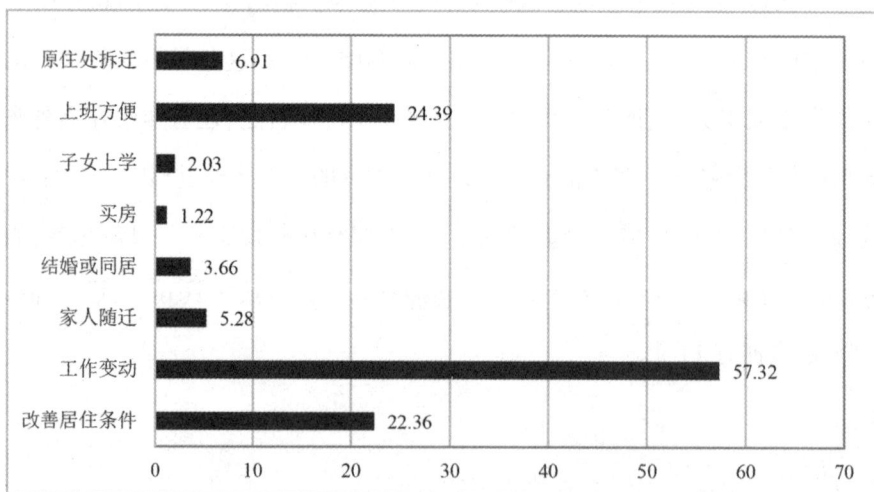

图 3-2　上海市外来人口更换居住地的原因(%)

考虑到住房的稳定性测量,使用问卷中"在过去两年内您变换过多少次住处"来测量换房次数。调查结果显示,上海市外来人口平均换房约 1 次,最少换房 0 次,即没有更换过住处,最多换房达 12 次。在目前居所居住时间平均为 24.712 个月,即两年,最小值不足 1 个月,最大值 99 个月,即 8 年多。另外,246 位换过住房的外来人口对换房原因进行了回答。57.32%的外来人口由于工作变动更换住处,24.39%为了上班方便更换住房,22.36%的外来人口是为了"改善居住条件"(参见图 3-2)。由此可知,工作变动、上班方便和改善居住条件是促使外来人口更换住房最主要的三大原因。

"社区位置"通过问卷中"您现在居住的位置属于"这一问题进行分类,原始分类为市区(19.66%)、近郊区(45.80%)、农村地区(11.76%)和远郊地区(22.78%),为了模型的效度,将较小比例的农村地区和远郊地区合并(34.54%)。

对住房周边环境的测量通过一个四题项的量表进行,后文建模时会对四个变量进行主成分分析,提取一个因子来代表周边环境的整体水平。图 3-3 即为四个题项的具体内容,图中的比例为受访者选择"比较好"和"非常好"两项的加和比例。可见,66.17%的外来人口对住所周边的环境卫生表示满意,74.62%的外来人口认为住所周边的社会治安比较好,61.65%对物业服务满意,63.35%的外来人口对居/村委会服务态度满意。可见,外来人口对于住房周边环境的评价较高,认为"比较好"和"非常好"的比例总和都在60%以上。

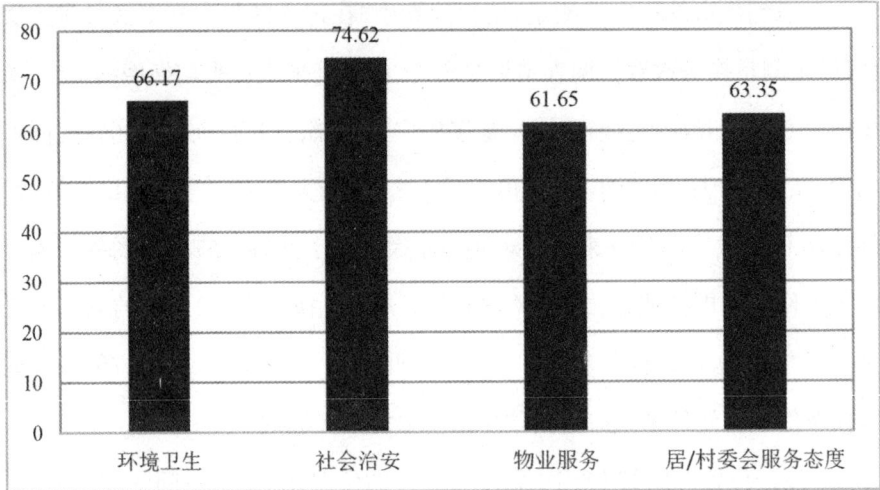

图 3-3　上海市外来人口对住所周边环境的评价(%)

　　配套设施与周边环境的测量相类似,也会在后文的建模过程中进行主成分分析。图 3-4 为评价"比较方便"和"非常方便"的比例加和,81.85%的外来人口去超市方便,75.75%的外来人口住所到公交或地铁站点方便,72.32%到菜市场方便,生活便利性较高。但是相对而言,住所周边的公共资源配套不足,57.06%的外来人口到医疗机构方便,51.98%的外来人口到学校方便,48.12%的外来人口去公园方便, 这反映出了外来人口居住周边公共资源的相对匮乏,相应的医疗、教育和休闲文化资源不足。

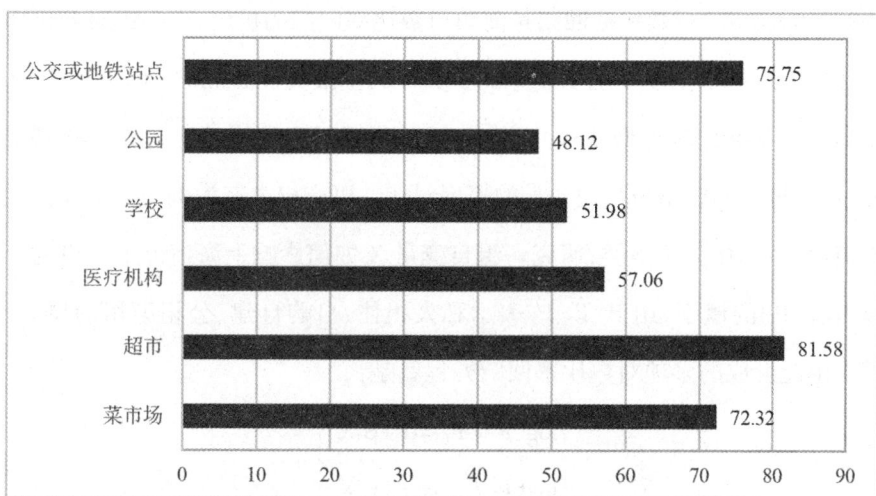

图 3-4　上海市外来人口对住所周边配套设施的评价(%)

　　社区外来人口比例在一定程度上能够反映出外来人口居住社区的居住隔离状态,本次调查对这一问题并未进行精确百分比的测算,只是询问受访者"您目前居住的地方外地人多吗",原始分类为"几乎全部是外地人""多数是外地人""外地人和本地人各一半""多数是本地人""几乎全部是本地人"和"不清楚"。由于 10.25%的受访者回答"不清楚"造成了该题大量的缺失值。对原始分类进行合并归类后,61.52%的外来人口居住社区外地人超过半数,20.93%的外来人口居住社区外地人和本地人各半,17.55%的外来人口居住社区本地人超过半数。可见,外来人口的聚居现象已经形成,大部分的外来人口居住于外地人更为聚居的社区。

三、分析方法和统计模型

　　当因变量为多分类变量时,笔者采用多类别对数比率回归(multinomial logistic regression,MLR)的统计方法（Powers and Xie,2008；彭玉生,2001：

308-319）。多项对数比率回归是简单对数比率回归的扩展,由一组对数比率方程构成。如果把多类别变项中的一类作为基准类(baseline category),那么就形成了基准比较模型(baseline category contrast)。具体做法是先选择基准类,然后将它的概率与其他各类的概率对比。以产权占有为例,将"工作提供或借住亲友"作为基准类,研究一组自变量 X 如何影响上海市外来人口的产权占有(P_j)的概率,用 P_1、P_2、P_3 表示私人租住、自购自建、公租廉租的概率,那么由此形成的多项对数比率回归方程就是:

$$\begin{cases} \log(P_1 / P_j)=\alpha_1+\beta_1 X \\ \log(P_2 / P_j)=\alpha_2+\beta_2 X \\ \log(P_3 / P_j)=\alpha_3+\beta_3 X \end{cases}$$

多元线性回归模型(OLS)是简单的一元线性回归模型的扩展,是研究因变量 Y 与多个自变量 $X_1, X_2, X_3, \cdots, X_k$ 之间存在线性关系的模型。其回归方程为:

$$Y=\alpha+\beta_1 X_1+\beta_2 X_2+\cdots\beta_k X_k+\varepsilon$$

以人均住房面积为例,将户籍、籍贯地、迁移时间、性别、年龄、年龄的平方、受教育程度、政治面貌、资格证书、单位性质、职业类型、婚姻状况、子女情况、家庭收入的对数、家人同住、产权占有和住房类型等变量引入多元线性回归模型,来考察这些变量对于上海市外来人口人均居住面积的影响。

泊松回归(poisson)是专门分析因变量为计数变量的回归模型。但泊松回归有一个较大局限,要求分布的均值与方差相等,即"均等分散",而这一分布特征往往与实际数据不符。就本章的变量而言,涉及两个因变量为计数类型,即住房设施和换房次数。根据变量的分布特征,住房设施较为符合泊松回归,换房次数变量的方差明显高于均值,这样"过度分散"的数据,更为适合负二项回归(negative binomial regression, NBR),后文结果汇报过程中会进一步说明检验结果。泊松回归方程的基本形式如下：

$$\log(\mu)=\alpha+\beta_1X_1+\beta_2X_2+\cdots\beta_kX_k+\varepsilon$$

μ 是服从泊松分布的因变量的均值，即住房设施数的均值，该模型是描述户籍、籍贯地、迁移时间、性别、年龄、年龄的平方、受教育程度、政治面貌、资格证书、单位性质、职业类型、婚姻状况、子女情况、家庭收入的对数、家人同住、产权占有和住房类型等变量与服从泊松分布的"住房设施"变量之间关系的回归模型。

主成分分析（principal component analysis，PCA）是将原来选取的多个指标，利用线性变换的方法重新组合成尽可能少的且互不相关的几个综合性指标，并且使这几个指标能尽量多地反映原指标所包含的信息，从而达到简化数据和揭示变量间关系的目的。本章主要涉及两个变量的处理，即周边环境和配套设施。

四、外来人口居住状况描述

本节将通过与住房有关的多个方面来分析上海市外来人口的居住状况，根据因变量的性质选取合适的统计模型建模，进一步探讨影响他们居住状况的因素。本节将从九个方面进行分析：住房产权、住房类型、人均居住面积、住房设施、住房费用、住房稳定性、周边环境和配套设施、社区位置、社区外来人口比例。

（一）住房产权

在表 3-4 的模型中，产权占有形式分为四类，即工作提供或借住亲友、私人租住、自购自建和公租廉租，以"工作提供或借住亲友"作为基准项，即不占有产权,且没有房租或房租极低。与"工作提供或借住亲友"的外来人口相比,来自华东其他地区的外来人口比来自安徽省的外来人口"私人租住"住房的可能性低 45.3%(=1-0.547);迁移时间每增加 1 个月,其"私人租住"住房的发生比率将提高 0.5%(=1.005-1);在受教育程度方面,与初中及以下学历相比,高中/高职/中专学历的外来人口居住于"私人租住"住房的发生比率增加了 74.9%(=1.749-1),大专学历的外来人口"私人租住"的可能性是初中及以下学历外来人口的 2.546 倍,本科及以上学历的外来人口达到了 3.060 倍;与无单位的外来人口相比,非国有单位的外来人口更不可能居住于"私人租住"住房,其发生比率降低了 58.9%(=1-0.411);有配偶的外来人口比无配偶的外来人口"私人租住"的可能性更低(odds ratio=0.403);与家人同住能够显著地提高外来人口"私人租住"的可能性,发生比率是未与家人同住外来人口的 5.124 倍。由前文分析可知,"私人租住"是外来人口比例最高的一类居住形式,与"工作提供或借住亲友"相比可能会面临着更大的经济压力,这一点会在后面的住房费用的分析中进行论证。因此,与社会经济地位相关的受教育程度和单位性质对"私人租住"发挥了显著的影响,另外便是与家庭相关的婚姻状况和家人同住两个变量。

"自购自建"是四类住房产权中唯一代表自有产权的一类。对于外来人口而言,基本不可能继承上海本地的住房,当然在极少数情况下,也存在外来人口的父辈在上海拥有住房或者以投资为目的购置了住房的可能性。但是,对于绝大多数外来人口而言,购房行为应该是发生于来到上海之后。前人的大量研究已经证明了,住房改革后,住房走向了商品化,加之近年来房价的高涨,对于外来人口而言,在上海拥有住房产权必然是难上加难。与"工作提供或借住亲友"的外来人口相比,迁移时间每增加 1 个月,其"自购自建"住房的可能性便增加了 1.1%(=1.011-1);男性外来人口"自购自建"住房的发生比率是女性的 9.085 倍,且在 1% 的水平上显著;年龄的系数大于 1,为正效应,年龄的平方项系数小于 1,为负效应,因此年龄呈现倒"U"型效应;拥有职业资格或技术等级证书的外来人口更可能拥有住房的产权,其发生比率是没有资格证书外来人口的 3.383 倍;在单位性质方面,与无单位相比,非国有单位的外来人口"自购自建"住房的可能性低 99%(=1-0.010),国有单位外来人口低 97.4%(=1-0.026);在职业类别方面,与一般工人相比,从事商业服务业的外来人口"自购自建"住房的可能性高 49.606 倍(=50.606-1),从事专业技术的外来人口"自购自建"住房的可能性是一般工人的 79.088 倍,管理人员是一般工人的 19.205 倍;家庭收入的对数每增加一个单位,其"自购自建"住房的发生比率将增加 3.204 倍(=4.204-1);与家人同住的外来人口"自购自建"住房的可能性是未与家人同住的外来人口的 217.426 倍,且在 1% 的水平上显著。可见,对于"自购自建"住房来说,社会经济地位相关的单位性质、职业类别和收入是对上海市外来人口影响最为突出的因素。

"公租廉租"指公租房和廉租房,入住该类住房需要一定的条件限制。根据上海 2012 年 5 月发布的《关于进一步加强本市保障性安居工程建设和管理的意见》的相关规定,对存在阶段性住房困难的本市青年职工和引进人才、来沪务工人员与其他常住人口,主要实施公共租赁住房制度。虽然政策上有所倾斜,但能够入住公租房和廉租房的外来人口比例依然较低,本次调查结果仅有 9.21%。与"工作提供或借住亲友"的外来人口相比,来自江苏省的外来人口享有"公租廉租"房的可能性比来自安徽的外来人口低 62.9%(=1-0.371);男性外来人口享有"公租廉租"房的发生比率是女性的 2.726 倍;年龄的系数小于 1,为负效应,年龄的平方项系数大于 1,为正效应,因此年龄呈现"U"型效应;在受教育程度方面,高中/高职/中专学历的外来人口享有"公租廉租"房的发生比率是初中及以下学历的 3.038 倍;大专学历的外来人口的发生比率是初中及以下学历的 3.397 倍；在单位性质方面，非国有单位的外来人口享有"公租廉租"房的可能性比无单位的外来人口低 85.4%（=1−0.246）；在职业类别方面，自雇经营的外来人口入住"公租廉租"房的发生比率是一般工人的 4.056 倍；与家人同住的外来人口更可能享有"公租廉租"房，发生比率是未与家人同住的外来人口的 3.928 倍。

综合上述模型分析结果可知，农业或非农户籍并没有对外来人口的住房产权产生显著影响，如果仅将户籍变量放入模型，非农户籍外来人口"自购自建"住房的可能性是显著高于农业户籍外来人口的，其他两类并无显著差异。但是，当如表 3−4 中建立完整模型后，非农户籍外来人口在"自购自建"住房方面的显著优势消失，这可能是由于加入了其他更为重要的影响因素。根据模型结果不难发现，社会经济地位相关的教育、单位和职业无疑是影响外来人口住房产权的重要因素，户籍变量的影响可能被社会经济地位变量消弭了。但是变量的影响是有所差异的，受教育程度主要对"私人租住"和"公租廉租"发挥作用，而资格证书对"自购自建"产生影响；职业类型对"自购自建"住房的影响非常明显；单位性质对三种占有形成都发挥着显著作用。

但是需要说明一点，本章的结果显示，与无单位相比，非国有单位和国有单位表现出了劣势，这可能是外来人口的职业结构造成的。表 3−3 对外来人口的职业结构和单位性质进行了交互分析，无单位的外来人口主要为一般工人（63.04%）和自雇经营者（33.33%），笔者进一步观察这两类职业的家庭年收入情况发现，虽然一般工人的家庭年收入平均值是所有职业中最低的，仅为 67281.08 元，但是自雇经营者的家庭年收入平均值是所有职业中最高的一类，达到了 119673 元，最终致使无单位的外来人口家庭年收入的平均数高于非国有单位和国有单位。而随着住房商品化时代的到来，收入无疑是影响是否能够买得起房子或者能否租一个好房子的关键因素，模型结果也显示了家庭收入对"自购自建"住房的显著影响。进一步观察在非国有单位和国有单位工作的外来人口，比例最高的职业类型都是一般工人和商业、服务业人员，也就是说，即使进入非国有单位或国有单位的外来人口也并未获得较高的职业地位，同样工资水平也处于较低的水平。因此，本章的结果是可以被自洽地解读的。

表3-3 上海市外来人口的单位性质、职业类型与家庭年收入

职业类型/单位性质	无单位	非国有	国有	Total
一般工人	63.04	25.43	21.28	34.84
商业服务业	2.17	29.77	36.17	23.16
专业技术人员	0.72	18.50	19.15	13.94
管理人员	0.00	12.72	4.26	8.66
办事人员	0.72	13.58	19.15	10.73
自雇经营	33.33	0.00	0.00	8.66
N	138	346	47	531

家庭年收入	平均值	标准差	最小值	最大值
职业类别				
一般工人	67281.08	66511.09	2000	750000
商业服务业	87456.91	58631.30	1600	400000
专业技术人员	92756.76	72459.49	8000	400000
管理人员	93326.09	71436.39	5000	400000
办事人员	114403.50	83923.62	14000	500000
自雇经营	119673.90	157244.90	10000	999999
单位性质				
无单位	91417.26	135115.00	2000	999999
非国有	89098.84	63215.54	1600	400000
国有	77702.13	51829.53	7000	240000

另外，家庭同住是影响外来人口住房产权的重要变量，这很容易理解，与家庭同住对于住房来说是一种"刚需"，以往研究也验证了家庭迁移对外来人口住房的重要作用（刘婷婷等，2014）。婚姻状况变量仅对"私人租住"产生了负向影响，考虑到家人同住变量的显著影响，笔者对家人同住和未与家

人同住又进行了分别建模,结果显示,婚姻状况仅对未与家人同住的外来人口产生显著影响(odds ratio=0.081,S.E.=0.109,P=0.062),对与家人同住的外来人口并未产生显著作用(odds ratio=0.902,S.E.=0.688,P=0.892)。对于外来人口而言,婚姻状况并不会对其住房产权拥有产生显著作用,仅会影响其是否租住私人住房,对于未与家人同住的已婚外来人口而言,他们更倾向于选择住在职工宿舍或在亲友处借住。另外,外来人口的来源地、迁移时间、性别和年龄也是影响其住房产权的重要因素。

表 3-4　上海市外来人口住房产权占有及住房类型的多类别比率回归模型

变量	产权占有 MLR			住房类型 MLR	
	私人租住	自购自建	公租廉租	老式楼房	新式楼房
	odds ratio [S.E.]	odds ratio [S.E.]	odds ratio [S.E.]	odds ratio [S.E.]	odds ratio [S.E.]
户籍[1]	0.686 [0.195]	1.288 [0.852]	0.845 [0.424]	1.263 [0.501]	2.470*** [0.820]
籍贯地[2]					
江苏	0.670 [0.229]	0.644 [0.446]	0.371* [0.204]	1.299 [0.500]	1.339 [0.481]
华东其他地区	0.547* [0.198]	1.671 [1.337]	0.442 [0.265]	0.882 [0.383]	1.012 [0.396]
华中地区	0.883 [0.273]	2.566 [2.344]	0.819 [0.404]	1.828 [0.681]	1.635 [0.566]
其他地区	0.742 [0.243]	2.219 [2.053]	0.481 [0.284]	0.795 [0.347]	1.263 [0.465]
迁移时间	1.005*** [0.002]	1.011*** [0.003]	1.004 [0.003]	1.002 [0.002]	1.002 [0.002]
性别[3]	1.054 [0.250]	9.085*** [5.693]	2.726*** [1.051]	0.954 [0.268]	0.788 [0.203]
年龄	0.985 [0.089]	1.666* [0.438]	0.790* [0.111]	0.985 [0.107]	1.028 [0.103]
年龄的平方	1.000 [0.001]	0.995* [0.003]	1.003* [0.002]	1.000 [0.001]	0.999 [0.001]
受教育程度[4]					
高中/高职/中专	1.749* [0.576]	2.999 [2.234]	3.038** [1.498]	1.261 [0.438]	1.291 [0.410]

续表

变量	产权占有 MLR			住房类型 MLR	
	私人租住	自购自建	公租廉租	老式楼房	新式楼房
	odds ratio	odds ratio	odds ratio	odds ratio	odds ratio
	[S.E.]	[S.E.]	[S.E.]	[S.E.]	[S.E.]
大专	2.546**	2.161	3.397*	1.834	2.183*
	[1.045]	[2.176]	[2.167]	[0.867]	[0.939]
本科及以上	3.060***	4.077	2.064	1.983	5.139***
	[1.328]	[4.115]	[1.710]	[1.223]	[2.705]
政治面貌[5]	1.219	2.631	0.628	2.824	2.423
	[0.474]	[2.323]	[0.571]	[1.970]	[1.510]
资格证书[6]	0.867	3.383**	1.260	0.791	0.717
	[0.211]	[2.009]	[0.519]	[0.237]	[0.195]
单位性质[7]					
非国有单位	0.411**	0.010***	0.246**	0.589	1.306
	[0.146]	[0.014]	[0.137]	[0.240]	[0.514]
国有单位	1.028	0.026**	0.291	0.524	1.159
	[0.505]	[0.040]	[0.285]	[0.334]	[0.649]
职业类型[8]					
商业服务业人员	1.453	50.606***	1.984	2.420**	2.000*
	[0.485]	[69.144]	[1.074]	[0.981]	[0.713]
专业技术人员	0.967	79.088***	1.382	2.308*	1.403
	[0.389]	[132.793]	[0.967]	[1.166]	[0.625]
管理人员	0.842	19.205*	0.705	3.033*	2.769*
	[0.381]	[31.051]	[0.644]	[1.918]	[1.512]
办事人员	1.317	11.600	0.630	0.818	0.996
	[0.611]	[19.584]	[0.608]	[0.574]	[0.559]
自雇经营	2.627	2.421	4.056*	1.634	2.591*
	[1.682]	[2.333]	[3.192]	[0.817]	[1.304]
家庭收入的对数	1.042	4.204***	1.520	1.302	1.580***
	[0.158]	[1.664]	[0.397]	[0.240]	[0.269]
婚姻状况[9]	0.403*	0.386	0.583	0.645	0.618
	[0.203]	[0.437]	[0.485]	[0.374]	[0.323]
子女情况[10]	1.239	0.762	3.668	0.899	0.906
	[0.617]	[0.772]	[3.083]	[0.525]	[0.479]
家人同住[11]	5.124***	217.426***	3.928***	1.342	0.609
	[1.502]	[275.022]	[1.827]	[0.453]	[0.186]

变量	产权占有 MLR			住房类型 MLR	
	私人租住	自购自建	公租廉租	老式楼房	新式楼房
	odds ratio [S.E.]	odds ratio [S.E.]	odds ratio [S.E.]	odds ratio [S.E.]	odds ratio [S.E.]
常数项	0.590 [1.275]	3.14e-16*** [2.37e-15]	0.042 [0.156]	0.045 [0.118]	0.003** [0.006]
Pseudo R^2		0.2246		0.1709	
N		526		528	

注：下方括号内为标准误,***p<0.01,**p<0.05,*p<0.1。
　　1 参照组为"农业户口"　　2 参照组为"安徽"　　3 参照组为"女性"
　　4 参照组为"初中及以下"　　5 参照组为"非党员"　　6 参照组为"无资格证书"
　　7 参照组为"无单位"　　8 参照组为"一般工人"　　9 参照组为"无配偶"
　　10 参照组为"无子女"　　11 参照组为"未与家人同住"

(二)住房类型

在表 3-4 建模的过程中,住房类型分为"简易房/普通平房""老式楼房"和"新式楼房"。与"简易房/普通平房"相比,上海市外来人口是否居住于"老式楼房"仅受"职业类别"变量的影响。从事商业服务业的外来人口住在"老式楼房"的发生比率是一般工人的 2.420 倍,从事专业技术工作的外来人口住在"老式楼房"的发生比率是一般工人的 2.308 倍,管理人员是一般工人的 3.033 倍。

与"简易房/普通平房"相比,影响上海市外来人口是否居住在"新式楼房"的因素较多。首先,户籍发挥着非常显著的作用,与外来农业人口相比,外来非农人口居住在"新式楼房"的可能性更高,是外来农业人口的 2.470 倍。其次,在受教育程度方面,与初中及以下学历相比,大专学历的外来人口居住于"新式楼房"的发生比率高出 1.183 倍(=2.183-1),本科及以上学历的外来人口居住于"新式楼房"的发生比率是初中及以下学历外来人口的

5.139 倍,且在 1% 的水平上显著。再次,在职业类型方面,与一般工人相比,从事商业、服务业人员的外来人口居住于"新式楼房"的可能性是其 2 倍,从事管理的外来人口住在"新式楼房"的可能性是一般工人的 2.769 倍,自雇经营的外来人口是一般工人的 2.591 倍。最后,家庭收入对是否居住于"新式楼房"存在显著影响,家庭收入的对数每增加一个单位,外来人口入住"新式楼房"的发生比率将提高 58%(=1.580−1)。

综合以上分析,不难发现,影响上海市外来人口住房类型最重要的变量是"职业类型",换言之,外来人口的职业地位越高,越可能住上更好的住房类型,"逃离"简易房或普通平房。与职业地位密切相关的受教育程度和家庭收入会进一步影响外来人口入住"新式楼房",可见社会经济地位因素会显著影响外来人口的住房类型。另外,户籍也是不可忽视的因素,非农户籍的外来人口的住房类型优于农业户籍的外来人口。

(三)居住面积

住房面积是衡量住房拥挤程度的重要指标,也是住房研究不可或缺的方面(Myers,1990;Spain,1990;吴维平、王汉生,2002;边燕杰和刘勇利,2005;蒋耒文等,2005)。当然,不同研究使用的指标略有不同,有些学者采用总住房面积,有些学者采用房间数,有些学者采用独立空间面积,都各有道理。本章采用的测量方法是总居住面积和人均居住面积,二者都是较为常见的测量指标,人均居住面积能够较为直观地反映住房的拥挤程度,人均住房面积越小,说明该受访者的居住感受越为拥挤;总居住面积会直接影响整套住房的房价,能够更为直观地反映住房的水平。由于总居住面积和人均居住面积为连续型变量,故笔者采用多元线性回归对其进行分析。

由表 3–5 可知,在总居住面积方面,户籍对其发挥着显著的影响,非农外来人口比农业外来人口的居住面积大 10.683 平方米;"持有职业资格或技术等级证书"的外来人口比没有资格证书的总居住面积大 7.025 平方米;在职业类别方面,自雇经营的外来人口比一般工人的居住面积大 15.231 平方米;家庭收入的对数每增加 1 个单位,外来人口的居住面积将增加 5.790 平方米;有配偶并未对提升居住面积发挥正向作用,反而是比无配偶小 19.485 平方米;有子女的外来人口比无子女的外来人口的总居住面积大 15.895 平方米;与家人同住同样能够显著地提高总居住面积,比未与家人同住的外来人口居住面积大 8.611 平方米。另外,产权占有和住房类型作为控制变量被放入模型,结果显示,占有"自购自建"住房的外来人口比住在"工作提供或借住亲友"住房的外来人口的居住面积大 30.472 平方米;与"简易房 / 普通平房"相比,居住于"老式楼房"的外来人口居住面积大 11.948 平方米,"新式楼房"的外来人口居住面积大 22.175 平方米。可见,影响上海市外来人口总居住面积的因素主要包括户籍、资格证书持有情况、职业类别、家庭收入、婚姻状况、子女情况、是否与家人同住。

表 3-5　上海市外来人口住房相关变量的回归模型

变量	总居住面积 OLS	人均居住面积 OLS	住房设施 Poisson	住房费用比例 OLS	换房次数 NBR	目前居所居住时间 OLS
	系数 [S.E.]	系数 [S.E.]	odds ratio [S.E.]	系数 [S.E.]	odds ratio [S.E.]	系数 [S.E.]
户籍 [1]	10.683** [4.969]	1.211 [1.394]	1.085* [0.049]	2.583 [1.805]	0.790 [0.133]	-3.701 [2.655]
籍贯地 [2]						
江苏	-7.634 [5.643]	-2.633* [1.583]	1.060 [0.058]	-2.184 [2.044]	0.986 [0.183]	5.917** [3.011]
华东其他地区	7.055 [6.079]	0.382 [1.705]	1.157** [0.066]	-0.114 [2.215]	0.840 [0.172]	3.363 [3.232]
华中地区	2.277 [5.440]	1.317 [1.526]	1.013 [0.054]	-2.665 [1.961]	0.741 [0.135]	4.668 [2.861]
其他地区	-4.408 [5.857]	-2.264 [1.643]	1.064 [0.061]	-2.659 [2.125]	1.039 [0.196]	5.635* [3.083]

续表

变量	总居住面积 OLS	人均居住面积 OLS	住房设施 Poisson	住房费用比例 OLS	换房次数 NBR	目前居所居住时间 OLS
	系数 [S.E.]	系数 [S.E.]	odds ratio [S.E.]	系数 [S.E.]	odds ratio [S.E.]	系数 [S.E.]
迁移时间	-0.017	0.002	1.000	0.013	0.998**	0.071***
	[0.027]	[0.007]	[0.0002]	[0.010]	[0.001]	[0.014]
性别 3	6.638	2.398**	1.127***	1.002	0.723**	2.556
	[4.075]	[1.143]	[0.043]	[1.491]	[0.095]	[2.178]
年龄	-0.389	-0.210	1.001	0.649	1.005	3.177***
	[1.559]	[0.437]	[0.016]	[0.561]	[0.052]	[0.820]
年龄的平方	0.002	0.002	1.000	-0.008	1.000	-0.038***
	[0.020]	[0.006]	[0.0002]	[0.007]	[0.001]	[0.011]
受教育程度 4						
高中/高职/中专	-0.294	-0.466	1.003	3.291*	1.160	-2.027
	[5.412]	[1.518]	[0.053]	[1.944]	[0.199]	[2.858]
大专	-4.910	-1.884	0.984	-1.893	1.297	-5.475
	[6.902]	[1.936]	[0.065]	[2.499]	[0.271]	[3.625]
本科及以上	-2.979	0.684	1.078	4.583*	0.772	-6.377
	[7.597]	[2.131]	[0.076]	[2.748]	[0.189]	[4.000]
政治面貌 5	2.889	2.434	0.967	1.490	0.934	-2.261
	[6.841]	[1.919]	[0.059]	[2.473]	[0.225]	[3.643]
资格证书 6	7.025*	2.468**	1.058	-0.537	1.057	-0.598
	[4.179]	[1.172]	[0.042]	[1.518]	[0.146]	[2.227]
单位性质 7						
非国有单位	-7.762	0.349	1.080	3.461	0.547***	1.852
	[6.245]	[1.752]	[0.071]	[2.266]	[0.112]	[3.309]
国有单位	1.518	4.452*	1.138	1.011	0.918	3.978
	[8.624]	[2.419]	[0.096]	[3.134]	[0.246]	[4.631]
职业类型 8						
商业服务业人员	8.213	-2.149	1.064	-4.909**	1.171	0.186
	[5.976]	[1.676]	[0.063]	[2.159]	[0.233]	[3.165]
专业技术人员	-3.011	-3.584*	0.973	-3.652	1.226	-3.012
	[7.217]	[2.024]	[0.071]	[2.617]	[0.288]	[3.809]
管理人员	7.427	0.474	1.007	-7.774***	1.380	-6.182
	[8.128]	[2.280]	[0.078]	[2.937]	[0.370]	[4.269]
办事人员	4.173	0.922	1.068	-3.921	1.124	2.570
	[8.371]	[2.348]	[0.084]	[3.058]	[0.320]	[4.403]
自雇经营	15.231*	-0.142	1.230***	7.508***	0.720	0.200
	[7.947]	[2.229]	[0.094]	[2.882]	[0.190]	[4.254]
家庭收入的对数	5.790**	2.599***	1.014	-1.474	0.908	1.557
	[2.603]	[0.730]	[0.026]	[0.956]	[0.080]	[1.391]
婚姻状况 9	-19.485**	1.663	0.916	7.734***	0.796	-0.274
	[8.146]	[2.285]	[0.067]	[2.956]	[0.208]	[4.290]

续表

变量	总居住面积 OLS	人均居住面积 OLS	住房设施 Poisson	住房费用比例 OLS	换房次数 NBR	目前居所居住时间 OLS
	系数 [S.E.]	系数 [S.E.]	odds ratio [S.E.]	系数 [S.E.]	odds ratio [S.E.]	系数 [S.E.]
子女情况 10	15.895* [8.287]	-1.611 [2.324]	1.070 [0.081]	-9.851*** [3.008]	0.946 [0.268]	-2.746 [4.361]
家人同住 11	8.611* [5.073]	-2.284 [1.423]	1.274*** [0.063]	3.817** [1.890]		7.811*** [2.781]
产权占有 12						
私人租住	1.265 [4.409]	4.729*** [1.237]	1.002 [0.044]	9.137*** [1.615]		-6.938*** [2.362]
自购自建	30.472*** [8.799]	10.154*** [2.468]	1.141* [0.086]	-9.935*** [3.243]		6.561 [4.765]
公租廉租	-7.233 [7.114]	2.239 [1.995]	0.900 [0.065]	13.917*** [2.596]		-3.691 [3.775]
住房类型 13						
老式楼房	11.948** [5.382]	3.495** [1.510]	1.509*** [0.081]	2.555 [2.080]		3.237 [3.039]
新式楼房	22.175*** [4.847]	5.910*** [1.360]	1.532*** [0.077]	-0.453 [1.932]		-2.546 [2.834]
人均居住面积			1.006*** [0.001]	0.045 [0.060]		-0.013 [0.088]
住房设施				-0.146 [0.325]		0.945** [0.478]
常数项	-25.007 [37.241]	-17.445* [10.445]	2.554** [0.937]	13.280 [13.473]	6.071 [7.754]	-63.519*** [19.662]
N	526	526	526	522	529	521
R-squared	0.218	0.248	0.130	0.268	0.037	0.336

注：系数指非标准化回归系数，下方括号内为标准误，***p<0.01,**p<0.05,*p<0.1。
1 参照组为"农业户口"　　2 参照组为"安徽"　　3 参照组为"女性"
4 参照组为"初中及以下"　　5 参照组为"非党员"　　6 参照组为"无资格证书"
7 参照组为"无单位"　　8 参照组为"一般工人"　　9 参照组为"无配偶"
10 参照组为"无子女"　　11 参照组为"未与家人同住"
12 参照组为"工作提供或借住亲友"　　13 参照组为"简易房/普通平房"

在人均居住面积方面，与来自"安徽省"的外来人口相比，"江苏省"的外来人口人均居住面积少 2.633 平方米；"男性"外来人口家庭的人均居住面积比"女性"外来人口大 2.398 平方米；"持有职业资格或技术等级证书"的外来人口会拥有更大的人均居住面积,比没有资格证书的外来人口大 2.468 平方米;在国有单位就职的外来人口比无单位的外来人口人均居住面积大 4.452 平方米;从事专业技术的外来人口比一般工人的人均居住面积小 3.584 平方米;家庭收入的对数每增加 1 个单位,外来人口的人均居住面积将提高 2.599 平方米。可见,籍贯、性别、是否持有资格证书、单位性质、职业类型和家庭收入是对外来人口人均居住面积存在一定显著影响的变量。

但值得注意的是,单位性质和职业类别对于外来人口人均居住面积的效应与产权占有的方向是相反的。为了进一步分析其中的原因,笔者对人均居住面积的模型进行了拆分,分别控制了不同的住房产权情况和不同的住房类型,所有的自变量不变。表 3-6 的结果显示,当外来人口"私人租住"或者住在"老式楼房"时,与表 3-5 的结果一致,国有单位的外来人口人均居住面积大于无单位,专业技术人员的人均居住面积小于一般工人。也就是说,国有单位外来人口在人均居住面积方面相对于无单位外来人口的优势,以及从事专业技术工作的外来人口在人均居住面积方面相对于一般工人的劣势,都是在控制了"私人租住"或"老式楼房"的情况下更为凸显。综合前文结果可知,相对于无单位的外来人口而言,国有单位的外来人口在占有住房产权方面处于劣势,但在租住私人住房时人均居住面积存在优势;相对于一般工人而言,从事专业技术人员工作的外来人口在占有住房产权方面存在优势地位,他们更可能获得住房产权,但是在人均居住面积方面处于劣势。需要另外指出的一个有趣发现是,影响上海市外来人口总居住面积和人均居住面积的因素有所不同。对于人均居住面积而言,社会经济地位相关的变量更可能发挥作用,而对于总居住面积而言,家庭相关的变量显然影响更为突出。

表3-6　对于国有单位和专业技术人员变量的进一步分析结果

人均居住面积	控制不同产权占有时				控制不同住房类型时		
	工作提供或借住亲友	私人租住	自购自建	公租廉租	简易房/普通平房	老式楼房	新式楼房
国有单位	-4.186	**10.841***	-26.352*	4.561	-1.187	**13.762**	3.798
	[3.333]	[3.754]	[13.301]	[9.146]	[2.435]	[6.455]	[4.967]
专业技术人员	3.474	**-7.830**	7.718	-10.976	-2.099	**-8.342***	1.639
	[2.340]	[3.735]	[10.132]	[7.175]	[2.140]	[4.727]	[3.762]
N	195	245	37	49	186	106	234
R-squared	0.318	0.354	0.930	0.477	0.237	0.508	0.278

注:系数指非标准化回归系数,下方括号内为标准误,***$p<0.01$,**$p<0.05$,*$p<0.1$。

(四)住房设施

住房设施变量是通过问卷中列出的各种生活设施和工具加和得出的一个计数型变量,因此选择了更为适宜的泊松回归模型。在分析模型结果之前,需要进行说明的是,在进行泊松回归分析后,尝试了负二项回归法建模,但是模型 LR 检验结果显示,Stata 输出结果为"chibar2(01)=9.5e-05,Prob>=chibar2=0.496","Likelihood-ratio test of alpha=0"对应于"泊松回归",无法拒绝原假设,换言之,"泊松回归"更为适合(陈强,2014:214)。

表3-5 中住房设施的模型结果显示,户籍是影响上海市外来人口住房设施的重要变量,非农外来人口的住房设施均值是农业户籍外来人口的1.085 倍;来自华东其他地区的外来人口的平均住房设施是来自安徽省外来人口的1.157 倍;相对于女性外来人口而言,男性外来人口的住房设施均值高出 12.7%(=1.127-1);在职业类型方面,从事自雇经营的外来人口的平均住房设施是一般工人的1.230 倍;与家人同住的外来人口的住房设施均值比未与家人同住的外来人口高 27.4%(=1.274-1)。将住房产权、住房类型和人均居住面积作为控制变量放入模型之中,结果显示,"自购自建"住房的设施

均值比"工作提供或借住亲友"多 14.1%（=1.141-1），换言之，自有住房的设施更加完备；与"简易房／普通平房"相比，"老式楼房"的设施平均数高出 50.9%（=1.509-1），"新式楼房"的设施平均数高出 53.2%（=1.532-1）；人均居住面积每增加 1 平方米，其住房设施的均值将提高 0.6%（=1.006-1）。由此可见，户籍、籍贯、性别、职业类型和是否与家人同住是影响上海市外来人口住房设施或者说住房质量的重要因素。

（五）住房费用

本章通过住房费用比例来了解上海市外来人口的住房压力，住房费用在消费总额中的比例越高，说明受访者的住房压力越大。根据表 3-5 中对住房费用比例的多元线性回归模型分析可知，在受教育程度方面，与初中及以下学历相比，高中／高职／中专学历的外来人口住房费用比例高出 3.291%，本科及以上学历的外来人口住房费用比例高出 4.583%，换言之，受教育水平越高，外来人口的住房压力越大；在职业类型方面，与一般工人相比，从事商业服务业的外来人口的住房费用比例低 4.909%，从事管理工作的外来人口的住房费用比例低 7.774%，但自雇经营的外来人口的住房费用比例比一般工人高 7.508%；在婚姻状况方面，有配偶的外来人口比没有配偶的外来人口的住房费用比例高 7.734%；但是，子女情况的效应方向不同，有子女的外来人口比没有子女的外来人口的住房费用比例低 9.851%；与家人同住的外来人口的住房费用比例比未与家人同住的外来人口高 3.817%。在该模型中，将产权占有、住房类型、人均居住面积和住房设施都作为控制变量纳入其中，结果显示，与"工作提供或借住亲友"相比，"私人租住"的外来人口的住房费用比例高 9.137%，"公租廉租"的外来人口的住房费用比例高 13.917%，但"自购自建"住房的外来人口的住房费用比例低 9.935%。

（六）住房稳定性

住房稳定性将通过两个变量进行分析，即换房次数和目前居所的居住时间。根据变量的性质，换房次数为计数型变量，适合进行泊松回归或负二项回归；目前居所的居住时间为连续性变量，适合进行多元线性回归。

表 3-5 中在换房次数方面，首先进行了负二项回归的尝试，LR 检验结果显示，"chibar2（01）=64.94，Prob>=chibar2=0.000"，拒绝"Likelihood-ratio test of alpha=0"的原假设，也就是说，不适宜进行泊松回归，而更适合负二项回归。考虑到换房次数为"0"的比例较高，达到 53.77%，又进行了零膨胀负二项回归的尝试，Stata 输出结果提供了"Vuong 统计量"，其渐近分布为标准正态。如果 Vuong 统计值很大，应选择零膨胀负二项回归；如果 Vuong 统计值很小，则应选择标准负二项回归（陈强，2014：215）。本次检验结果，Vuong 统计值为 0.97，小于 1.96，比该统计值更大的概率为 0.1661，故无法拒绝原假设，应使用标准负二项回归。对换房次数进行负二项回归的结果显示，迁移时间每增加 1 个月，其换房的平均发生次数将减少 0.2%（=1-0.998）；男性外来人口的平均换房发生次数比女性低 27.7%（=1-0.723）；与无单位的外来人口相比，非国有单位的外来人口换房的平均发生次数低 45.3%（=1-0.547）。考虑到该模型希望了解影响外来人口换房次数的因素，因此并未将现居住房相关的变量放入模型。由上述结果可知，迁移时间、性别和单位性质都会影响到换房的发生平均次数，换房次数越多，表示住房稳定性越低。男性、迁移时间越长、非国有制单位的外来人口住房稳定性更高。

目前居所居住时间也是住房稳定性的重要变量，目前居所居住时间越长，表示住房稳定性越高。表 3-5 模型结果显示，与安徽省外来人口相比，江苏省外来人口在目前居所的居住时间多 5.917 个月，其他地区的外来人口的居住时间多 5.635 个月;迁移时间每增加 1 个月,外来人口在目前居所的居住时间将增加 0.071 个月;年龄和年龄的平方项系数皆显著,且年龄的系数为正,年龄的平方项系数为负,因此外来人口的年龄对其居住时间的作用为倒"U"型;与家人同住的外来人口比未与家人同住的外来人口的居住时间多 7.811 个月。该模型还包括了现住房的产权占有、住房类型、人均居住面积和住房设施等变量,结果显示,与"工作提供或借住亲友"相比,"私人租住"的外来人口在现住房的居住时间更短,少 6.938 个月,住房内设施每增加 1 件,在现住房的居住时间便会增加 0.945 个月。换言之,安徽省的外来人口住房稳定性较低,迁移时间越长、与家人同住、现住房的设施越完善,外来人口的住房稳定性越高,年龄呈现倒"U"型作用。

(七)周边环境和配套设施

为了更加直观地分析住房周边环境的总体水平,采用主成分分析法对指标进行因子分析。结果见表 3-7。周边环境四个测量指标的方差贡献率为 70.4%,指标的因子负载都在 0.5 左右,KMO 检验值为 0.792,巴特利特球体检验值达到了 790.756(p<0.001),说明这些指标适合因子分析。配套设施的处理方式与周边环境一致,同样采用主成分分析法,配套设施六个测量指标的方差贡献率为 54.4%,KMO 检验值为 0.813, 巴特利特球体检验值达到 957.190(p<0.001),虽然该因子的测量指标因子负荷水平较低,仅为 0.4 左右,但检验结果较好,可以进行因子分析。为了便于理解和计算,将生成的两个因子转化为 1~100 的标准分,结果见表 3-2 中。周边环境的总体平均分为 58.722 分(标准差 =18.683 分),配套设施的总体平均分为 58.276 分(标准差 =18.022 分)。两个因子的平均分基本持平,上海市外来人口对居住周边环境和配套设施的评价接近"及格线"。

表 3-7　周边环境和配套设施的主成分分析结果（PCA）

周边环境因子	因子负荷	Unexplained	配套设施	因子负荷	Unexplained
环境卫生	0.515	0.254	菜市场	0.416	0.435
社会治安	0.531	0.207	超市	0.441	0.366
物业服务	0.502	0.290	医疗机构	0.443	0.359
居/村委会服务态度	0.449	0.433	学校	0.374	0.544
			公园	0.398	0.482
			公交或地铁站点	0.372	0.549
方差贡献率	0.704		方差贡献率	0.544	
KMO	0.792		KMO	0.813	
Bartlett's Test	790.756***		Bartlett's Test	957.190***	
特征值	2.816		特征值	3.2641	

根据表 3-8 中周边环境模型的结果，来自华东其他省份的外来人口比来自安徽省的外来人口的居住周边环境高 5.339 分；非国有单位的外来人口比无单位的外来人口在居住周边环境方面低 8.144 分；从事专业技术工作的外来人口比一般工人的居住周边环境高 5.793 分；有配偶的外来人口的居住周边环境比无配偶的外来人口低 6.074 分；与家人同住的外来人口比未与家人同住的外来人口的居住周边环境高 5.639 分；外来人口的人均居民面积每增加 1 平方米，其居住周边环境得分也增加 0.145 分；外来人口的住房设施每增加 1 件，其居住周边环境得分增加 1.162 分。

在社区配套设施方面，非农业户籍外来人口比农业户籍外来人口的配套设施得分高 4.262 分；就籍贯地而言，与来自安徽省的外来人口相比，江苏省外来人口的配套设施高 6.211 分，华东其他地区的外来人口的配套设施高 5.007 分，华中地区的外来人口的配套设施高 7.610 分，其他地区的外来人口的配套设施高 6.987 分；外来人口的迁移时间每增加 1 个月，其配套设施得分将增加 0.029 分；"私人租住"的外来人口比居住于"工作提供或借住亲友"住房的外来人口的社区配套设施高 4.95 分；"新式楼房"的配套设施比"简易房/普通平房"高 4.935 分；外来人口的住房设施每增加 1 件，其社区配套设施将增加 0.782 分。

由上述结果可知，籍贯地、单位性质、职业类型、婚姻状况、家人是否同住、人均居住面积和住房设施影响外来人口的居住周边环境，户籍、籍贯地、迁移时间、住房产权占有、住房类型和设施是影响外来人口社区配套设施的因素。对比二者，不难发现，外来人口的居住周边环境更易受到社会经济地位和家庭结构因素的影响，但社区配套设施并不受这两个因素的影响，而主要受个人特征变量的影响，安徽省外来人口居住社区的配套设施水平较低。

(八)社区位置

社区位置是研究居住问题的关键变量之一，社区的位置会直接影响住房的单位价格，一般情况下，越靠近中心城区，房价越高。根据表 3-8 中社区位置多类别对数比率回归的结果，户籍是影响外来人口社区位置的重要因素，与市区相比，非农业外来人口居住在近郊区的可能性比农业外来人口低49.6%(=1-0.504)，非农业外来人口居住在远郊区或农村的可能性比农业外来人口低 56.7%(=1-0.433)；迁移时间每增加 1 个月，外来人口居住在近郊区的发生比率会提高 0.5%(=1.005-1)；男性比女性居住于近郊的可能性更低(odds ratio=0.523，P<0.05)；在年龄方面，外来人口的年龄每增加 1 岁，其居住于近郊区的发生比率降低 21.2%(=1-0.788)，居住于远郊区或农村的发生比率降低 25.9%(=1-0.741)。

在受教育程度方面，与初中及以下学历的外来人口相比，大专学历的外来人口居住于近郊区的可能性低 57.8%(=1-0.422)，本科及以上学历的外来人口居住于近郊区的可能性低 70.6%(=1-0.294)，高中/中职/中专学历外来人口居住于远郊区或农村的可能性低 79.4%(=1-0.206)，大专学历的外来人口居住于远郊区或农村的可能性低 86.9%（=1−0.131），本科及以上学历外来人口居住于远郊区或农村的可能性低 94.3%（=1−0.057）。在单位性质方面，非国有单位的外来人口居住于近郊区的发生比率是无单位的外来人口的 2.809 倍，居住于远郊区或农村的发生比率是无单位的 5.368 倍。在职业类别方面，与一般工人相比，从事商业服务业的外来人口居住于近郊区的可能性低 82.9%（=1−0.271），居住于远郊区或农村地区的可能性低 80.9%（=1−0.191），从事管理工作的外来人口居住于远郊区或农村地区的可能性低 80.9%（=1−0.191）。

表 3−8　上海市外来人口社区相关变量的回归模型

变量	周边环境 OLS	配套设施 OLS	社区位置 MLR		社区外来人口比例 MLR	
			近郊区	远郊/农村	本外各半	本超半
	系数 [S.E.]	系数 [S.E.]	odds ratio [S.E.]	odds ratio [S.E.]	odds ratio [S.E.]	odds ratio [S.E.]
户籍[1]	3.224	4.262**	0.504**	0.433**	1.218	0.855
	[2.231]	[2.085]	[0.171]	[0.176]	[0.413]	[0.326]
籍贯地[2]						
江苏	-0.662	6.211**	0.805	0.513	1.687	1.241
	[2.664]	[2.516]	[0.336]	[0.245]	[0.720]	[0.530]
华东其他地区	5.339*	5.007*	0.605	1.509	2.065*	0.622
	[2.852]	[2.600]	[0.274]	[0.741]	[0.892]	[0.323]
华中地区	1.013	7.610***	1.053	1.501	0.964	1.056
	[2.567]	[2.347]	[0.469]	[0.727]	[0.417]	[0.437]
其他地区	-1.733	6.987***	1.086	1.236	2.353**	0.946
	[2.723]	[2.536]	[0.521]	[0.646]	[1.021]	[0.456]
迁移时间	0.002	0.029**	1.005***	1.003	1.003	1.004*
	[0.013]	[0.012]	[0.002]	[0.002]	[0.002]	[0.002]
性别[3]	1.294	0.546	0.523**	0.687	1.497	1.312
	[1.929]	[1.781]	[0.157]	[0.230]	[0.446]	[0.423]
年龄	0.832	0.190	0.788*	0.741**	1.204	1.011
	[0.752]	[0.673]	[0.103]	[0.103]	[0.147]	[0.120]
年龄的平方	-0.009	-0.002	1.002	1.003	0.998	1.000
	[0.010]	[0.009]	[0.002]	[0.002]	[0.002]	[0.001]
受教育程度[4]						
高中/高职/中专	2.687	3.010	0.731	0.206***	1.696	0.921
	[2.565]	[2.333]	[0.332]	[0.101]	[0.689]	[0.380]
大专	2.378	0.714	0.422*	0.131***	1.462	0.707
	[3.186]	[2.943]	[0.221]	[0.077]	[0.713]	[0.391]

续表

变量	周边环境 OLS	配套设施 OLS	社区位置 MLR		社区外来人口比例 MLR	
			近郊区	远郊/农村	本外各半	本超半
	系数 [S.E.]	系数 [S.E.]	odds ratio [S.E.]	odds ratio [S.E.]	odds ratio [S.E.]	odds ratio [S.E.]
本科及以上	0.835	3.242	0.294**	0.057***	1.297	1.687
	[3.462]	[3.253]	[0.166]	[0.038]	[0.714]	[0.958]
政治面貌[5]	2.222	0.087	0.860	1.068	1.982	0.286*
	[3.086]	[3.020]	[0.361]	[0.590]	[0.894]	[0.189]
资格证书[6]	3.467*	0.678	1.057	1.593	0.637	0.903
	[1.911]	[1.804]	[0.321]	[0.554]	[0.197]	[0.310]
单位性质[7]						
非国有单位	-8.144**	-2.738	2.809*	5.368***	0.679	1.675
	[3.194]	[2.776]	[1.700]	[3.379]	[0.353]	[0.869]
国有单位	-5.928	-4.069	1.165	0.567	0.707	1.387
	[4.103]	[3.779]	[0.763]	[0.433]	[0.481]	[1.065]
职业类型[8]						
商业服务业人员	3.169	2.920	0.271**	0.191***	2.699**	0.862
	[2.767]	[2.532]	[0.150]	[0.113]	[1.294]	[0.407]
专业技术人员	5.793*	-3.876	1.194	1.004	1.480	0.373
	[3.237]	[3.158]	[0.792]	[0.732]	[0.836]	[0.241]
管理人员	4.273	5.198	0.508	0.191**	0.915	1.138
	[3.585]	[3.366]	[0.335]	[0.147]	[0.602]	[0.673]
办事人员	5.879	5.964	0.457	0.623	2.036	0.558
	[3.694]	[3.623]	[0.297]	[0.460]	[1.258]	[0.385]
自雇经营	2.310	1.812	0.396	0.411	0.751	1.300
	[3.935]	[3.556]	[0.235]	[0.251]	[0.473]	[0.800]
家庭收入的对数	1.464	0.909	0.941	0.811	1.913***	1.287
	[1.218]	[1.168]	[0.196]	[0.183]	[0.407]	[0.289]
婚姻状况[9]	-6.074*	-3.568	1.847	1.381	1.037	0.558
	[3.661]	[3.484]	[1.080]	[0.941]	[0.579]	[0.355]
子女情况[10]	-1.313	1.464	1.234	2.195	0.498	0.817
	[3.819]	[3.609]	[0.713]	[1.453]	[0.272]	[0.531]
家人同住[11]	5.639**	1.297	0.530	0.841	1.844	1.829
	[2.500]	[2.271]	[0.221]	[0.381]	[0.741]	[0.795]
产权占有[12]						
私人租住	1.121	4.950**	0.718	2.225**	0.672	0.691
	[2.156]	[1.950]	[0.239]	[0.847]	[0.229]	[0.258]
自购自建	-1.820	0.802	5.293**	4.545*	0.588	2.208
	[4.084]	[3.760]	[3.434]	[3.562]	[0.401]	[1.427]
公租廉租	0.209	3.453	2.592	4.982**	3.815***	1.564
	[3.239]	[3.104]	[1.567]	[3.335]	[1.811]	[0.912]
住房类型[13]						
老式楼房	0.898	3.777	0.539	0.191***	3.793***	3.886***
	[2.710]	[2.490]	[0.246]	[0.090]	[1.661]	[1.727]

续表

变量	周边环境 OLS	配套设施 OLS	社区位置 MLR		社区外来人口比例 MLR	
			近郊区	远郊/农村	本外各半	本超半
	系数 [S.E.]	系数 [S.E.]	odds ratio [S.E.]	odds ratio [S.E.]	odds ratio [S.E.]	odds ratio [S.E.]
新式楼房	3.237 [2.494]	4.935** [2.335]	1.130 [0.490]	0.302*** [0.138]	3.361*** [1.405]	2.884** [1.269]
人均居住面积	0.145** [0.073]	-0.019 [0.072]	1.052*** [0.016]	1.057*** [0.018]	1.044*** [0.014]	1.030** [0.014]
住房设施	1.162** [0.451]	0.782** [0.387]	0.777*** [0.055]	0.828** [0.064]	0.922 [0.063]	1.105 [0.082]
常数项	13.065 [17.744]	24.396 [16.208]	3,449.948*** [10,598.976]	32,129.782*** [106,537.318]	0.000001*** [0.000004]	0.001** [0.003]
N	405	442	521		468	
R-squared	0.266	0.238	Pseudo R^2	0.2399	Pseudo R^2	0.2052

注:系数指非标准化回归系数,下方括号内为标准误,***p<0.01,**p<0.05,*p<0.1。

1 参照组为"农业户口"　　2 参照组为"安徽"　　3 参照组为"女性"

4 参照组为"初中及以下"　　5 参照组为"非党员"　　6 参照组为"无资格证书"

7 参照组为"无单位"　　8 参照组为"一般工人"　　9 参照组为"无配偶"

10 参照组为"无子女"　　11 参照组为"未与家人同住"

12 参照组为"工作提供或借住亲友"　　13 参照组为"简易房/普通平房"

在住房产权占有方面,与"工作提供或借住亲友"相比,"自购自建"住房的外来人口居住在近郊区的发生比率更高(odds ratio=5.293,p<0.05),"私人租住"于远郊区或农村的发生比率是"工作提供或借住亲友"的2.225倍,"自购自建"于远郊区或农村的发生比率是"工作提供或借住亲友"的4.545倍,"公租廉租"于远郊区或农村的发生比率是"工作提供或借住亲友"的4.982倍。在住房类型方面,外来人口居住的老式楼房位于远郊区或农村的可能性比简易房或普通平房的可能性低80.9%(=1-0.191),外来人口居住的新式楼房位于远郊区或农村的可能性比简易房或普通平房的可能性低69.8%(=1-0.302);外来人口的人均居住面积每增加1平方米,其居住于近郊区的可能性就提高5.2%(=1.052-1),居住于远郊区或农村的可能性提高5.7%(=1.057-1);外来人口的住房设施每增加1件,其居住于近郊区的发生比

率降低 22.3%（=1-0.777），居住于远郊区或农村的发生比率降低 17.2%（=1-0.828）。

（九）社区外来人口比例

社区的外来人口比例与本书所涉及的"居住隔离"概念密切相关，外来人口比例在一些研究中会直接作为居住隔离的测量指标。本部分将对社区外来人口比例进行建模，以期了解影响外来人口选择居住于外来人口聚居区或本地人聚居区的因素。该模型的参照组为外来人口超过半数，即外来人口聚居区，本地人超过半数可以理解为本地人聚居区，那么本地人外地人各半就是一种本地人和外来人口混居的社区，以下简称混居社区。

表 3-8 中社区外来人口比例模型结果显示，与外来人口聚居区相比，来自华东其他地区的外来人口居住于混居社区的发生比率是安徽省外来人口的 2.065 倍，其他地区的外来人口居住于混居社区的发生比率是安徽省外来人口的 2.353 倍；迁移时间每增加 1 个月，外来人口居住于本地人口聚居区的可能性就会提高 0.4%（=1.004-1）；在职业类别方面，从事商业服务业工作的外来人口居住于混居社区的发生比率是一般工人的 2.699 倍；家庭年收入的对数每增加 1 个单位，其居住于混居社区的可能性便会提高 91.3%（=1.913-1）；居住于公租廉租房的外来人口居住于混居社区的可能性是居住于"工作提供或借住亲友"的外来人口的 3.815 倍；在住房类型方面，住在老式楼房的外来人口位于混居社区的发生比率是简易房或普通平房的 3.793 倍，位于本地人聚居社区的发生比率是简易房或普通平房的 3.886 倍，住在新式楼房的外来人口位于混居社区的发生比率是简易房或普通平房的 3.361 倍，位于本地人聚居社区的发生比率是简易房或普通平房的 2.884 倍；外来人口的人均居住面积每增加 1 平方米，其居住在混合社区的可能性便会

增加4.4%(=1.044−1),居住在本地人聚居社区的可能性会增加3.0%(=1.030−1)。可见,籍贯地、迁移时间、职业类型、住房产权占有、住房类型和人均居住面积是影响上海市外来人口居住隔离情况的重要因素。

五、小结

根据前文的描述性分析及建模分析结果,本节将对上海市外来人口的居住现状及影响因素进行纵向的总结。前文对影响因素的分析以不同的居住变量为准,那么本章小结将以不同的影响因素为基准进行归纳。

首先,上海市外来人口的居住形式以"租住"为主,仅有约7%的外来人口自有产权,"私人租住"的比例最高(46.62%),"工作提供或借住亲友"次之(37.22%)。就住房类型来说,近半数居住于1990年后建造的新式楼房之中。人均居住面积较小,平均水平为14.264平方米,最小的仅有0.8平方米,可见存在着住房拥挤的问题。住房内设施较为完善,约80%的外来人口住房内有卫生间和电视机,60%以上拥有厨房、热水器、空调和电脑,阳台、洗衣机和电冰箱的拥有比例也都达到了半数以上。通过住房费用比例来估计住房压力,平均比例为17%,也就是说住房费用占总消费额的17%。在住房稳定性方面,过去的两年内更换住房次数的平均数为1次,目前居所的居住时间平均值达到了两年。外来人口基本聚居于近郊区(45.80%)、远郊区和农村(34.54%)。外来人口对居住周边环境和配套设施的便捷程度都较为满意,平均分都约为58分。60%的外来人口居住于外来人口聚居社区,即外来人口在社区的比例超过半数。

其次,在个人特征变量方面,户籍对于外来人口是一个非常重要的变量,我国的户籍制度除了划分了个人的出生地,更为主要的是划分了非农业户口和农业户口,农业户口的外来人口基本指向了"农村进城务工人员"的概念。可能受样本量的影响,本章中户籍变量的影响并未在每一个模型中都显著呈现。根据前文结果可知,户籍变量对外来人口的住房类型、总居住面积、住房设施、配套设施的便利程度、社区位置都发挥着显著的作用,农业户籍外来人口在这些住房因素方面的劣势地位非常明显。籍贯地是一个外来人口的来源地,来自不同省份的外来人口会表现出不同的居住模式,本章以比例最大的安徽省外来人口作为参照组进行了分析。结果显示,籍贯地变量对产权占有、人均居住面积、住房设施、目前居所居住时间、周边环境满意度和社区外来人口比例这些方面都具有一定的影响,但是作用都不是非常突出,只是在周边环境满意度方面,籍贯地表现出了非常显著的差异性,安徽省外来人口显然对其周边环境更为不满意。迁移时间对外来人口而言是一个非常重要的变量,更长的迁入时间可能意味着更高的融入程度。本章结果显示,迁移时间对外来人口的住房产权占有、住房稳定性、配套设施的便利程度和社区位置都具有显著的影响,而且这种影响是正向的。换言之,外来人口在上海生活的时间越长,获得住房或私人租住的可能性越高,稳定性更高,位置更可能是在近郊地区。性别对上海市外来人口的住房产权占有、人均居住面积、住房设施、换房次数和社区位置都存在显著影响,年龄对外来人口的住房产权占有、目前居所居住时间和社区位置发挥显著的作用。

再次,与社会经济地位相关的受教育程度、资格证书持有、单位性质、职业类别和家庭收入都是影响上海市外来人口居住状况的重要因素。受教育程度对上海市外来人口的住房产权占有、住房类型、住房费用比例和社区位置发挥着显著的正向作用。受教育程度越高,越有可能购置住房或租住私人住房,越有可能入住新式楼房,居住于郊区的可能性越低,相应的住房费用比例越高。资格证书的持有对自购自建住房、住房面积和对周边环境的评价等都发挥着显著的正向作用。由于外来人口包含了大量自雇经营的无单位人员，而这些人的收入较高，因此在前文的分析结果中会呈现出无单位外来人口在产权占有、换房次数、周边环境和社区位置方面的优势。职业地位越高的外来人口在占有产权、居住老式楼房和新式楼房、居住面积、住房设施、更低的住房费用比例、更好的社区位置等方面都表现出了显著的优势。相应地，家庭收入在住房产权的占有、入住新式楼房、更大的住房面积、与本地人口混居的社区方面都对外来人口存在显著的正向效应。联系以往的研究结果，由于住房改革后，我国的住房走向了商品化，外来人口来到上海后，无论是租房还是购房，社会经济地位都是决定性的因素。

最后，家庭结构相关的因素也对外来人口的住房发挥着重要的作用。本章选取了婚姻状况、子女情况和是否与家人同住三个变量作为对于家庭结构的测量，或者说是家庭生命周期的测量。结婚、生子都是生命周期中可能对住房产生刚性需求的重要阶段，相应的，婚姻状况和子女情况也会对其产生一定的影响。根据本章的结果，对于外来人口而言，当同时放入三个变量后，婚姻状况和子女情况的作用有时会表现出负向效应，但是家人同住变量的效应都是正向的。这可能与外来人口的特殊性有关，本地人结婚、生子会意味着住房的刚需，因为家庭人口数的增加是无法忽视的。很多外来人口虽然结婚、生子，但并不会举家迁移，而是只身来到上海工作，面对着上海的高昂房价，他们很可能会选择居住于条件较差的职工宿舍等地。但是家人同住变量意味着外来人口与家人同时居住于上海的一处住房内，这就意味着职工宿舍等是不适宜的选择，他们会更倾向于租住私人住房或者在经济条件允许的情况下购置住房，需要更大的住房面积，居住于和本地人混居的社区。

第四章
居住空间资本指标体系的建构

根据前文的理论回顾,空间资本的概念呼之欲出。空间是人类生产、生活不可或缺的资源,各类社会成员因其生存格局、政治经济与文化地位、社会权力拥有状态、交往方式、主体角色等社会特质方面的差异,必然形成对生存空间占有与使用的社会划界。而根据功能的不同,空间又可以进一步地划分为居住空间与活动空间。不可否认,活动空间的影响不可忽视,因为人们经常在学校、公司、商场等地活动,也有研究者已经证实了活动空间的异质性。然而,本书将关注点集中于居住空间,但居住空间资本的指标体系建构是一种探索性的研究,很难找到已有的指标体系作为参照,因此只能从定义入手,结合数据进行尝试。

一、数 据 说 明

本书第四至第七章所使用的数据来源于"2012 年全国城乡社会发展和社会建设"的大规模问卷调查,由上海大学上海社会科学调查中心设计并实施。抽样程序如下:①按照概率比例抽样方法(PPS)以全国 31 个省(直辖市、自治区)为抽样单位,按照东中西部划分为三类地区,从中选择6个省,每个省的样本量为1000人;②根据PPS方法,在选中的每个省中,将样本按比例分配到省会城市、地级市、县级市、县城、乡镇各层,确定抽取的个人样本量;③以街道、乡镇为抽样单位,在选中的城市和县中抽取街道和乡镇;④以居民委员会、村民委员会为抽样单位,选取所需要的居委会、村;⑤在被抽中的居委会、村中按照简单随机原则获得的住宅地址作为调查样本,再从被选中的住宅中按照随机数表选择被访户;⑥在选定的被访户中,由访问员按照基什网格法(Kish Grid)选择合适的被访者,最终成功访问了5745份成人样本。

本书则截取了上海地区的数据,作为直辖市,上海下属18个区1个县,城市化程度高、地域分布也比较集中,所以抽样中不再区分城乡。因为各区县地域范围和人口差别很大,调查直接以街道/乡镇单位作为PSU(初级抽样单元),以利于抽样元素的差异化分布,减少抽样误差。具体操作方法为,根据街镇名单,按PPS方法直接抽取21个街道/乡镇作为调查对象。最终,共完成了上海市40个社区1050个居民问卷样本的调查。由于本书涉及大量的社区问卷变量,但上海市的社区样本中包括了两个没有社区问卷的样本,造成56个居民问卷样本无法进入本书的分析,两个社区的成人问卷数分别为25份和31份,最终38个社区的994份成人样本进入了本书的分析之中。另外,需要说明的是,由于本书所用数据并不是针对该研究设计形成的,因而只能选取适合的变量进行分析。问卷中未涉及的变量,在本书的居住空间资本指标体系中无法体现。

二、居住空间资本的指标选取

黄怡(2001:42)总结了居住隔离在社区层面的外部特征,主要包括四个方面:其一,社区的环境,包括自然和人文两个方面;其二,公共配套设施,主要指社区内部和周边的商业、教育、文化、娱乐、体育、休闲、停车等设施的完善程度和服务水准;其三,物业管理水平也是衡量社区档次的重要指标;其四,住房的价格,这其实是前几个方面的综合反映,当然还包括了区位因素的作用。当笔者将空间资本的概念缩小至居住空间资本的时候,内容会更加聚焦地呈现出来。

与空间资本相类似,居住空间资本也可以被划分为交换价值和使用价值。交换价值是指居住空间带给个体的实际经济价值,换言之,可以转化为经济资本。使用价值是指居住空间为个体日常生活提供的体验价值,包括住房内部条件、社区环境、周边设施等,可参照莫洛奇和洛根对社区使用价值的分析,空间能够给人们带来便利的生活、身份的象征、社会网络的支持等。需要注意的是,虽然笔者对居住空间资本进行了划分,但其实二者是相互作用、密不可分的。例如,社区周边是否有小学这个简单的变量,考虑到其作为社区周边资源的概念,笔者将其归入使用价值,但同时需要指出的是,如果社区周边存在小学,那么说明该社区是学区房。上海市的学区房无疑会指向高房价,这就是位置价值的体现。同样的,无论是社区周边还是内部的资源、设施,都会在房价上有所体现。

(一)交换价值

居住空间资本的交换价值涉及的首要变量为住房产权。如果受访者拥有该住房的产权,意味着他/她拥有了该居住空间的交换价值,可以将其直接转换为经济资本。如果受访者并未占有该住房的产权,他/她并不能将该住房投入住房市场进行价值交换。因此,交换价值涉及以下两个变量:

住房产权:通过问卷中的"您当前居住的住房是"这一题项进行测量,原始分类包括"自购商品房(含经济适用房)""自建房""租住公房""租住私房""借住他人住房",根据产权占有情况,将"自购商品房(含经济适用房)"和"自建房"归类为"自有产权",记为"1";将"租住公房""租住私房"和"借住他人住房"归类为"非自有产权",记为"0"。

住房市值:这一变量针对"自有产权"的受访者进行测量,问卷中包括两个变量。一是针对自购商品房,二是针对自建房,但是题目提问方法一致,皆为"目前住房市值",单位为"万元"。对于该变量的 8 个缺失值,通过该社区的房屋均价乘以受访者住房的面积进行填补。

交换价值变量的生成依据上述两个变量,当受访者占有该处住房产权时,他 / 她便拥有了该处住房的交换价值,此时交换价值等价于住房市值,因为交换价值的意涵就是住房在市场上的价格。当受访者不占有该处住房产权时,他 / 她便并不拥有该处住房的交换价值,交换价值记为"0"元。

(二)使用价值

对于那些向房东支付租金的人来说,使用价值是目前唯一的价值(洛根、莫洛奇,2016:19)。以往分析住房问题的诸多研究,都涉及三个重要的因素:住房产权、住房面积和住房质量(边燕杰、刘勇利,2005)。如果按照本书的交换价值和使用价值进行分类,住房产权归入交换价值,住房面积和住房质量归入使用价值,因为这两个变量更多地体现了居住空间在受访者日常生活中的价值。

人均住房面积:通过住房面积除以居住于此处住房的家庭人口数获得。整套住房的面积与住房的交换价值更为相关,可以通过房屋的单位价格乘以住房面积获得。而使用价值更为注重受访者对住房的使用情况以及居住感受,因此将人均住房面积作为使用价值的测量指标之一。人均住房面积越小,意味着居住条件越恶劣,相应的感受也会更差。人均住房面积并未纳入后续的因子分析之中,而是作为单独的指标进行测量。这主要考虑到两方面的因素,一是可以与以往的住房研究相对照,二是由于其他关于使用价值的指标皆为分类变量,而人均住房面积为连续变量,一致的变量类型便于选择适当的估计方法,也有利于提高因子分析的效度。

住房质量:问卷中通过"您的住房是否存在以下情况"进行测量,共设计了四道问题:"室内冲水洗手间"($c81$)、"居住空间太小(如客厅架床、晚上架床白天拆掉等)"($c82$)、"产权不明晰(指与开发商、单位或亲属之间存在争议)"($c83$)、"建筑质量问题"($c84$)。四个题项皆为二分变量,包括"是"和"否"两个选项。为了后续研究指标建构方向的一致性,将室内有洗手间、居住空间不小、不存在产权不明晰问题以及不存在建筑质量问题记为"1",相对应的选项记为"0",旨在将所有指标指向更好的住房质量。需要指出的是,根据相关性分析及探索性因子分析的结果,"产权不明晰"与其他题项相关性过低,与所有题目的相关系数都小于 0.1,最大值为 -0.0610,无法进入指标体系,因而在后续研究中剔除了。

居住环境满意度:从六个方面对该居住区的环境进行了满意度的测量,居住环境的满意度能够在一定程度上反映出该居住区的环境情况,虽然不是客观情况的测量,但确是最为适宜的替代变量。居住区环境包括"噪音状况"($c91$)、"空气质量"($c92$)、"休闲环境或设施"($c93$)、"水质"($c94$)、"治安状况"($c95$)和"环境卫生"($c96$)。选项共分为五个等级,"非常不满意"记为"1","比较不满意"记为"2","一般"记为"3","比较满意"记为"4","非常满意记"为"5"。

除了上述受访者个体层面的变量外,本书将社区层面的变量也囊括其中。在此处需要说明的问题是,社区层面的变量对社区内每个受访者的赋值都是一样的,也就是说,虽然受访者不一定会使用或享受社区的部分资源或设施,但在本书中将其视为一种可达性(accessibility),即居住于该社区可能享受到的使用价值,换言之,该社区空间为受访者提供的使用价值。虽然并不能测量到受访者是否使用或享受到某一项目,但这样的测量同样具有意义。一方面,正如前文所述,社区周边和内部的资源和设施会影响住房的交换价值,这其中体现了位置价值的概念。另一方面,当受访者居住于这一空间内,居住空间资本的使用价值已经赋予了他们,即使并不占有产权,这部分的资本同样是占有的。即使受访者并未使用这些资源或设施,他们同样是占有了居住空间资本的使用价值。当然,某些特殊情况是存在的,比如外来人口租住于此社区,即使附近有学校,他们的子女也只能去读其他的外来务工人员子弟学校。但同样的,即使是本地户籍的居住者也不一定会选择让自己的子女去最近的学校就读,很可能会送去其他教学质量更好的学校。因此,这部分的误差在本书中忽略不计,也无法进行测算。具体包含的变量如下(按照问卷中的题项顺序进行说明):

表 4-1　居住空间资本可能涉及所有变量的相关性分析

	c81	c82	c83	c84	c91	c92	c93	c94
c81	1.0000							
c82	0.1766	1.0000						
c83	-0.0365	-0.0499	1.0000					
c84	0.0693	0.2290	-0.0610	1.0000				
c91	0.0274	0.1921	-0.0200	0.1762	1.0000			
c92	-0.0559	0.1668	-0.0069	0.1492	0.5804	1.0000		
c93	0.0549	0.1824	-0.0554	0.1817	0.4422	0.5320	1.0000	
c94	-0.1144	0.1175	-0.0361	0.1134	0.2840	0.3895	0.3701	1.0000
c95	-0.0144	0.1485	-0.0612	0.1302	0.3245	0.3151	0.3345	0.3716
c96	0.0353	0.1977	-0.0023	0.2169	0.4069	0.4743	0.5021	0.3877
c24	0.1165	0.4354	-0.0434	0.1959	0.1842	0.2046	0.2469	0.1833
a61	0.1460	-0.0417	-0.0023	-0.0858	-0.0104	-0.0431	0.0123	-0.0593
a62	0.1466	-0.0530	-0.0043	-0.0534	-0.0496	-0.0629	-0.0502	-0.0744
a63	0.0923	0.0574	0.0300	0.0247	0.0253	0.0668	0.0296	-0.0221
a64	0.0674	0.1592	-0.0329	0.0483	0.0770	0.0198	-0.0280	0.0455
a65	0.0850	0.0044	0.0212	-0.0481	-0.0578	-0.1004	-0.0978	0.0080

	c81	c82	c83	c84	c91	c92	c93	c94
a66	0.1260	-0.0568	0.0204	-0.0680	-0.0604	-0.0881	-0.0493	0.0142
a67	0.1145	0.0695	-0.0142	0.0785	-0.0058	-0.0728	-0.0010	0.0441
a68	0.1919	-0.0478	0.0224	-0.0698	-0.0673	-0.1006	0.0238	-0.0234
a71	-0.0030	-0.1166	-0.0019	-0.0034	-0.0599	-0.1223	-0.1091	-0.0750
a72	-0.0930	0.0643	-0.0073	0.0136	-0.0004	0.0248	0.0179	0.0736
a73	0.0850	0.0044	0.0212	-0.0481	-0.0578	-0.1004	-0.0978	0.0080
a74	0.1120	0.1264	0.0140	0.0470	0.0023	-0.0185	0.0125	0.0271
a75	0.1145	0.0695	-0.0142	0.0785	-0.0058	-0.0728	-0.0010	0.0441
a76	0.0625	0.1851	-0.0443	0.0746	0.1036	0.0536	0.0081	0.0599
a77	0.2047	0.1305	0.0249	0.0525	0.0409	-0.0061	0.0565	0.0353
a78	0.1460	-0.0417	-0.0023	-0.0858	-0.0104	-0.0431	0.0123	-0.0593
a79	0.0741	-0.0140	0.0266	0.0229	0.0338	-0.0158	-0.0307	-0.0510
a710	-0.0445	-0.0948	0.0507	-0.0685	0.0090	0.0672	0.0340	-0.0122
a711	-0.1156	-0.0807	0.0333	-0.0365	0.0206	0.0343	-0.0796	-0.0091
a111	0.0975	-0.1909	0.0371	-0.0754	-0.2385	-0.2723	-0.1731	-0.1030
a112	0.2589	-0.0833	0.0143	-0.0037	-0.0865	-0.1920	-0.0875	-0.0790
a121	0.0152	-0.0569	0.0366	0.0092	0.0257	0.0585	0.0035	-0.0176
a122	0.0957	-0.1016	0.0020	-0.0464	-0.1453	-0.1631	-0.1219	-0.0603
a123	0.0957	-0.1016	0.0020	-0.0464	-0.1453	-0.1631	-0.1219	-0.0603
a124	0.0428	0.0245	0.0216	0.0017	0.0597	0.1013	0.0385	0.0313
a125	0.0152	-0.0843	0.0366	-0.0844	-0.0858	-0.1083	-0.1148	-0.0464
a126	0.0152	-0.0843	0.0366	-0.0844	-0.0858	-0.1083	-0.1148	-0.0464
a13	0.1926	-0.1464	0.0194	-0.0289	-0.0353	-0.1261	-0.0354	-0.0456
	c95	c96	c24	a61	a62	a63	a64	a65
c95	1.0000							
c96	0.5186	1.0000						
c24	0.1979	0.2516	1.0000					
a61	-0.0518	-0.0579	-0.0173	1.0000				
a62	-0.1232	-0.1056	-0.0352	0.3750	1.0000			
a63	-0.0348	0.0582	0.0914	0.0528	0.2469	1.0000		
a64	0.0414	-0.0214	0.0997	0.1791	0.1034	0.2547	1.0000	
a65	-0.1692	-0.1559	0.0169	0.3152	0.3031	0.2424	0.4223	1.0000
a66	-0.1412	-0.1213	-0.0130	0.3181	0.5222	0.2409	0.2755	0.5662
a67	-0.0103	0.0036	0.0694	0.2360	0.1534	0.1397	0.3534	0.5355
a68	-0.0954	-0.0382	-0.0271	0.4277	0.2445	0.0916	-0.0041	0.2751
a71	-0.0646	-0.1063	-0.0670	0.0476	0.1279	0.0781	0.1046	0.1296
a72	-0.0424	0.0070	0.0424	-0.2090	0.1492	0.0370	0.0191	0.3222
a73	-0.1692	-0.1559	0.0169	0.3152	0.3031	0.2424	0.4223	**1.0000**
a74	-0.0245	0.0022	0.0848	0.1632	0.0160	0.0497	0.4792	0.4995

续表

	c95	c96	c24	a61	a62	a63	a64	a65
a75	-0.0103	0.0036	0.0694	0.2360	0.1534	0.1397	0.3534	0.5355
a76	0.0685	0.0046	0.1188	0.1398	0.0837	0.2422	**0.9508**	0.4016
a77	-0.0038	0.0635	0.1387	0.0706	0.2438	0.2674	0.3132	0.4435
a78	-0.0518	-0.0579	-0.0173	**1.0000**	0.3750	0.0528	0.1791	0.3152
a79	-0.0289	-0.0612	-0.0132	0.3144	0.1570	0.0959	0.2324	0.1591
a710	-0.0164	0.0348	-0.0959	-0.0866	-0.1133	0.0829	-0.1829	-0.1091
a711	-0.0481	-0.0741	-0.0956	-0.1297	-0.1244	0.1264	0.0896	0.0242
a111	-0.1927	-0.1656	-0.0794	0.1268	0.1537	0.0939	-0.2870	0.1558
a112	-0.0494	-0.0573	-0.0375	0.2756	0.0990	-0.0839	-0.0786	0.1041
a121	-0.0184	-0.0014	-0.0408	0.1237	0.0618	0.0377	-0.1741	0.0626
a122	-0.1125	-0.0958	-0.0379	-0.0559	0.1000	0.0611	-0.2820	0.1014
a123	-0.1125	-0.0958	-0.0379	-0.0559	0.1000	0.0611	-0.2820	0.1014
a124	0.0610	0.0597	-0.0149	-0.1026	-0.0488	0.1014	0.1150	-0.0445
a125	-0.0869	-0.0829	-0.0621	0.1237	0.0618	0.0377	0.1482	0.0626
a126	-0.0869	-0.0829	-0.0621	0.1237	0.0618	0.0377	0.1482	0.0626
a13	-0.0635	-0.0503	-0.0535	0.1755	0.2117	-0.0074	-0.1580	0.1321
	a66	a67	a68	a71	a72	a73	a74	a75
a66	1.0000							
a67	0.3632	1.0000						
a68	0.5952	0.3533	1.0000					
a71	0.1301	0.1820	-0.0594	1.0000				
a72	0.3248	0.0663	0.1071	-0.1990	1.0000			
a73	0.5662	0.5355	0.2751	0.1296	0.3222	1.0000		
a74	0.1960	0.4354	0.1424	-0.0038	0.2128	0.4995	1.0000	
a75	0.3632	**1.0000**	0.3533	0.1820	0.0663	0.5355	0.4354	1.0000
a76	0.2550	0.3249	-0.0372	0.1210	0.0802	0.4016	0.4386	0.3249
a77	0.2959	0.4782	0.1738	0.0347	0.2867	0.4435	0.4151	0.4782
a78	0.3181	0.2360	0.4277	0.0476	-0.2090	0.3152	0.1632	0.2360
a79	0.1598	0.2234	0.0304	0.5267	-0.3499	0.1591	-0.0550	0.2234
a710	-0.1077	-0.2183	0.0503	0.2146	-0.2459	-0.1091	-0.2472	-0.2183
a711	-0.1520	-0.1869	-0.2716	0.3768	-0.1477	0.0242	-0.2867	-0.1869
a111	0.1565	0.1079	0.2629	0.1594	-0.0162	0.1558	0.0170	0.1079
a112	0.1057	0.1600	0.3278	0.2157	-0.2549	0.1041	0.0866	0.1600
a121	0.0629	0.0879	0.1056	-0.0534	-0.1953	0.0626	-0.2059	0.0879
a122	0.1018	0.1423	0.1710	0.3271	-0.0638	0.1014	-0.0781	0.1423
a123	0.1018	0.1423	0.1710	0.3271	-0.0638	0.1014	-0.0781	0.1423
a124	-0.2468	0.0653	-0.1742	0.1428	-0.1075	-0.0445	0.0457	0.0653
a125	0.0629	0.0879	0.1056	-0.0534	-0.1953	0.0626	0.1253	0.0879

	a66	a67	a68	a71	a72	a73	a74	a75
a126	0.0629	0.0879	0.1056	-0.0534	-0.1953	0.0626	0.1253	0.0879
a13	0.4677	0.0185	0.2910	0.2883	0.0163	0.1321	-0.1902	0.0185

	a76	a77	a78	a79	a710	a711	a111	a112
a76	1.0000							
a77	0.2681	1.0000						
a78	0.1398	0.0706	1.0000					
a79	0.2523	-0.0066	0.3144	1.0000				
a710	-0.1646	-0.2010	-0.0866	0.3692	1.0000			
a711	0.1165	-0.3155	-0.1297	0.4283	0.6559	1.0000		
a111	-0.4121	0.2571	0.1268	-0.1632	-0.1410	-0.2150	1.0000	
a112	-0.1527	0.3073	0.2756	0.0699	0.1475	-0.0738	0.5898	1.0000
a121	-0.1655	-0.1828	0.1237	0.3934	0.4553	0.2987	-0.0642	0.2369
a122	-0.2681	0.2285	-0.0559	-0.1062	-0.0918	-0.1399	0.6506	0.3837
a123	-0.2681	0.2285	-0.0559	-0.1062	-0.0918	-0.1399	0.6506	0.3837
a124	0.1364	0.0946	-0.1026	0.2665	0.5707	0.4774	-0.1725	0.0410
a125	-0.1655	0.1411	0.1237	-0.0656	-0.0567	-0.0864	0.4017	0.2369
a126	-0.1655	0.1411	0.1237	-0.0656	-0.0567	-0.0864	0.4017	0.2369
a13	-0.2011	0.2457	0.1755	0.2438	0.1984	-0.0025	0.3465	0.5562

	a121	a122	a123	a124	a125	a126	a13
a121	1.0000						
a122	-0.0418	1.0000					
a123	-0.0418	**1.0000**	1.0000				
a124	0.3723	-0.1122	-0.1122	1.0000			
a125	-0.0258	-0.0418	-0.0418	-0.0693	1.0000		
a126	-0.0258	-0.0418	-0.0418	-0.0693	**1.0000**	1.0000	
a13	0.1392	0.2255	0.2255	-0.0958	0.1392	0.1392	1.0000

社区资源:居委会/村委会辖区内是否有"小学"(a61)、"初中"(a62)、"高中"(a63)、"百货商店"(a65)、"邮局"(a66)、"银行"(a67)、"公交站"(a68)。如果在"辖区外"记为"0","辖区内"记为"1"。需要说明的是,a64 与 a76 高度相关,相关系数达到 0.9508,a64 为辖区内是否有"医院",a76 为辖区内是否有"社区医院/医疗服务站/诊所/卫生室",概念较为相似,因此将 a64 剔除出指标体系。

便民设施:居委会/村委会辖区内是否有"便利店(小商店/小卖部)"(a71)、"超级市场"(a72)、"农贸市场"(a74)、"社区医院/医疗服务站/诊所/

卫生室"(a76)、"幼儿园"(a77)、"体育健身场所"(a79)、"老年活动室"(a710)、"图书室(馆)"(a711)。如果在"辖区外"记为"0","辖区内"记为"1"。需要说明的是,a73"百货商场"与a65完全重合,a75"银行/信用社"与a67完全重合,a78"小学"与a61完全重合,相关系数都为1,因此剔除出指标体系。a712"公园"缺失值过多,仅有956个样本应答该题,进入模型会严重影响总体样本数量,因此也进行了剔除处理。

社区组织:社区是否有"物业管理公司"(a111)、"业主委员会"(a112),"1"代表"有","0"代表"无"。物业管理公司专门从事地上永久性建筑物、附属设备、各项设施及相关场地和周围环境的专业化管理,为业主和非业主使用人提供良好的生活或工作环境。因此,有物业管理公司意味着社区管理更为专业化,社区环境良好的可能性更高。业主委员会是指由物业管理区域内业主代表组成,代表业主的利益,向社会各方反映业主意愿和要求,并监督物业管理公司管理运作的一个民间性组织,是居民在社区生活中的权力体现。需要说明的是,a113"居民志愿者组织"的方差为0,所有社区都有居民志愿者组织,因此无法进入指标体系;由于该调查涉及的上海市的社区大部分为城市社区,因此a114"农业互助组织"并不适用于全部社区;a115"居民文体组织"最终样本量为969,缺失25个样本,不宜进入模型。

文体设施/活动:社区是否有"健身/体育活动的设施"(a121)、"社区经常性地组织健身/体育活动"(a122)、"图书资料室等文化设施"(a124)、"社区经常性地组织一些文化活动"(a125)、"备案的社区民间组织"(a13),"1"代表"有","0"代表"无"。需要说明的是,a123和a126分别与a122和a125的分布完全重合,相关系数为1,因此剔除。考虑到模型的效度,尽量减少可能重复的变量,将a124与a711进行合并,即当辖区内存在图书馆(室)时,视为有图书资料室等文化设施。

表 4-2 居住空间资本涉及变量的描述性统计

离散变量							
变量名	类别	N	Percent	变量名	类别	N	Percent
住房产权	非自有=0	331	33.33	小学	辖区外=0	624	62.78
	自有=1	662	66.67	（a61）	辖区内=1	370	37.22
室内冲水洗手间	否=0	164	16.50	初中	辖区外=0	866	87.12
（c81）	是=1	830	83.50	（a62）	辖区内=1	128	12.88
室内空间太小	是=0	324	32.60	高中	辖区外=0	942	94.77
（c82）	否=1	670	67.40	（a63）	辖区内=1	52	5.23
产权不明晰	是=0	49	4.93	百货商店	辖区外=0	863	86.82
	否=1	945	95.07	（a65）	辖区内=1	131	13.18
建筑质量问题	是=0	215	21.63	邮局	辖区外=0	862	86.72
（c84）	否=1	779	78.37	（a66）	辖区内=1	132	13.28
噪音状况	非常不满意=1	109	10.97	银行	辖区外=0	765	76.96
（c91）	比较不满意=2	211	21.23	（a67）	辖区内=1	229	23.04
	一般=3	221	22.23	公交站	辖区外=0	694	69.82
	比较满意=4	422	42.45	（a68）	辖区内=1	300	30.18
	非常满意=5	31	3.12	便利店（小商店/小卖部）（a71）	辖区外=0	99	9.96
空气质量	非常不满意=1	61	6.14		辖区内=1	895	90.04
（c92）	比较不满意=2	206	20.72	超级市场	辖区外=0	593	59.66
	一般=3	312	31.39	（a72）	辖区内=1	401	40.34
	比较满意=4	392	39.44	农贸市场	辖区外=0	618	62.17
	非常满意=5	23	2.31	（a74）	辖区内=1	376	37.83
休闲环境或设施	非常不满意=1	57	5.73	社区医院/医疗服务站/诊所/卫生室（a76）	辖区外=0	512	51.51
（c93）	比较不满意=2	251	25.25		辖区内=1	482	48.49
	一般=3	353	35.51	幼儿园	辖区外=0	561	56.44
	比较满意=4	321	32.29	（a77）	辖区内=1	433	43.56
	非常满意=5	12	1.21	体育健身场所	辖区外=0	142	14.29
水质	非常不满意=1	51	5.13	（a79）	辖区内=1	852	85.71
（c94）	比较不满意=2	171	17.20	老年活动室	辖区外=0	110	11.07
	一般=3	371	37.32	（a710）	辖区内=1	884	88.93
	比较满意=4	388	39.03	物业管理公司	无=0	137	13.78
	非常满意=5	13	1.31	（a111）	有=1	857	86.22
治安状况	非常不满意=1	52	5.23	业主委员会	无=0	313	31.49
（c95）	比较不满意=2	144	14.49	（a112）	有=1	681	68.51
	一般=3	293	29.48	健身/体育活动的设施（a121）	无=0	25	2.52
	比较满意=4	471	47.38		有=1	969	97.48
	非常满意=5	34	3.42	社区经常性地组织健身/体育活动（a122）	无=0	63	6.34
环境卫生	非常不满意=1	71	7.14		有=1	931	93.66
（c96）	比较不满意=2	166	16.70	图书资料室等文化设施（a124）	无=0	107	10.76
	一般=3	355	35.71		有=1	887	89.24
	比较满意=4	385	38.73	社区经常性地组织一些文化活动（a125）	无=0	25	2.52
	非常满意=5	17	1.71		有=1	969	97.48
				备案的社区民间组织（a13）	无=0	390	39.24
					有=1	604	60.76

连续变量						
变量名	N	均值	标准差	最小值	最大值	单位
住房市值	662	132.65	108.75	1	1000	万元
交换价值	994	88.34	108.58	0	1000	万元
人均住房面积	994	33.93	30.93	0.67	450	平方米

三、统计方法：潜变量建模（Latent Variable Modeling）

通过表 4-2 的描述可知，在居住空间资本的使用价值部分涉及的变量中，仅有人均住房面积为连续型变量，其他皆为离散型变量。笔者需要解决的首要问题就是如何处理使用价值中涉及的大量外显变量或指标，潜变量建模为解决这一问题提供了可能。首先，由于使用价值涉及的外显变量数量过多，笔者不可能在后续的研究中对每一个变量进行建模，需要对其进行降维处理；其次，这些变量之间是具有一定的相关性的，对其中某些变量进行单独建模是无法说明居住空间资本使用价值的全貌的。

社会科学领域的大多数概念往往不能直接测量，如智力、人格、社会经济地位等，这些抽象的概念常被称为潜变量（王孟成，2014：5）。因此，潜变量是必需的，借由可测量的外显变量（manifest variable）或指标（indicator）来生成，表示某个概念的全貌（邱皓政，2008：2）。一般搜集的调查数据，都是可以直接测量观察的变量数据，因此称为外显变量，即表 4-2 中所列出的变量。在各种潜在变量模型中，最为众人所熟知，也是发展最早的，是外显变量为连续变量且潜在变量也是连续变量的因子分析（factor analysis，FA）。在因子分析的框架下，潜在变量是一种具有强弱高低的计量变量（metrical variable），例如智力测试的题目得分间会有相关性，就是因为背后存在着一个共同影响源（common cause），也就是智力。潜在变量的分数高低代表受测者的个体差别，个体差别的程度可以通过潜在变量的变异数来加以估计，而不同的潜在变量之间所具有的显著共变，则反映了构念之间具有相关性（邱皓政，2008：3-4）。

随着统计技术的发展，因子分析技术从最初提出概念至今发生了质的飞跃,不仅有探索性因子分析,还有验证性因子分析。而且对于不同的数据类型,这一方法也得到了广泛的扩展,不再仅仅适用于外显变量和潜在变量都为连续变量之时。由于分类指标与潜在因子之间的关系为非线性关系,采用传统的线性因子分析是不合适的。通过估计方法的改进,分类数据同样可以进行因子分析。以二分变量为例,用线性因子分析模型拟合二分变量常会扭曲变量的潜在结构,因为通过二分变量计算的皮尔逊(Pearson)积差相关系数会受项目分布形态和项目内容的影响。麦克唐纳和阿拉瓦特揭示了当线性因子分析模型拟合二分变量时会产生虚假因子的情况,这个因子称为"困难因子"(difficulty factors)(McDonald and Ahlawat,1974)。为了避免困难因子的出现,测量学家提出了三种主要的解决方法:①用线性因子分析拟合四分相关系数(tetrachoric correlations);②稳健加权最小二乘法(WLSMV);③全息因子分析(full-information factor analysis model,FIFA)。第一种方法的缺点是四分相关并没有使用项目全部信息(Bock and Lieberman,1970),因此又被称为有限信息方法(limited-information approach)。第三种方法理论上类似于项目反映理论中的正态卵型模型,赖泽尔和范登堡的研究揭示,当变量超过8个且样本量少于1000时,模型卡方检验很不精确(Reiser and VandenBerg,1994)。因此,本章最终决定采取第二种方法——稳健加权最小二乘法。

稳健加权最小二乘法由穆森和同事提出(Muthén,1978;Muthén et al.,1997)。与第一种方法相比,该方法使用了更多的信息。WLSMV是类别数据因子分析最好的方法之一(Brown,2006),目前仅有 Mplus 提供。WLSMV 估计法使用对角加权矩阵的加权最小二乘法,同时采用均值－方差校正卡方检验(Muthén,1998-2012)。芙罗拉和柯伦的模拟研究发现,使用 WLSMV 估计类别指标的验证性因子分析在多种条件下均能产生精确的参数估计和标准误(Flora and Curran,2004)。WLSMV 用于分析 200 个样本的截尾(censored)

数据是也同样有效(Brown,2006;王孟成,2014:65-66)。

四、分析结果

因子分析是用于解释外显变量之间相关性的统计模型，主要用于实现两个目的:解释指标间的相关性和化简数据。按照假设,指标间存在相关性是因为有一个潜在的共同因子或公因子(common factor;所有条目共同的部分),如果这个共同因子被提取,那么指标间的相关性将不存在,即实现了局部独立性(local independence)。当问卷的理论结构不清晰时,普遍的做法是先使用探索性因子分析初步确定因子的个数、指标与因子间的关系,以及因子与因子之间的关系。然后根据探索性因子分析的结果,在新的样本中进行验证性因子分析，如果结果理想则得到支持因子效度的结论 (Gerbing and Hamilton,1996; 王孟成,2014:63-64)。本章的指标体系建构共包括三个步骤:第一,探索性因子分析建构测量模型,获取测量指标和潜变量;第二,验证性因子分析验证测量模型,并通过竞争性模型选择;第三,结合研究实际,选择探索性结构方程建构最终模型。

(一)探索性因子分析(EFA)

因子分析的目的是采用少数几个潜变量即因子来解释一组变量间的相关性,当潜变量被抽取后条目之间将不存在相关性,即达到局部独立性。在因子分析中,观测分数的变异分为三个部分:公共因子、独特性(unique factor;单个条目特有的部分或少数条目共有部分,如方法效应)和测量误差(随机和系统误差)。因子分析主要关注公因子部分,所以常将独特性部分和测量误差合并,表达式如下(芝祐顺,1999):

$$Z_{ij}=a_{j1}f_{i1}+a_{j2}f_{i2}+\cdots+a_{jm}f_{im}+d_ju_{ij}$$

式中 Z_{ij} 为个体 i 在项目 j 上的标准分,f 为公因子,a_j 为每个公因子的权重,即因子负荷量,u_{ij} 为独特性因子,d_j 为独特性因子的权重。

由上式不难看出，个体在某个条目上的得分等于一组公共因子和条目独特性加权之和。因为是一组因子,所以在探索性因素分析里面决定条目反应的原因不止一个,在实际结果中会发现一个条目会在多个因子上有负荷。因子分析一般有如下假设:①指标与公因子之间为线性关系;②公因子间相互独立(正交)或彼此相关(斜交);③误差不相关;④公因子与误差不相关。

在总样本中抽取一半的样本量(N=497,子样本 1)用于探索性因子分析。根据表 4-1 中相关矩阵分析的结果,剔除掉了部分不适宜进入模型的变量,最终对表 4-2 中的 31 个离散变量,即除住房产权外的全部变量进行探索性因子分析。假设因子间都存在相关性，使用 Mplus 默认的 GEOMIN 斜交旋转,因为其非常适合于处理存在跨负荷指标的 EFA 分析。通过初步的探索性因子分析发现,c83"产权不明晰"指标的因子负荷过低(四因子负荷结果最大值为 -0.106),未达到 0.3 的标准值(Nunnally,1994),而 a72"超级市场"的因子负荷为负向(四因子负荷结果最大值为 -0.698),考虑到指标体系方向的一致性问题以及获得最佳的拟合结果,将 c83 和 a72 两个指标剔除。最终,29个外显变量进入模型,进行因子分析。

在信度分析上,Cronach's alpha(α)系数是被广为接受的信度公式,所求出的数据在数学原理上等同于计算题目之间的相关程度,通常用 α 信度系数来估计每个因子所属变量的系统变异。根据已有探索性研究所采用的标准,Cronach's alpha 内部一致性值大于 0.7 是可以接受的。Cronach's alpha系数在 0.8 以上，则可以认为量表有较高的内在一致性,0.7 附近是"适中的",0.5 是最小可以接受的范围。对探索性因子分析的所有外显变量进行

Cronach's alpha 系数计算，得到结果为 0.7735，说明本章涉及的所有外显变量内部一致性值大于 0.7，适宜进行因子分析。

就效度分析而言，连续外显变量进行因子分析或主成分分析时，主要通过特征值、碎石图、KMO(Kaiser-Meyer-Olkin measure of sampling adequacy)值和巴特利特球体检验(Bartlett test of sphericity)来说明外显变量的效度，同样可以作为保留因子数量的参考依据。由于本章的外显变量为分类变量，WLSMV 估计方法目前只有 Mplus 提供，而该软件并不提供 KMO 值和巴特利特球体检验结果，其他软件计算 KMO 值和巴特利特球体检验结果的方法并不适用于估计分类变量。

因子个数的取舍是因子分析中非常重要的问题之一，因子抽取过度或不足都会造成一定的问题。伍德等通过模拟研究发现，当抽取因子较少时，因子可能包含较多的误差；抽取过度与抽取不足相比对因子负荷的估计更精确(Wood et al., 1996)。因此，研究者提出了一些检验方法来处理这一问题。

首先，特征值大于 1(Kaiser's rule)，这是研究者最常采用的标准之一(范津砚等，2003；Fabrigar et al., 1999；Hayton et al., 2004；Henson and Roberts, 2006)。同时，此规则也是很多软件的默认规则。表 4-3 中将特征值大于 1 的全部情况列出，通过对子样本 1 的探索性因子分析的结果可知，当 29 个外显变量拟合为 1~9 个因子时，其特征值大于 1。但此方法总是导致过多的因子保留(Zwick and Velicer, 1986)。表 4-3 的结果只能说明因子的取舍范围为 1~9 个因子，并不能说明到底保留几个为最佳结果。

其次，碎石图(scree plot)法，碎石图(图 4-1)提供了因子数目和特征值大小的图形表示，与表 4-3 的结果相对应。可以通过视觉判断选择合适的因子个数，尤其是明显拐点需要特别关注。碎石图的优势在于直观方便，但在没有明显拐点的时候，常常造成选择困难。根据图 4-1 的结果可以初步判断,四因子和五因子是曲线趋于平缓的拐点,但仍然无法做出最终判断。

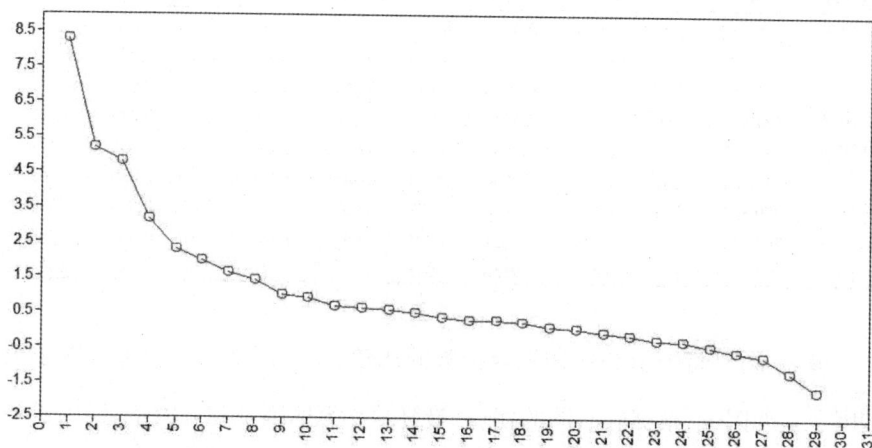

图 4-1　子样本 1 探索性因子分析碎石图

再次,模型拟合指数。①2/df(relative chi-square),如果大于 10 表示模型很不理想,小于 5 表示模型可以接受,小于 3 表示模型较好。根据这一标准,表 4-3 的结果说明三因子至九因子都属于模型拟合较好的情况。②P 值,当 P 值大时,说明不显著,不拒绝假设模型;当 P 值小时,说明显著,拒绝假设模型。表 4-3 的结果说明,所有的 P 值都小于 0.05,说明显著,拒绝假设模型。③比较拟合指数(comparative fit index,CFI)和塔克-刘易斯指数(Tucker-Lewis index,TLI)最低要求通常要大于 0.85,最好大于 0.9,越接近 1 越好。以 0.90 作为标准,表 4-3 的结果说明,四因子至九因子拟合程度好。④近似误差均方根(root mean square error of approximation,RMSEA)应该等于或小于 0.05,越接近 0 越好。小于等于 0.05 表示假设模型的拟合程度好;在 0.08 到 0.10 之间,表示模型拟合程度一般;超过 0.10,表示模型与数据拟合程度较差。表 4-3 的结果说明,与 CFI 和 TLI 结果较为相似,四因子至九因子拟合程度好。参考上述全部拟合指数,一因子至三因子拟合程度较差。

表4-3 居住空间资本使用价值的探索性因子分析模型拟合指数

Model	χ^2	df	χ^2/df	P-value	CFI	TLI	RMSEA	90% CI		特征值
一因子	1886.147*	377	5.003	0.0000	0.585	0.553	0.090	0.086	0.094	8.278
两因子	1134.716*	349	3.251	0.0000	0.784	0.749	0.067	0.063	0.072	5.191
三因子	741.845*	322	2.304	0.0000	0.885	0.854	0.051	0.046	0.056	4.787
四因子	**524.876***	**296**	**1.773**	**0.0000**	**0.937**	**0.914**	**0.039**	**0.034**	**0.045**	**3.149**
五因子	443.223*	271	1.636	0.0000	0.953	0.929	0.036	0.030	0.042	2.294
六因子	377.581*	247	1.529	0.0000	0.964	0.941	0.033	0.026	0.039	1.962
七因子	309.355*	224	1.381	0.0001	0.977	0.957	0.028	0.020	0.035	1.633
八因子	261.267*	202	1.293	0.0031	0.984	0.967	0.024	0.015	0.032	1.409
九因子	224.362*	181	1.240	0.0156	0.988	0.973	0.022	0.010	0.031	1.003

最后,通过特征值和各种拟合指数的比较,将保留因子个数范围缩小至四因子至九因子,根据碎石图的拐点,最终缩小至四因子和五因子。四因子和五因子负荷结果呈现在表4-4中,考虑到每个因子负荷项目数至少需要3~5个的标准(MacCallum et al.,1999;Velicer and Fava,1998),五因子负荷显然是不适合的,因为仅有项目a68负荷在因子5(F5)中,项目数量过少。虽然五因子的拟合程度优于四因子,但因子负荷结构并不合理,因此四因子负荷显然更为恰当。

表4-4 居住空间资本使用价值的探索性因子负荷矩阵

变量	项目内容	四因子				五因子				
		F1	F2	F3	F4	F1	F2	F3	F4	F5
c81	室内冲水洗手间	0.150	**0.438**	0.256	0.026	0.094	**0.443**	0.032	0.105	0.326
c82	室内空间	**0.366**	0.194	-0.197	-0.185	**0.344**	0.196	-0.210	-0.197	0.045
c84	建筑质量问题	**0.372**	-0.013	-0.073	-0.170	**0.412**	0.002	-0.154	0.022	-0.133
c91	噪音状况	**0.694**	0.073	-0.088	0.102	**0.640**	0.070	0.052	-0.198	0.205
c92	空气质量	**0.737**	-0.018	-0.070	0.087	**0.665**	-0.030	0.016	-0.191	0.285
c93	休闲环境或设施	**0.721**	-0.043	0.078	0.018	**0.659**	-0.055	-0.032	-0.019	0.262
c94	水质	**0.590**	-0.014	0.069	-0.077	**0.598**	-0.009	-0.066	0.080	0.037
c95	治安状况	**0.683**	-0.022	-0.037	-0.033	**0.711**	-0.003	-0.015	-0.004	-0.074
c96	环境卫生	**0.788**	-0.016	0.055	-0.082	**0.805**	-0.005	-0.067	0.080	0.005
a61	小学	0.033	**0.535**	0.359	0.243	-0.063	**0.523**	0.257	0.073	0.469
a62	初中	-0.169	**0.515**	0.340	0.096	-0.290	**0.479**	0.080	0.004	0.448
a63	高中	0.026	**0.596**	-0.117	0.139	0.014	**0.617**	0.144	-0.255	0.084
a65	百货商店	-0.149	**1.002**	0.010	0.104	-0.091	**1.065**	0.196	-0.053	-0.017
a66	邮局	-0.091	**0.723**	0.470	-0.106	-0.284	**0.729**	-0.131	-0.001	0.654
a67	银行	0.095	**0.806**	0.141	-0.081	0.131	**0.816**	0.009	0.105	0.055
a68	公交站	0.138	0.402	**0.699**	-0.003	-0.007	0.358	0.011	0.366	**0.690**

续表

变量	项目内容	四因子				五因子				
		F1	F2	F3	F4	F1	F2	F3	F4	F5
a71	便利店（小商店/小卖部）	-0.290	0.381	0.026	**0.635**	-0.079	0.454	**0.782**	0.049	-0.529
a74	农贸市场	0.043	**0.672**	-0.047	-0.389	0.090	**0.690**	-0.305	0.027	-0.101
a76	社区医院/医疗服务站/诊所/卫生室	0.003	**0.968**	-0.744	-0.024	0.039	**1.040**	-0.023	-0.803	-0.205
a77	幼儿园	0.089	**0.655**	0.274	-0.270	0.217	**0.709**	-0.128	0.418	-0.213
a79	体育健身场所	-0.068	0.612	-0.215	**0.948**	-0.042	0.642	**0.920**	-0.463	0.040
a710	老年活动室	0.069	-0.196	0.042	**0.933**	0.158	-0.185	**0.908**	0.001	-0.086
a111	物业管理公司	-0.281	-0.038	**1.105**	-0.243	-0.220	-0.058	-0.014	**1.092**	-0.002
a112	业主委员会	0.037	0.155	**0.865**	0.384	0.166	0.171	0.530	**0.860**	0.034
a121	健身/体育活动的设施	0.189	-0.011	0.405	**1.038**	0.084	-0.066	**1.053**	0.015	0.778
a122	社区经常性地组织健身/体育活动	-0.211	0.007	**0.737**	0.059	-0.017	0.009	0.239	**0.880**	-0.349
a124	图书资料室等文化设施	0.158	-0.048	-0.147	**0.944**	0.343	-0.015	**0.995**	-0.089	-0.216
a125	社区经常性地组织一些文化活动	-0.265	0.084	**0.662**	-0.108	-0.277	0.056	-0.084	**0.681**	0.240
a13	社区备案的民间组织	-0.155	-0.017	**0.742**	0.601	-0.072	-0.001	0.694	**0.657**	0.004
	因子相关矩阵									
	F2	-0.097	1.000			-0.130	1.000			
	F3	-0.214	0.161	1.000		-0.187	-0.156	1.000		
	F4	-0.094	-0.107	-0.048	1.000	-0.230	0.296	-0.032	1.000	
	F5					-0.020	-0.001	0.076	0.113	1.000

因子 1（F1）由以下八个测量指标构成：室内空间（c82）、建筑质量问题（c84）、噪音状况（c91）、空气质量（c92）、休闲环境或设施（c93）、水质（c94）、治安状况（c95）、环境卫生（c96）。这八个指标主要指向受访者的居住感受，一方面包括了住房内部的问题，另一方面囊括了受访者对居住环境的满意度测量，是受访者对居住空间资本使用价值最为直观的感知指标。因此，将因子 1 命名为"居住环境"。

因子 2（F2）包括十个测量指标：室内冲水洗手间（c81）、小学（a61）、初中（a62）、高中（a63）、百货商店（a65）、邮局（a66）、银行（a67）、农贸市场（a74）、社区医院/医疗服务站/诊所/卫生室（a76）、幼儿园（a77）。除室内冲水洗手间（c81）外，该指标基本指向了社区周边资源的分布，幼儿园、小学、初中、高中是社区周边的教育资源；百货商店、邮局、银行、农贸市场、社区医院/医疗服务站/诊所/卫生室都是居民日常生活中必不可少的硬件设施，属于公共设施资源。因此，将因子 2 命名为"社区资源"。这两类资源都可能转化为居住空间的"经济资本",即直接影响房价。

因子3(F3)的测量指标包括:公交站(a68)、物业管理公司(a111)、业主委员会(a112)、社区经常性地组织健身/体育活动(a122)、社区经常性地组织一些文化活动(a125)、社区备案的民间组织(a13)。除公交站(a68)外,a122和a125都是社区组织文体活动的情况,反映了居委会的组织能力;物业管理公司和业主委员会同样反映了社区管理的不同方面,物业管理公司会影响到社区环境的维护,而业主委员会正是居民自主管理的代表;社区备案的民间组织主要是在社区的范围内开展一些满足居民需求的活动,从组织层面上激发社区的活力。因此,将因子3命名为"社区组织"。

因子4(F4)由便利店(小商店/小卖部)(a71)、体育健身场所(a79)、老年活动室(a710)、健身/体育活动的设施(a121)、图书资料室等文化设施(a124)五个测量指标构成。这五个指标全部指向了社区内部的便民设施,同时也包括了与文体活动相辅相成的文体设施,可能会在一定程度上影响居民的"文化资本"。因此,将因子4命名为"社区设施"。

(二)验证性因子分析(CFA)

验证性因子分析CFA主要处理观测指标与潜变量之间的关系,也被称作测量模型(measurement model),CFA作为检验量表或测验结构效度的工具而为研究者所熟知(Brown,2006;DiStefano and Hess,2005)。CFA与EFA同为处理观测变量和潜变量的方法,两者最显而易见的区别是:外显变量与潜在因子之间的关系是建模前确定的还是建模后推定的。EFA一般在分析之前并不明确各观测指标(量表项目)与潜在结构,即因子,之间的具体隶属关系,其关系是在分析之后确定的,所以EFA具有数据导向的特点,因此被称作数据驱动型分析(data-driven analysis)。与EFA不同,CFA在分析之前就确定了观测指标与潜在因子之间的隶属关系，所以 CFA 具有假设检验的特点，为理论驱动型分析（theory-driven analysis）。

对于居住空间资本使用价值的测量，前人并没有提出完整的理论框架，本章只能根据调查问卷所获得的观测指标和 EFA 分析结果，提出一个最为恰当的模型设定（model specification）。虽然设计问卷时，观测指标的设置并不是为本章所设定的，但问卷结构设计本身也是按照一定的规则进行的。在本章第二部分指标选取部分中，已经将问卷指标设置的基本理念进行了分析；在 EFA 的分析结果中同样也能看出问卷指标结构的设置。结合问卷指标设置的结构和本章的目的，对 EFA 分析得出的四个因子进行一定的修正，形成 CFA 的模型设定。根据随机抽样安排，对于总样本中的子样本 2 进行验证性因子分析。

因子 1（F1）为居住环境因子，既包括了住房质量的三个变量，即室内冲水洗手间（c81）、室内空间（c82）、建筑质量问题（c84），也包括了居住区环境的满意度测量，即噪音状况（c91）、空气质量（c92）、休闲环境或设施（c93）、水质（c94）、治安状况（c95）、环境卫生（c96）。因此，该因子包含了室内外居住环境的主要因素，与 EFA 分析结果相比，主要变化是将室内冲水洗手间（c81）负荷于该因子，这主要是依据问卷设计结构和本书对住房质量的假设。

因子 2（F2）为社区资源因子，主要是指社区周边的公共资源，是外在于社区的设施，测量标准是"是否在辖区内"。包含的测量指标如下：小学（a61）、初中（a62）、高中（a63）、百货商店（a65）、邮局（a66）、银行（a67）、公交站（a68）、农贸市场（a74）、社区医院／医疗服务站／诊所／卫生室（a76）、幼儿园（a77）。与 EFA 的结果有所不同，根据指标的性质，将公交站（a68）纳入该因子的负荷，将室内冲水洗手间（c81）剔除。

因子 3（F3）为社区组织因子，主要是对社区内组织、机构的测量，一方面测量是否有某些组织、机构能够反映出该社区的组织构架的完整程度,另一方面也通过测量一些活动来反映组织的能力。由物业管理公司(a111)、业主委员会(a112)、社区经常性地组织健身/体育活动(a122)、社区经常性地组织一些文化活动(a125)、社区备案的民间组织(a13)五个测量指标构成。与EFA分析结果的区别之处在于将公交站(a68)剔除,将其负荷于F2。

因子4(F4)为社区设施因子,主要是社区内部的一些设施情况,除了便利店(小商店/小卖部)(a71)这种便民生活设施外,还包括了体育健身场所(a79)、老年活动室(a710)、健身/体育活动的设施(a121)、图书资料室等文化设施(a124)等,为社区文化、体育活动提供了基础设施。该因子的结构与EFA结果基本吻合,未产生测量指标的变化。

模型设定好之后,需要检验所设定的模型是否能够识别,即理论模型是否存在合适的解。第一步要看样本协方差矩阵提供的信息是否充足,此规则为t法则。该模型共有29个测量指标,可以提供29个方差和406个协方差,共435个样本参数信息[p(p+1)/2=29*(29+1)/2=435]。

表4-5 居住空间资本使用价值的验证性因子负荷矩阵

项目内容	F1	F2	F3	F4
室内冲水洗手间	-0.054	0.000	0.000	0.000
室内空间太小	0.357	0.000	0.000	0.000
建筑质量问题	0.321	0.000	0.000	0.000
噪音状况	0.719	0.000	0.000	0.000
空气质量	0.863	0.000	0.000	0.000
休闲环境或设施	0.749	0.000	0.000	0.000
水质	0.588	0.000	0.000	0.000
治安状况	0.604	0.000	0.000	0.000
环境卫生	0.775	0.000	0.000	0.000
小学	0.000	0.609	0.000	0.000
初中	0.000	0.720	0.000	0.000
高中	0.000	0.579	0.000	0.000

项目内容	F1	F2	F3	F4
百货商店	0.000	**0.960**	0.000	0.000
邮局	0.000	**0.961**	0.000	0.000
银行	0.000	**0.837**	0.000	0.000
公交站	0.000	**0.681**	0.000	0.000
便利店（小商店/小卖部）	0.000	0.000	0.000	**0.904**
农贸市场	0.000	**0.681**	0.000	0.000
社区医院/医疗服务站/诊所/卫生室	0.000	**0.681**	0.000	0.000
幼儿园	0.000	**0.681**	0.000	0.000
体育健身场所	0.000	0.000	0.000	**0.904**
老年活动室	0.000	0.000	0.000	**0.904**
物业管理公司	0.000	0.000	**0.963**	0.000
业主委员会	0.000	0.000	**0.900**	0.000
健身/体育活动的设施	0.000	0.000	0.000	**0.947**
社区经常性地组织健身/体育活动	0.000	0.000	**0.963**	0.000
图书资料室等文化设施	0.000	0.000	0.000	**0.904**
社区经常性地组织一些文化活动	0.000	0.000	**0.963**	0.000
社区备案的民间组织	0.000	0.000	**0.963**	0.000
因子相关矩阵				
F2	-0.027	1.000		
F3	-0.354	0.302	1.000	
F4	0.043	-0.185	0.352	1.000

如果数据提供的信息少于模型需要估计的自由参数 t，则模型不能识别（under-identified），因为此时 p(p+1)/2-t=df<0；如果数据提供的信息正好等于需要估计的自由参数，则模型充分识别（just-identified），此时 df=0；如果数据提供的信息多于需要估计的自由参数，则模型过度识别（over-identified），df>0。换言之，t≤p(p+1)/2，才能够通过模型识别。表4-5 中的模型，t=74，即74 个自由参数，远远小于 435。因此，该模型过度识别。

另外，模型识别的必要条件之一是为潜变量设定单位，否则任何模型都无法识别。实践中常用的设定方法为固定指标负荷为 1 和固定因子方差为

1。在本次建模过程中，采用固定负荷法，对于每个因子中的一个测量指标设置固定负荷为 1。分别设定 F1 中环境卫生（c96）、F2 中百货商店（a65）、F3 中业主委员会（a112）、F4 中健身/体育活动设施（a121）四个测量指标的负荷为 1。需要说明的是，表 4-5 的结果为 STDYX 的标准化结果，因此表中四个变量的负荷并不等于 1。STDYX 是自变量和因变量都进行标准化，包括潜变量、结局变量、背景变量的方差。通过观察表 4-4 和 4-5，不难发现，室内冲水洗手间（c81）并不适合于 F1，负荷结果为负向并且负荷绝对值极低。

表 4-6　居住空间资本使用价值的 EFA 和 CFA 拟合指数

Sample	Model	χ^2	df	P-Value	CFI	TLI	RMSEA	90%	CI
子样本 1	EFA	524.876*	296	0.0000	0.937	0.914	0.039	0.034	0.045
子样本 2	CFA	967.695*	379	0.0000	**0.857**	**0.846**	**0.056**	0.052	0.060

　　通过模型设定、模型识别两个步骤后，模型拟合评价是必不可少的下一个步骤。表 4-6 的结果是子样本 1 的 EFA 拟合情况和子样本 2 的 CFA 拟合情况，与 EFA 的拟合程度相比，CFA 的拟合程度显然无法达到良好的程度。CFI 和 TLI 两个指数都未达到 0.9 的标准，RMSEA 也大于了 0.05 的标准值，显然 CFA 的模型假设并不能够达到良好的拟合效果，与 EFA 拟合结果相比，拟合程度大幅度下降。而这样的拟合结果会对后续的研究产生不良的影响，因此需要通过其他方法来提高模型的拟合程度，探索性结构方程模型恰好能够实现这样的预期。

（三）探索性结构方程模型（ESEM）

　　EFA 和 CFA 是使用最广泛的两种因子分析方法（Schmitt，2011）。通常情况下，CFA 无法重现 EFA 获得的因子结构（Asparouhov and Muthén，2009；Marsh et al.，2009；Marsh et al.，2011b）。探索性结构方程建模（exploratory structural equation modeling, ESEM）的测量模型类似于 EFA，但同时保留了 CFA 的功能（麦玉娇、温忠麟，2013）。ESEM 测量模型是 EFA 和 CFA 的混合体（a hybrid approach），整合了 EFA 的探索功能和 CFA 验证功能（Sass and Schmitt, 2011; Schmitt, 2011）。ESEM 具有了自动探索因子结构的功能，ESEM 与传统 EFA 一样，可估计题目在所有因子上的负荷，探索获得更接近真实的因子结构。在验证因子结构方面，ESEM 可以像 CFA 一样预设因子数目及题目，从而实现验证因子模型、分析因子结构效度、验证因子模型的测量等同性的功能。

ESEM 得到的因子模型与数据拟合更好（Marsh et al., 2010; 2011a; 2011b; 2013; Morin and Maïano, 2011）。表 4-7 的拟合结果说明了 ESEM 优于 CFA 的表现，与 CFA 结果相比，ESEM 修正后模型的 CFI 和 TLI 指数都更大，且大于 0.9 的标准值，ESEM 修正后模型的 RMSEA 指数为 0.043，小于 CFA 的结果，并且小于 0.05 的标准。如果同时与 EFA 和 CFA 进行比较，ESEM 的拟合结果优于 CFA，比 EFA 略差。使用 WLSMV 估计类别变量模型时，研究者推荐使用加权误差均方根（weighted root mean square residual, WRMR）作为评价模型拟合的指标，当 WRMR≤1.0 表示模型拟合尚可，〈0.8 表示好的拟合，值越小越好（Yu, 2002）。但在有些情况下其他拟合指数良好，而 WRMR 值很大，此时可不必在意（王孟成，2014:234）。虽然 ESEM 的 WRMR 指数并不小于 1，但 ESEM 的 WRMR 指数为 1.609，显然小于 CFA 的结果（2.388），这同样说明了 ESEM 的拟合程度更好。

表 4-7　居住空间资本使用价值的 EFA、CFA 和 ESEM 拟合指数

Sample	Model	χ^2	df	P-Value	CFI	TLI	RMSEA	90%	CI	WRMR
子样本 1	EFA	524.876*	296	0.0000	0.937	0.914	0.039	0.034	0.045	
子样本 2	CFA	967.695*	379	0.0000	0.857	0.846	0.056	0.052	0.060	2.388
子样本 2	ESEM 原模型	685.951*	337	0.0000	0.915	0.898	0.046	0.041	0.051	1.691
子样本 2	ESEM 修正后	646.213*	335	0.0000	**0.924**	**0.908**	**0.043**	0.038	0.048	1.609

　　根据问卷结构和 EFA 分析的结果,在表 4-8 的原模型中,将个人问卷中涉及的测量指标,即室内冲水洗手间($c81$)、室内空间($c82$)、建筑质量问题($c84$),也包括居住区环境的满意度测量,即噪音状况($c91$)、空气质量($c92$)、休闲环境或设施($c93$)、水质($c94$)、治安状况($c95$)、环境卫生($c96$),负荷于 F1。其他的测量指标都从社区问卷中获得,因此将这些测量指标共同负荷于三个因子,即 F2、F3 和 F4。观察原模型的因子负荷结果,显然并不理想,室内冲水洗手间($c81$)负荷为负向,并且负荷值过低。与 EFA 负荷情况相比,幼儿园($a77$)的负荷情况有所变动,由 F2 变动为 F4,幼儿园作为教育资源,显然与小学、初中、高中共同负荷于 F2 更为恰当。另外,表 4-7 中的 ESEM 原模型拟合结果并不十分理想,TLI 指数并未达到 0.9 的标准。基于上述原因,本章对模型进行了修订,将室内冲水洗手间($c81$)这一指标纳入后三个因子的负荷之中。根据表 4-7 的结果可知,修正后的模型拟合情况明显有所改善,因子负荷情况也与 EFA 的结果更为一致,说明该结果更为合理。

表 4-8　居住空间资本使用价值的 ESEM 因子负荷矩阵

项目内容	原模型				修正后			
	F1	F2	F3	F4	F1	F2	F3	F4
室内冲水洗手间	**-0.064**	0.000	0.000	0.000	0.000	**0.281**	**0.259**	-0.012
室内空间太小	**0.378**	0.000	0.000	0.000	**0.379**	0.000	0.000	0.000
建筑质量问题	**0.329**	0.000	0.000	0.000	**0.330**	0.000	0.000	0.000
噪音状况	**0.718**	0.000	0.000	0.000	**0.718**	0.000	0.000	0.000
空气质量	**0.865**	0.000	0.000	0.000	**0.865**	0.000	0.000	0.000
休闲环境或设施	**0.744**	0.000	0.000	0.000	**0.745**	0.000	0.000	0.000
水质	**0.584**	0.000	0.000	0.000	**0.585**	0.000	0.000	0.000
治安状况	**0.607**	0.000	0.000	0.000	**0.607**	0.000	0.000	0.000
环境卫生	**0.773**	0.000	0.000	0.000	**0.773**	0.000	0.000	0.000
小学	0.000	**0.514**	0.360	0.181	0.000	**0.514**	0.365	0.190
初中	0.000	**0.574**	0.474	0.106	0.000	**0.586**	0.476	0.114
高中	0.000	**0.744**	-0.083	0.189	0.000	**0.751**	-0.080	0.192
百货商店	0.000	**0.934**	0.323	-0.015	0.000	**0.898**	0.340	-0.021
邮局	0.000	**0.752**	0.621	-0.078	0.000	**0.749**	0.596	-0.057
银行	0.000	**0.825**	0.181	-0.004	0.000	**0.831**	0.185	0.002
公交站	0.000	0.478	**0.668**	0.059	0.000	0.484	**0.670**	0.071
便利店（小商店/小卖部）	0.000	**0.662**	-0.093	-0.319	0.000	0.351	0.425	**0.619**
农贸市场	0.000	**0.860**	-0.520	0.003	0.000	**0.663**	-0.087	-0.318
社区医院/医疗服务站/诊所/卫生室	0.000	**0.681**	0.252	-0.202	0.000	**0.858**	-0.523	0.003
幼儿园	0.000	0.361	0.427	**0.610**	0.000	**0.687**	0.261	-0.199
体育健身场所	0.000	0.605	-0.006	**0.910**	0.000	0.603	-0.006	**0.916**
老年活动室	0.000	-0.232	-0.004	**0.929**	0.000	-0.231	-0.005	**0.927**
物业管理公司	0.000	-0.007	**0.983**	-0.165	0.000	-0.011	**0.984**	-0.156
业主委员会	0.000	0.178	**0.848**	0.304	0.000	0.192	**0.856**	0.314
健身/体育活动的设施	0.000	0.011	0.278	**0.963**	0.000	0.010	0.279	**0.968**
社区经常性地组织健身/体育活动	0.000	-0.094	**0.994**	-0.043	0.000	-0.097	**0.994**	-0.031
图书资料室等文化设施	0.000	-0.021	-0.280	**0.950**	0.000	-0.022	-0.279	**0.947**
社区经常性地组织一些文化活动	0.000	0.002	**0.761**	-0.186	0.000	0.004	**0.761**	-0.177
社区备案的民间组织	0.000	-0.055	**0.886**	0.457	0.000	-0.057	**0.887**	0.468
因子相关矩阵								
F2	0.070	1.000			0.079	1.000		
F3	-0.350	0.014	1.000		-0.345	0.012	1.000	
F4	0.076	-0.180	-0.012	1.000	0.073	-0.186	-0.025	1.000

（四）最终模型

通过前文的子样本分析,构建了居住空间资本使用价值的测量模型,通过探索性因子分析、验证性因子分析和探索性结构方程,最终确定了因子模型,即表 4-8 中的修正后模型。接下来将在全样本中重新建构该模型,表 4-9

为拟合情况,表 4-10 为全样本的负荷情况。

与子样本的因子分析情况相比,全样本 ESEM 的拟合情况良好,CFI=0. 923,TLI=0.907,都大于 0.9 的标准,RMSEA=0.039,小于标准值 0.05,与子样本 2 的 ESEM 基本一致,优于子样本 2 的 CFA 拟合情况。虽然全样本 ESEM 的 WRMR 值大于子样本 2 的 ESEM,但仍然小于子样本 2 的 CFA 结果。综合上述指标,全样本的 ESEM 拟合情况良好,可以接受。

表 4-9　居住空间资本使用价值的子样本和全样本拟合指数

Sample	Model	χ^2	df	P-Value	CFI	TLI	RMSEA	90%	CI	WRMR
子样本 1	EFA	524.876*	296	0.0000	0.937	0.914	0.039	0.034	0.045	
子样本 2	CFA	967.695*	379	0.0000	0.857	0.846	0.056	0.052	0.060	2.388
子样本 2	ESEM	646.213*	335	0.0000	0.924	0.908	0.043	0.038	0.048	1.609
全样本	ESEM	844.311*	335	0.0000	**0.923**	**0.907**	**0.039**	0.036	0.042	2.070

因子 1(F1)为居住环境因子,既包括了住房质量的两个变量,室内空间($c82$)和建筑质量问题($c84$),因子负荷皆大于 0.35;也包括了居住区环境的满意度测量,即噪音状况($c91$)、空气质量($c92$)、休闲环境或设施($c93$)、水质($c94$)、治安状况($c95$)、环境卫生($c96$),因子负荷都大于 0.55。

表 4-10　居住空间资本使用价值的 ESEM 因子负荷矩阵(全样本)

项目内容	F1	F2	F3	F4
室内冲水洗手间	0.000	**0.317***	0.284***	-0.009
室内空间	**0.405***	0.000	0.000	0.000
建筑质量问题	**0.375***	0.000	0.000	0.000
噪音状况	**0.712***	0.000	0.000	0.000
空气质量	**0.814***	0.000	0.000	0.000
休闲环境或设施	**0.718***	0.000	0.000	0.000
水质	**0.582***	0.000	0.000	0.000
治安状况	**0.649***	0.000	0.000	0.000
环境卫生	**0.766***	0.000	0.000	0.000
小学	0.000	**0.469***	0.422***	0.090**
初中	0.000	**0.478***	0.556***	0.009
高中	0.000	**0.652***	-0.030	0.152

续表

项目内容	F1	F2	F3	F4
百货商店	0.000	**0.868*****	0.381***	0.043
邮局	0.000	**0.664*****	0.638***	-0.171***
银行	0.000	**0.827*****	0.203***	-0.058
公交站	0.000	0.374***	**0.657*****	-0.033
便利店（小商店/小卖部）	0.000	0.337***	0.325***	**0.714*****
农贸市场	0.000	**0.674*****	-0.019	-0.321***
社区医院/医疗服务站/诊所/卫生室	0.000	**0.898*****	-0.462***	0.006
幼儿园	0.000	**0.662*****	0.298***	-0.192***
体育健身场所	0.000	0.548***	-0.011	**0.899*****
老年活动室	0.000	-0.240***	-0.001	**0.943*****
物业管理公司	0.000	0.016	**0.999*****	-0.010
业主委员会	0.000	0.141	**0.825*****	0.358***
健身/体育活动的设施	0.000	-0.001	0.222***	**0.981*****
社区经常性地组织健身/体育活动	0.000	-0.138**	**0.975*****	0.203**
图书资料室等文化设施	0.000	0.006	-0.284***	**0.951*****
社区经常性地组织一些文化活动	0.000	0.007	**0.930*****	-0.332**
社区备案的民间组织	0.000	-0.099	**0.849*****	0.536***
因子相关矩阵				
F2	0.046	1.000		
F3	-0.344***	0.026	1.000	
F4	-0.029	-0.113**	-0.029	1.000

注：***$p<0.01$,**$p<0.05$,*$p<0.1$。

因子 2（F2）为社区资源因子主要是指社区周边的公共资源，包含的主要测量指标如下：小学（a61）、初中（a62）、高中（a63）、百货商店（a65）、邮局（a66）、银行（a67）、农贸市场（a74）、社区医院 / 医疗服务站 / 诊所 / 卫生室（a76）、幼儿园（a77），这些指标的负荷都在 0.45 的水平之上。根据 ESEM 的结果，室内冲水洗手间（c81），主要负荷在该因子上，负荷为 0.317，大于在 F3 的负荷。公交站（a68）在 CFA 的分析框架内应该负荷于该因子，但是根据 ESEM 的结果，该指标在 F3 上的负荷最高，在该因子上的负荷仅为 0.374。

因子 3（F3）为社区组织因子，主要由物业管理公司（a111）、业主委员会（a112）、社区经常性地组织健身 / 体育活动（a122）、社区经常性地组织一些文化活动(a125)、社区备案的民间组织(a13)五个测量指标构成,这五个测量指标在 F3 上的负荷值都在 0.8 以上。另外,公交站(a68)在该因子上的负荷为 0.657。

因子 4(F4)为社区设施因子,主要包括便利店(小商店 / 小卖部)(a71)、体育健身场所(a79)、老年活动室(a710)、健身 / 体育活动的设施(a121)、图书资料室等文化设施(a124),这五个指标在 F4 上的负荷都在 0.7 以上。

(五)检验:因子与社区平均房价的相关性分析

为了检验前文生成的四个因子是否有意义,本部分将对其与社区平均房价的相关性进行分析。为何选择社区平均房价?第一,在指标选取过程中,以上四个因子为居住空间资本使用价值的测量因子,选取的指标皆为与居住空间相关的指标,旨在估计每个受访者居住空间资本中使用价值部分的大小。使用价值与交换价值密不可分,检验使用价值因子需要从交换价值入手,社区平均房价正是交换价值的直接测量变量。第二,生成的四个因子都是从社区层面选取的指标,除了 F1 居住环境包括了住房质量的两个指标和个体对社区环境的评价外,其他三个因子(F2、F3 和 F4)皆为社区层面的测量因子,因而个体层面的房价并不适合检验这些因子的有效性,社区层面的平均房价更能代表该社区的整体水平。

为了后续分析解释的便利性,将使用价值的四个因子转化为 1~100 的标准分,其基本分布状况见表 4-11。其中,F2 社区资源因子的均值最低,仅为 36.937 分,F4 社区设施因子的均值最高,达到了 61.263 分,F1 居住环境因子和 F3 社区组织因子的分值分别为 46.326 分和 48.916 分。另外,将住房类型作为控制变量放入模型,住房类型主要指住房的性质,原始划分为"未经改造的老城区(街坊型社区)""单一或混合的单位社区""保障性住房社区""普通商品房小区""别墅区或高级住宅区""新近由农村社区转变过来的城市社区"和"农村社区",将"普通商品房小区"和"别墅区或高级住宅区"归为"商品房及以上",其他类型归为"非商品房"。

表4-11 因子与社区平均房价等变量的描述性统计

连续变量	N	平均值	标准差	最小值	最大值
社区平均房价	890	18639.33	9280.331	2500	40000
社区建造年限	890	23.580	14.584	2	63
F1 居住环境	994	46.326	14.923	1	100
F2 社区资源	994	36.937	20.668	1	100
F3 社区组织	994	48.916	21.248	1	100
F4 社区设施	994	61.263	16.782	1	100

离散变量	频次	频率	离散变量	频次	频率
社区位置			住房类型		
农村=1	107	10.76	商品房及以上=1	600	60.36
镇=2	149	14.99	非商品房=0	394	39.64
城乡接合部=3	139	13.98	总计	994	100
边缘城区=4	126	12.68			
中心城区=5	473	47.59			
总计	994	100			

以社区平均房价作为因变量进行分析,那么社区的位置和社区建造年限作为控制变量必不可少。社区的位置主要是指社区的地段,这是可能影响房价的重要变量,也是位置价值的集中体现。本书将其划分为"农村""镇""城乡接合部""边缘城区"和"中心城区",本次调查集中于中心城区,近半数的受访者居住于中心城区,其他四个地区的分布较为平均。社区的建造年限即为社区的年龄,通过"2012 年 – 社区建造年份"获得。

最后,为了验证前文生成的四个居住空间资本使用价值因子是否有效,对社区平均房价进行建模。为了观测四个因子对社区平均房价的影响,采用

空间资本、居住隔离与外来人口的社会融合

嵌套模型,参见表4-12。模型1仅有四个因子作为自变量,换言之,是四个因子对社区平均房价的净效应,模型2加入了"住房类型",模型3加入了"社区位置",模型4加入了"社区建造年限"。

根据模型1可知,居住空间资本使用价值的四个因子与社区平均房价都存在着显著的相关性。但是方向有所不同,F2、F3和F4与社区平均房价都是显著的正相关,F2每增加一分,社区平均房价提高44.839元;F3每增加一分,社区平均房价提高129.959元;F4每增加一分,社区平均房价提高159.305元。与此同时,F1与社区平均房价是负相关关系,F1每增加1分,社区平均房价降低48.174元。

模型2加入了住房类型变量,结果显示,商品房比非商品房的社区住房均价高6124.451元,并且在1%的水平上显著,住房类型会显著影响社区的住房均价。但是,F2的显著性消失,F1的显著性水平有所提高,四个因子的系数都略有缩小。当模型3控制了社区位置后,F1和F3的显著性消失,F2的显著性又再次呈现出来,模型4的结果与模型3一致,在控制了社区建造年限后,四个因子的系数和显著性基本稳定。

表4-12 社区平均房价的影响因素回归分析

变量	模型1 系数 [S.E.]	模型2 系数 [S.E.]	模型3 系数 [S.E.]	模型4 系数 [S.E.]
F1	-48.174** [20.532]	-62.605*** [19.939]	-19.570 [15.275]	-19.228 [15.277]
F2	44.839*** [15.035]	2.537 [15.493]	66.372*** [12.679]	66.984*** [12.691]
F3	129.959*** [17.493]	53.834*** [19.466]	-18.412 [15.353]	-21.859 [15.693]
F4	159.305*** [18.469]	117.314*** [18.633]	55.436*** [15.284]	49.982*** [16.126]

142

变量	模型1	模型2	模型3	模型4
	系数	系数	系数	系数
	[S.E.]	[S.E.]	[S.E.]	[S.E.]
住房类型[1]		6,124.451***	3,285.300***	3,338.220***
		[775.039]	[609.593]	[611.594]
社区位置[2]				
镇			7,352.192***	7,745.582***
			[1,288.958]	[1,341.290]
城乡接合部			9,591.506***	9,981.639***
			[1,257.988]	[1,310.694]
边缘城区			9,883.417***	10,168.214***
			[1,363.280]	[1,389.438]
中心城区			19,767.040***	19,988.154***
			[1,234.052]	[1,251.491]
社区建造年限				18.455
				[17.420]
常数项	2,358.018	7,092.731***	-1,409.141	-1,678.855
	[1,853.702]	[1,890.010]	[1,854.591]	[1,871.856]
N	890	890	890	890
R-squared	0.175	0.230	0.565	0.565

注:*** $p<0.01$,** $p<0.05$,* $p<0.1$,回归系数为非标准化系数,括号中为标准误。
1 参照组为"非商品房"　　2 参照组为"农村"

根据模型4的结果不难发现,影响社区平均房价最重要的变量为社区位置,与农村地区相比,"镇"地区的社区平均房价高7745.582元,"城乡接合部"的社区平均房价高9981.639元,"边缘城区"的社区平均房价高10168.214元,"中心城区"的社区平均房价高19988.154元。可见,"地段"确实是影响房价最为关键的因素。社区的建造年限对社区平均房价并未产生显著的影响。

在控制了社区位置和建造年限后,F1居住环境因子和F3社区组织因子对社区住房均价并未产生显著影响,F2社区资源因子和F4社区设施因子与社区住房均价存在着显著的正向影响。首先,社区周边资源和社区内部设施对于房价存在正向的显著影响,这一结论充分证明了使用价值与交换价值之间密切相关;其次,居住环境和社区组织与住房均价的不相关关系出现在控制了社区位置和年限后,这说明这两个因素对于社区均价的影响被"地段"这一关键因素所消弭。换言之,在控制地段的前提下,居住环境和社区组织不会影响社区的住房均价,而社区周边资源和内部设施还是会对其房价产生显著影响,这一结果与现实情况基本相符合。以学区房为例,重点学校的学区房一般分布于上海市中心城区,多为老旧社区,住房面积较小,居住环境较差,但为了孩子能够就读重点学校,很多父母甘愿放弃边缘地区或城乡接合部的大面积住房或别墅,而搬入中心地区求学。而这些学区房的房价普遍偏高,边缘地区的普通商品房或城乡接合部的别墅都无法与一套面积相对较小的学区房价格相媲美。当考虑到社区周边资源的时候,居住环境和居委会的组织管理能力都不再是购房者考虑的主要因素。因此,从这个角度进行分析,前文生成的四个因子是具有合理性的,与社区住房均价呈现出一定的相关关系,为后文的分析建模奠定了基础。

第五章
外来人口与本地人口居住空间资本的
差异性分析

前一章对于居住空间资本的指标建构过程进行了介绍，特别是使用价值的因子分析过程。本章将对上海市外来人口与本地人口在居住空间资本方面的差异性进行分析。根据前一章的指标构建框架，从交换价值和使用价值两个方面进行分析。与本地人相比，外来人口的居住空间资本是否表现出显著的劣势呢？

一、关于移民居住问题的文献回顾

"空间资本"是在城市规划学中提出的概念，但是本书将其引入了社会学的视域。当笔者将关注点聚焦于"居住空间资本"时，其实并不是社会学研究的陌生领域，可以将其与以往的住房研究进行类比。当然，居住空间资本的内容显然比住房要丰富许多，但是占有居住空间资本首先要租住或购买住房。西方住房研究有两个主要视角：经济学视角注重的是住房消费决策的投资属性，而社会人口学视角更加关心家庭人口特征与住房获得的关系

（Clark et al.，1994）。

从经济学的视角出发，购房是一种理性的家庭行为，会在预算允许的条件下，实现产权形式、住房面积、设施等方面的效用最大化。购房是一种消费决策，也是在住房市场的一种投资行为。因此，经济学对于住房研究采用的解释变量是收入、资产、住房价格等（Henderson and Ioannides，1987）。艾恩奈兹和罗森塔尔研究发现，财富和收入对住房投资需求很敏感，但人口学的变量和区位对住房消费需求更加敏感，对于大多数业主而言，住房消费是一种刚需，并不是投资行为（Ioannides and Rosenthal，1994）。另外，除了收入和财富外，住房价格、上涨率、贷款利率和失业率等都会对住房消费行为发挥显著作用（Ermisch and Di Salvo，1996）。

人口学、地理学和社会学学者则认为，购房行为并不是简单的投资或消费决策，而是与家庭特征和住房市场密切相关，因此家庭人口特征是更重要的因素（Clark and Dieleman，1996）。甚至有学者认为，与负担能力相比，个体生命周期的影响可能更加关键（Morrow-Jones，1988）。年龄、家庭结构和规模等人口学特征，以及婚姻和生育等生命历程中的重要经历对住房选择行为具有更加显著的影响（吴开泽、陈琳，2014）。克拉克等对美国和荷兰的住房市场进行了比较研究，两个国家的政策和市场环境不同，但是生命历程因素在购房行为中发挥着极为相似的作用（Clark et al.，1994）。因此，购房行为与家庭社会经济特征密切相关，既受住房市场的影响，也不能忽视生命历程因素的作用（Clark et al.，1994；Clark and Dieleman，1996）。克拉克等归纳了影响住房选择的四个主要因素，即家庭状况、生命历程重要事件、以前的住房（租房）、经济和住房市场状况，无论是经济因素还是社会人口因素都会导致居住行为的改变（Clark et al.，1997）。

杜德斌等（1996）总结了影响居住消费结构和居住选址倾向的诸多因

素。首先是购房者的经济实力，或者说是支付能力。受收入等因素的影响，购房者都会选择与自己实力相当的住房，在住房面积、设施、环境、质量等方面，都要与自身的支付能力相匹配。其次，家庭结构也是非常重要的影响因素，包括住户的家庭人口数、代际数、婚姻情况和年龄结构等，当购房者的支付能力到达一定水平后，家庭结构会影响购房者的决定。例如，在经济允许的情况下，家庭人口数较多的家庭会选择面积较大的住房。最后是与社会阶层相关的因素，如受教育程度、社会地位、家庭背景等，这些因素也会影响购房行为。人们更倾向于与同质性较高的人聚居，相同的文化水平、出身背景、兴趣习惯让人们更乐于聚居，从而形成了居住隔离的现象。择居和迁居问题已经形成了相当成熟的理论体系，主要代表性理论为入侵演替理论、住房过滤理论、家庭生命周期理论和互补理论。

入侵演替理论由伯吉斯(Burgess,1925)提出，用于描述移民的迁居过程。移民刚刚到达新的城市时，一般会选择居住于城市的中心区，这主要是出于工作便利的考虑。但是，中心区的房价较高并且房源紧张，因此移民会逐渐搬向外围区域。人们会不断向更高级的居住区迁移，移民搬入本地中低收入群体的社区，本地中低收入群体会搬入高级社区，而原来的高级社区居民会搬入更高级的社区。在这个过程中，迁居会形成一种不断入侵和演替的模式，以同心圆的形态不断传播。

住房过滤理论是由霍伊特(Hoyt,1939)提出，该理论描述了住房在不同收入人群之中流动的过程。随着时间的推进，住房也会老化、破损，高收入群体便会开始考虑购买新的住房来保持自己的生活质量。高收入者离开了原来的住房，会有一个中等收入者搬入其中，而中等收入者的住房又会被低收入者占据。住房在这一过程中不断地向下过滤，而人们会不断地向高级社区过滤。住房过滤理论为研究住房供给和人口迁移提供了一个行之有效的分析角度。

家庭生命周期理论源于罗西(Rossi,1980)的研究,该研究发现,迁居行为与迁居家庭的生命周期密切相关,该理论解释了人们一生当中的五次迁居行为。首先,一个人出生可能会导致家庭规模的扩大,那么可能会使这个家庭搬入一套更大的住房;接下来当这个人离开家时,发生第二次迁居行为;第三次迁居行为可能发生在结婚时;当孩子出生后,可能会出现第四次迁居行为;而当这个人逐渐步入老年,孩子离家后,会出现第五次迁居。这是一个循环的过程,随着家庭结构和规模的变化,对于住房的需求也发生了变化,人们自然会选择迁居来满足需求。

互补理论由阿隆索(Alonso,1964)提出,核心观点是从经济实力的角度出发,来解释人口的迁居行为。互补理论认为,当选择住房时,低收入群体受限于经济实力,只能选择住房面积较小、交通便利的城市中心区,而高收入群体的选择范围相对较大,他们可以选择人口密度较低、住房面积较大的郊区居住。互补理论为分析不同收入水平的家庭在城市中的迁居行为提供了经济学方面的解释。

上述四个理论对择居和迁居过程进行了解析,当我们从一个横截面来看待这一问题时,这些理论会呈现出城市在某一个时期的分布形态。这些理论也为我们呈现出了西方城市的基本形态,高收入群体聚居于城市边缘的高级社区,而低收入群体居住于靠近中心城区的没落旧住宅区,家庭生命周期是影响人们迁居行为的重要因素。

我国的外来人口问题较为特殊,制度性因素是不可忽视的。户口制度限制了外来人口的住房选择,张子珩(2005)的研究发现,受住房供给条件和需求能力的限制,流动人口在住房的可获得性、住房条件和居住的社区环境等方面都处于明显的劣势地位。根据以往国内文献和本书对上海市外来人口住房的现状分析，不难发现外来人口住房呈现出一定的特征：产权占有率低，人均住房面积小，住房质量差，集中分布于城乡接合部。在非制度性因素方面，林李月和朱宇（2008）研究发现，与户籍制度和个人特征相比，流动人口的两栖状态和过客心理对其在城镇居住状态的影响更为显著，而且这种影响使得受教育程度、收入水平等因素的影响出现了"反常"现象。侯慧丽和李春华（2013）的研究将关注点放在社区，发现工作的稳定性、工作性质和家庭结构会影响流动人口的社区选择。收入对居委会社区的流动人口住房状况影响较为明显，而流动方式和住房用途对在村委会社区居住的流动人口住房状况的影响更为明显。可见，除了住房外，居住空间中的社区也是不可忽视的。这与本书对社区资源、社区组织和社区设施的关注不谋而合，居住空间资本概念的提出，旨在将社区空间对个体的重要性与住房相结合，将居住空间的概念加以完善。

二、研究问题与研究假设

前文关于上海市外来人口居住状况的现状描述是以外来人口为研究对象，进一步分析了影响外来人口居住的因素。本章将外来人口和本地人口同时纳入模型，对二者的差异性进行分析。受户籍制度的限制，外来人口在住房获得方面受到了诸多局限。另外，外来人口在劳动力市场受到的歧视对其职业地位和收入也都会发挥显著的负向效应，也就是说，外来人口在经济收入方面也处于劣势。而住房市场改革后，住房的商品化决定了外来人口在住房市场也将处于劣势地位。

此处需要说明另一个问题，住房与职业地位等阶层因素有一个非常本质的区别，从财富累积的视角来看待这个问题，住房更可能是世袭的，对于大部分本地人口来说,生来就有父母传承下来的住房,虽然这套住房不一定有很大的面积或者很好的质量,但这是先赋性的。而无论是教育还是职业,从代际继承的角度来说,稳定性显然低于住房,大量的研究证明了中国社会的阶层分化和固化,阶层之间存在一定的屏障,但是教育和职业的代际流动性显然是高于住房的。当笔者从这个角度来考虑外来人口的居住问题时,无疑会得到一个假设,外来人口的住房产权占有会显著地低于本地居民,代际传递可能是其中重要的影响因素。再结合住房商品化和高昂房价的现状,提出本章的假设1:本地居民与外来人口在居住空间资本的交换价值方面存在显著的差异性,外来人口处于明显的劣势地位。

假设1.1:本地居民自有住房产权的可能性显著地高于外来人口。

不占有住房的产权,意味着并不拥有居住空间资本的交换价值,无法将该住房投入住房市场,与他人进行交换。因此,推出假设1.2:与本地居民相比,外来人口在拥有居住空间资本的交换价值方面处于劣势地位。

除了住房产权外,以往研究指出,外来人口在住房面积、住房条件方面都处于劣势。本书将人均居住面积、居住环境、社区资源、社区组织和社区设施作为居住空间资本使用价值部分的重要因素。那么,上海市外来人口在这些方面是否也与本地居民存在着显著的差异性呢?因此,提出假设2:本地居民与外来人口在居住空间资本的使用价值方面存在显著的差异性。

假设2.1:外来人口的人均居住面积少于本地居民。

假设2.2:与本地居民相比,外来人口的居住环境更差。

假设2.3:外来人口更可能居住于周边资源匮乏的社区。

假设2.4:外来人口更倾向于居住在组织管理能力较差的社区。

假设2.5:外来人口更可能居住于周边设施较差的社区。

三、研 究 设 计

(一)变量的选取和描述性统计

根据前一章指标体系的建构结果，本章将对指标体系中的变量进行逐一分析，比较本地人口和外来人口的差异性。首先对模型中涉及的所有变量进行描述性统计，说明变量的类型及分布情况。

本章的因变量为居住空间资本，包括了交换价值和使用价值两个部分。交换价值包括两个变量，即表5-1中的产权占有和交换价值。在本次调查中，66.46%的受访者居住于自有住房中，33.54%的受访者为租住或借住，并不占有产权。住房交换价值的平均值为88.71万元，最小值为并不占有住房产权的0元，最大值为1000万元。

使用价值包括五个变量，即人均居住面积、居住环境因子、社区资源因子、社区组织因子和社区设施因子。人均居住面积的均值为33.81平方米，最小值为0.67平方米，最大值为450平方米。居住环境因子的平均分为46.5分，社区资源因子的平均分为36.77分，社区组织因子的平均分为48.85分，社区设施因子的平均分为61.34分。

本章的核心自变量为户籍，根据户口所在地和户口性质最终划分为五类，45.5%的受访者为老上海非农户籍，10.12%的受访者为老上海农业户籍，14.11%为新上海非农户籍，8.79%为外来非农户籍，21.47%为外来农业户籍。本章的研究目的在于分析不同户籍群体在居住空间资本方面的差异性。

根据文献回顾的结果，与社会经济地位相关的受教育程度、单位性质、职业地位和收入都可能会影响住房的获得或选择，因此将这三个因素纳入模型。家庭生命周期很难以横截面数据获取，笔者选取了与家庭结构和生命周期相关的年龄、婚姻状况和子女情况来测量家庭生命周期的影响。另外，将性别、政治面貌和住房类型作为控制变量纳入模型。迁移时间是研究外来人口问题不可忽视的变量，因此在对外来人口建模的过程中，将迁移时间作为重要的自变量加入其中。此处需要说明的是，文献指出，流动人口可能会集中于与工作地点较近的单位宿舍或社区中生活，因此本章希望能够将问卷中"到工作地点的时间"进行测量。但是该变量缺失值较多，在978个样本中，包括58个缺失值，主要集中于农民和自雇者，这些群体并未对该问题进行回答，因此造成了大量的缺失值。考虑到模型的有效样本量有限，因此最终并未将该变量纳入模型。

表 5-1　变量的描述性统计

连续变量	N	均值	标准差	最小值	最大值
交换价值	978	88.71	108.74	0	1000
使用价值					
人均住房面积	978	33.81	31.01	0.67	450
F1居住环境	978	46.50	14.84	1	100
F2社区资源	978	36.77	20.59	1	100
F3社区组织	978	48.85	21.15	1	100
F4社区设施	978	61.34	16.82	1	100
年龄	978	44.54	14.64	17	70
收入	978	54109.90	322178.80	0	9999999
收入的对数	978	10.21	1.38	0	16.12
迁移时间	295	7.98	7.29	0	59

离散变量	频次	频率	离散变量	频次	频率
产权占有			子女情况		
占有=1	650	66.46	有子女=1	767	78.43
非占有=0	328	33.54	无子女=0	211	21.57
户籍			受教育程度		
老上海非农业=1	445	45.50	小学及以下=1	134	13.70
老上海农业=2	99	10.12	初中=2	278	28.43

续表

离散变量	频次	频率	离散变量	频次	频率
新上海非农业=3	138	14.11	职高/普通高中/中专/技校=3	255	26.07
外来非农业=4	86	8.79	大学专科及以上=4	311	31.80
外来农业=5	210	21.47	单位性质		
性别			无单位	159	16.26
男=1	519	53.07	非国有	475	48.57
女=0	459	46.93	国有	344	35.17
政治面貌			职业类别		
党员=1	121	12.37	工人	474	48.47
非党员=0	857	87.63	办事人员	132	13.50
婚姻状况			专业技术人员	190	19.43
有配偶=1	774	79.14	管理人员	73	7.46
无配偶=0	204	20.86	小业主及其他	109	11.15
住房类型					
商品房=1	590	60.33			
非商品房=0	388	39.67			

(二)交互分析结果

首先,对不同户籍群体的居住空间资本交换价值进行交互分析,结果参见图5-1。91.92%的老上海农业群体占有住房产权,比例最高,老上海非农业群体次之(86.74%),新上海非农业群体再次(83.33%),外来非农业群体占有住房产权的比例仅是本地人口的一半,约为44.19%,外来农业群体的住房产权占有率最低,仅有9.52%。而在交换价值方面,虽然老上海农业群体的住房占有率最高,但交换价值均价显然为本地人口中最低的,仅为55.4万元,新上海非农业群体(129.91万元)和老上海非农业群体(124.19万元)的交换价值均价最高,且较为接近。外来非农业群体的居住空间资本交换价值均值为73.07万元,低于本地非农业群体,而高于本地农业群体。外来农业群体的交

153

换价值最低,均值仅为 8.54 万元。

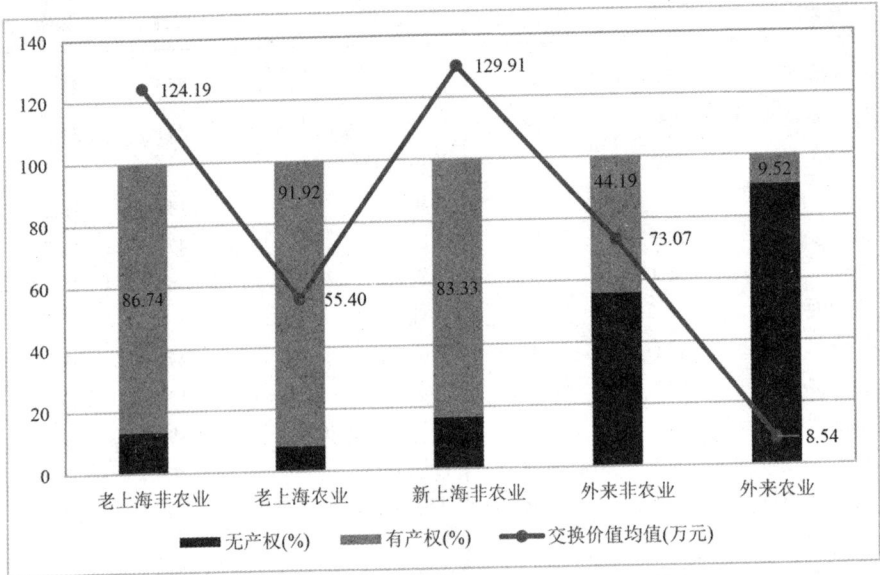

图 5-1 不同户籍群体的居住空间资本交换价值

　　其次,在居住空间资本的使用价值部分,不同户籍群体也呈现出了一定的差异性。在人均住房面积方面,老上海农业群体的人均居住面积均值最大(61.61 平方米),而外来农业群体的人均居住面积均值最小(26.53 平方米);在居住环境方面,老上海农业群体的平均居住环境得分最高(56.25 分),老上海非农业群体的居住环境得分最低(43.29 分);在社区资源方面,新上海非农业群体居住社区的资源平均得分最高(42.32 分),外来农业群体的平均分最低(27.45 分);在社区组织方面,新上海非农业群体的社区组织平均分最高(56.58 分),老上海农业群体的平均分最低(24.21 分);五个群体在社区设施方面的差异并不显著,新上海非农业群体的平均分最高(64.03 分),外来农业群体的平均分最低(59.74 分)(参见图 5-2)。

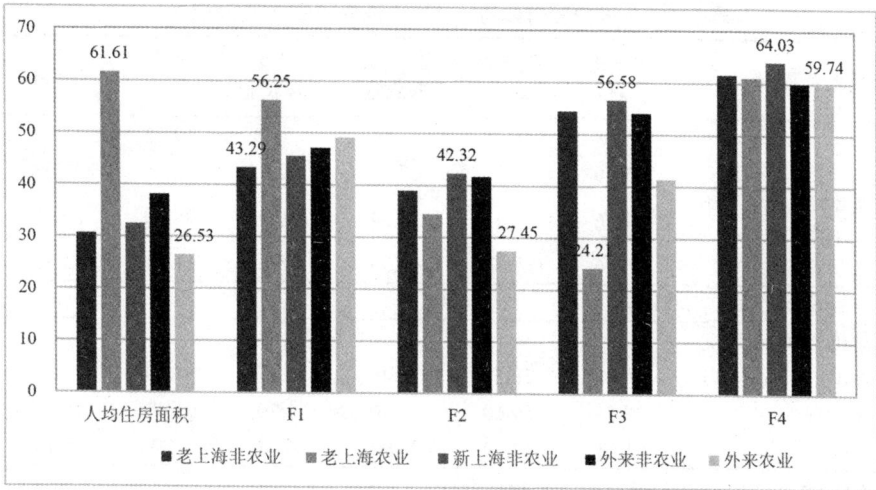

图 5-2　不同户籍群体的居住空间资本使用价值

最后,对不同户籍群体的社会经济地位进行描述性分析(参见表 5-2)。在受教育程度方面,老上海非农业群体集中于职高/普通高中/中专/技校(31.46%)和大学专科及以上(35.96%),老上海农业群体集中于小学及以下(49.49%)和初中(31.31%);新上海非农业群体集中于大学专科及以上(46.38%)和初中(27.54%),外来非农业群体集中于大学专科及以上(65.12%)和职高/普通高中/中专/技校(20.93%),外来农业群体集中于初中(40.95%)和职高/普通高中/中专/技校(28.10%)。卡方检验结果显示,不同户籍群体在受教育方面存在显著的差异性。外来非农业群体、新上海非农业群体和老上海非农业群体的受教育程度显著地高于农业户籍群体。

表 5-2　不同户籍群体的社会经济地位变量交互分析(%)

受教育程度	老上海非农业	老上海农业	新上海非农业	外来非农业	外来农业	Total
小学及以下	7.19	49.49	7.25	2.33	19.52	13.70
初中	25.39	31.31	27.54	11.63	40.95	28.43
职高/普通高中/中专/技校	31.46	12.12	18.84	20.93	28.10	26.07
大学专科及以上	35.96	7.07	46.38	65.12	11.43	31.80
Pearson chi2(12)=250.1661		Pr=0.000				
单位性质						
无单位/自雇/自办	9.44	28.28	5.80	10.47	34.29	16.26
非国有	39.55	59.60	41.30	62.79	61.43	48.57
国有	51.01	12.12	52.90	26.74	4.29	35.17
Pearson chi2(8)=214.4561		Pr=0.000				
职业类别						
工人	47.64	60.61	37.68	23.26	61.90	48.47
办事人员	16.63	7.07	18.84	13.95	6.19	13.50
专业技术人员	21.35	7.07	27.54	38.37	8.10	19.43
管理人员	6.52	3.03	13.04	15.12	4.76	7.46
小业主及其他	7.87	22.22	2.90	9.30	19.05	11.15
Pearson chi2(20)=143.7379		Pr=0.000				
N	445	99	138	86	210	978

在单位性质方面,51.01%的老上海非农业群体在国有单位,59.60%的老上海农业群体在非国有单位,52.9%的新上海非农业群体在国有单位,62.79%的外来非农业群体在非国有单位,61.43%的外来农业群体在非国有单位。可见,本地非农业户籍集中于国有单位,而外来人口和本地农业户籍群体集中于非国有单位,另外,34.29%的外来农业群体无单位/自雇/自办,比例最高。卡方检验结果显示,不同户籍群体在单位性质方面也存在着显著的差异。

在职业地位方面,总体来看,48.47%的受访者为工人阶层,13.5%为办事人员,19.43%为专业技术人员,7.46%为管理人员,11.15%为小业主及其他阶层。老上海农业群体(60.61%)和外来农业群体(61.90%)集中于工人阶层;在办事人员阶层中,新上海非农业群体(18.84%)和老上海非农业群体(16.63%)的比例最高;专业技术人员方面,外来非农业群体(38.37%)和新上海非农业群体(27.54%)比例最高;在管理人员阶层比例最高的两个群体为外来非农业群体(15.12%)和新上海非农业群体(13.04%);老上海农业群体(22.22%)和外来农业群体(19.05%)是小业主及其他职业中比例最高的两类。卡方检验结果显示,不同户籍群体在职业地位方面存在显著的差异性。根据分布情况可知,外来非农业群体和新上海非农业群体处于较高的职业地位。

(三)统计模型

本章主要包含的统计模型为两种,即多元线性回归和多层线性回归。与交换价值、人均使用面积和居住环境因子(F1)的分析方法有所不同,对于社区资源因子(F2)、社区组织因子(F3)和社区设施因子(F4)而言,在控制社区层次社区位置变量的模型中,本章也并未使用多层线性模型进行分析。这主要是由于前一章在生成因子时,F1 主要的组成指标为个人问卷中的住房质量和社区环境满意度等,而 F2、F3 和 F4 三个因子的外显变量为社区问卷中的指标。本章为了分析个体层面因素的影响,将其值对应地赋予了个人,但这三个因子本身就与社区位置变量属于同一层次。因此,将社区位置作为控制变量来研究 F2、F3 和 F4 三个因子时,多层线性模型并不适用,本章采用了一般多元线性回归。另外,住房产权占有使用了 Logit 模型。

四、研究结果与发现

本节将对居住空间资本包括的主要变量进行建模分析，旨在比较外来人口和本地人口在居住空间资本方面的差异性。

(一)交换价值

是否占有住房产权决定了受访者是否拥有居住空间资本的交换价值。因此，笔者对住房产权建模，以期了解本地居民与外来人口在产权占有方面的差异性。首先，模型 1 和模型 2 为全部样本的 logit 建模结果。模型 1 仅对户籍因素进行了分析，结果显示，与老上海非农业群体相比，老上海农业群体和新上海非农业群体与其在住房产权占有方面并不存在显著的差异性，但是外来非农业群体和外来农业群体都表现出了显著的差异性，并且呈现负相关，系数为 odds ratio，小于 1 表示 odds 为负数，即负相关关系。模型 2 加入了其他变量，但户籍变量对住房产权占有的影响依然显著，与老上海非农业群体相比，外来非农业群体占有住房产权的可能性降低了 87.6%(=1−0.124)，外来农业群体占有住房产权的可能性降低了 98.4%(=1−0.016)。可见，与本地居民相比，外来人口占有住房产权的可能性大大降低。另外，新上海非农业群体占有住房产权的可能性降低了 44.6%(=1−0.554)。

为了进一步比较外来人口内部的差异性，对于外来人口样本进行单独建模。根据模型 4 的结果可知，与外来农业群体相比，外来非农业群体占有住房产权的可能性是其 7.323 倍，即使模型 5 中加入了其他变量，外来非农业群体占有住房产权的可能性依然显著地高于外来农业群体，为其 7.272 倍。由此可知，就外来人口而言，非农业户籍和农业户籍群体之间也存在着显著的差异性。虽然都是来自上海以外的其他地区,但非农业户籍的外来人口在住房产权占有方面显然表现出了巨大的优势。结合模型 1 和模型 2 的结果可知,无论是土生土长的上海本地居民还是"新上海人",即后致性获得上海户籍的群体,在住房产权占有方面都显著地优于外来人口,换言之,外来人口由于户籍壁垒而在住房产权占有方面处于劣势地位。而来自其他城市非农业户籍的外来人口在住房产权占有方面又优于外来农业户口,农村进城务工人员无疑处于上海市住房产权占有的最底层。另外,婚姻状况和迁移时间都是影响外来人口住房产权占有的重要因素,有配偶的外来人口比无配偶的外来人口获得住房产权的可能性高 3.336 倍(=4.336-1);迁移时间每增加 1 年,外来人口获得住房产权的可能性就随之提高 10.1%(=1.101-1)。

表 5-3　影响不同户籍群体产权占有的 Logit 分析

变量	全样本			外来人口	
	模型1	模型2	模型3	模型4	模型5
	odds ratio [S.E.]	odds ratio [S.E.]	odds ratio [S.E.]	odds ratio [S.E.]	odds ratio [S.E.]
户籍[1]					
老上海农业	1.739 [0.686]	1.257 [0.551]			
新上海非农业	0.764 [0.205]	0.554** [0.159]			
外来非农业	0.121*** [0.031]	0.124*** [0.036]		7.323*** [2.352]	7.272*** [3.930]
外来农业	0.016*** [0.004]	0.016*** [0.006]			
性别[2]		0.721 [0.145]	0.803 [0.132]		0.398** [0.172]
年龄		0.998 [0.057]	1.096* [0.053]		0.929 [0.112]

续表

变量	全样本			外来人口	
	模型1	模型2	模型3	模型4	模型5
	odds ratio [S.E.]	odds ratio [S.E.]	odds ratio [S.E.]	odds ratio [S.E.]	odds ratio [S.E.]
年龄的平方		1.000	1.000		1.001
		[0.001]	[0.001]		[0.001]
政治面貌[3]		1.293	1.095		0.960
		[0.411]	[0.311]		[0.603]
受教育程度[4]					
初中		0.688	1.018		1.640
		[0.265]	[0.279]		[1.078]
职高/普通高中/中专/技校		0.512	1.276		1.397
		[0.215]	[0.380]		[1.060]
大学专科及以上		0.786	4.302***		2.490
		[0.385]	[1.541]		[2.194]
单位性质[5]					
非国有		0.831	1.862**		0.869
		[0.323]	[0.526]		[0.502]
国有		1.108	3.406***		1.977
		[0.470]	[1.092]		[1.567]
职业类别[6]					
办事人员		1.570	1.523		0.633
		[0.492]	[0.407]		[0.487]
专业技术人员		1.576	1.352		1.367
		[0.461]	[0.341]		[0.799]
管理人员		2.040*	1.162		3.206
		[0.868]	[0.397]		[2.311]
小业主及其他		1.475	1.845*		0.742
		[0.660]	[0.617]		[0.492]
收入的对数		0.888	0.833**		0.807
		[0.079]	[0.064]		[0.115]
婚姻状况[7]		1.591	0.988		4.336**
		[0.457]	[0.246]		[2.766]
子女情况[8]		2.178**	1.472		1.337
		[0.739]	[0.427]		[0.781]

续表

变量	全样本			外来人口	
	模型1	模型2	模型3	模型4	模型5
	odds ratio [S.E.]	odds ratio [S.E.]	odds ratio [S.E.]	odds ratio [S.E.]	odds ratio [S.E.]
迁移时间					1.101*** [0.033]
常数项	6.542*** [0.915]	9.599 [14.303]	0.077** [0.088]	0.105*** [0.025]	0.310 [0.804]
Pseudo R^2	0.3762	0.4217	0.2196	0.1420	0.2962
N	978	978	978	295	295

注：*** $p<0.01$，** $p<0.05$，* $p<0.1$，系数为 odds ratio，括号内为标准误。

1 参照组为"老上海非农业"　　2 参照组为"女性"　　　　3 参照组为"非党员"

4 参照组为"小学及以下"　　　5 参照组为"无单位"　　　6 参照组为"一般工人"

7 参照组为"无配偶"　　　　　8 参照组为"无子女"

模型 3 在不考虑受访者户籍的情况下，受访者的年龄、受教育程度、单位性质和收入情况都是影响其是否占有住房产权的关键因素。受访者年龄每增加 1 岁，其住房产权占有的可能性便提高 9.6%（=1.096−1）；拥有大学专科及以上学历的受访者占有住房产权的可能性是小学及以下学历的受访者的 4.302 倍；非国有单位的受访者占有住房产权的可能性是无单位受访者的 1.862 倍，国有单位的受访者是无单位受访者的 3.406 倍；收入的对数每增加 1 个单位，其占有住房的可能性将下降 16.7%（=1−0.833）。比较有趣的问题是，当模型 2 加入户籍变量后，受访者的年龄、受教育程度、单位性质和收入情况对其是否占有住房产权都不再发挥显著作用。由此可以进一步说明，户籍对于生活在上海的居民的重要性，尤其是在住房产权的占有方面。另外，当加入户籍变量后，子女情况变量的显著性凸显出来了，有子女的受访者占有住房产权的可能性是没有子女受访者的 2.178 倍。

本书提出居住空间资本的概念，旨在与以往的住房研究有所区分，以往的大量研究将研究核心定位于住房的产权、面积和质量，而真正能够代表居住空间资本交换价值的变量应该是住房的市值。此处需要说明的是，每一套住房都有其相应的交换价值，但并不是每个受访者都占有了该交换价值，只有拥有相应房产产权的受访者才拥有居住空间资本的交换价值。因此，居住空间资本的交换价值与住房产权密不可分，不持有住房产权，比如租住、借住的受访者，并不拥有住房的交换价值，因为他／她没有权力将住房投入住房市场进行交换。换言之，不占有住房产权意味着并不拥有相应居住空间资本的交换价值，仅仅拥有使用价值，那么其交换价值为 0 元；占有住房产权意味着掌握了将相应房产投入市场进行交换的权利，其交换价值为该处房产的市值。因此，交换价值与住房产权高度相关，住房产权变量不宜放入表 5-4 的模型之中。

表 5-3 的结果说明了上海本地人相对于外来人口在住房产权占有方面的显著优势，因此表 5-4 的结果与表 5-3 相呼应，相较于老上海非农业群体，外来非农业群体和外来农业群体占有的居住空间资本交换价值更低。通过模型 6 至模型 8 的嵌套模型结果，不难发现，两大群体之间的差异是非常显著并且十分稳健的。模型 8 的结果说明，与老上海非农业群体相比，外来非农业群体占有的居住空间资本交换价值少 68.67 万元；外来农业群体占有的交换价值少 92.3 万元，且都在 1% 的水平上显著。模型 1 的结果说明，就住房产权占有情况而言，上海本地居民中并未呈现出差异性，无论是否是农业户籍，或者是否为土生土长的上海人，都并未发挥显著作用，模型 2 中新上海非农业群体表现出了一定的劣势。但是表 5-4 的因变量为交换价值，此时上海本地人口之间的差异性便呈现出来，根据模型 8 的结果，与老上海非农业群体相比，老上海农业群体占有的居住空间交换价值低 46.024 万元，新上海非农业群体占有的交换价值少 20.825 万元。

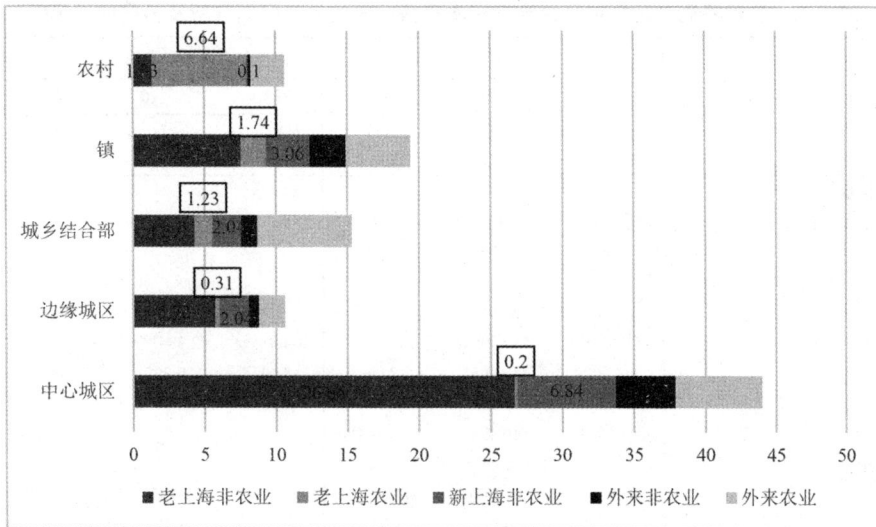

图5-3　上海市不同户籍人口在不同位置的分布情况(%)

　　由上述结果可知,在本书涉及的五类不同户籍人口中,老上海非农业户籍是在占有居住空间资本交换价值方面最具优势的群体。这其中的原因易于理解,老上海农业人口多生活于农村地区或较为边缘的地区,占有的住房市值较低(参见图5-3)。而新上海非农业群体虽然基本不会选择居住于农村地区,但是较为平均地分布于其他四类地区,因此平均的住房市值也会显著地低于老上海非农业群体。需要进一步指出的是,新上海非农业群体与老上海非农业群体的差异性是在模型8加入社区层次的社区位置变量后才凸显出来的,模型6和模型7的该系数都不显著。换言之,只有在控制了"地段"这个重要的因素后,新上海非农业群体在交换价值占有方面的劣势才会呈现出来。

表 5–4 影响不同户籍群体居住空间资本交换价值的线性回归分析及多层线性模型

变量	全样本			外来人口		
	模型6	模型7	模型8	模型9	模型10	模型11
	系数 [S.E.]	系数 [S.E.]	系数 [S.E.]	系数 [S.E.]	系数 [S.E.]	系数 [S.E.]
户籍[1]						
老上海农业	-68.791***	-44.988***	-46.024**			
	[10.850]	[12.038]	[20.130]			
新上海非农	5.711	-9.586	-20.825**			
	[9.514]	[9.403]	[7.976]			
外来非农	-51.125***	-55.809***	-68.670***	60.681***	42.384***	32.755***
	[11.502]	[11.598]	[12.061]	[8.195]	[10.999]	[9.442]
外来农业	-115.652***	-80.603***	-92.300***			
	[8.175]	[10.494]	[11.564]			
性别[2]		-10.267*	-9.141		-9.126	-13.406
		[6.207]	[6.162]		[7.993]	[9.315]
年龄		-0.718	1.049		-3.214	-2.784*
		[1.790]	[1.344]		[2.267]	[1.531]
年龄的平方		0.018	-0.006		0.043	0.038**
		[0.019]	[0.014]		[0.027]	[0.018]
政治面貌[3]		17.773*	24.209**		20.873	17.696
		[9.967]	[11.162]		[14.282]	[23.086]
受教育程度[4]						
初中		10.233	7.313		9.027	9.718
		[10.974]	[8.614]		[11.747]	[8.104]
职高/普通高中/中专/技校		12.845	9.061		13.631	12.526*
		[12.186]	[8.945]		[13.115]	[7.311]
大学专科及以上		49.789***	29.334**		20.951	31.109**
		[14.563]	[13.079]		[16.788]	[14.515]
单位性质[5]						
非国有		-7.909	-4.384		3.998	7.025
		[11.692]	[7.303]		[10.705]	[7.238]
国有		-8.754	-1.371		-9.637	-7.025
		[12.941]	[9.155]		[16.281]	[14.198]
职业类别[6]						
办事人员		3.674	-4.766		-5.872	-7.411
		[9.729]	[9.392]		[14.443]	[15.220]
专业技术人员		5.163	2.601		10.362	8.611
		[9.410]	[5.980]		[12.196]	[9.419]
管理人员		33.663**	19.506		40.968**	31.721
		[13.221]	[13.850]		[15.965]	[26.756]
小业主及其他		12.152	12.992		1.887	5.782
		[13.223]	[9.177]		[12.120]	[8.328]
收入的对数		-3.933	-4.036		-6.828**	-5.485
		[2.419]	[2.650]		[3.119]	[7.948]

续表

	全样本			外来人口		
	模型6	模型7	模型8	模型9	模型10	模型11
变量	系数 [S.E.]	系数 [S.E.]	系数 [S.E.]	系数 [S.E.]	系数 [S.E.]	系数 [S.E.]
婚姻状况[7]		23.963** [9.543]	11.289 [6.942]		22.489* [11.437]	7.239 [13.597]
子女情况[8]		7.028 [11.641]	17.033* [8.844]		3.571 [12.058]	15.537 [16.192]
住房类型[9]		32.414*** [7.273]	9.277 [27.048]		17.175** [8.266]	6.016 [19.751]
迁移时间					1.746*** [0.577]	1.883*** [0.692]
常数项	124.195*** [4.629]	87.537* [45.751]	114.977*** [12.748]	8.543* [4.399]	81.494 [50.527]	35.203*** [9.684]
社区层：社区位置[10]						
边缘城区			-28.485 [39.748]			20.056 [35.063]
城乡结合部			-53.952** [22.124]			-6.945 [17.011]
镇			-25.388 [23.932]			-2.491 [17.736]
农村			-72.682*** [15.239]			-30.531*** [9.832]
随机效应						
社区整体平均水平U0			2875.541*** [386.366]			1226.457*** [108.944]
个体层效应R			7067.365			3419.558
自由度df			33			30
ICC			0.2892			0.2640
N	978	978	978	295	295	295
R-squared	0.197	0.274		0.158	0.296	

注：*** p<0.01，** p<0.05，* p<0.1；系数为非标准化系数，括号内为标准误。模型6、模型7、模型9和模型10为一般线性回归模型；模型8和模型11为多层线性模型，常数项为个体层，即层–1截距G00，随机效应部分系数为方差分量，括号内为卡方值。

1 参照组为"老上海非农业"　　2 参照组为"女性"　　　3 参照组为"非党员"

4 参照组为"小学及以下"　　5 参照组为"无单位"　　6 参照组为"一般工人"

7 参照组为"无配偶"　　　　8 参照组为"无子女"　　9 参照组为"非商品房"

10 参照组为"中心城区"

模型 7 的结果显示,性别、政治面貌、受教育程度、管理人员职业类别和婚姻状况都是影响受访者居住空间资本中交换价值占有情况的重要因素。首先需要说明的是,本章将"性别"作为控制变量纳入模型,但是性别并不具有分析的意义。因为本次调查只是询问了是否占有该处住房,并未询问房产证登记情况,也就是说,这里控制的性别仅为受访者的性别,即使受访者占有该处房产,也无法确认该处房产是在受访者还是受访者配偶,或者其他亲属名下。模型 7 中,管理人员阶层在交换价值占有方面也表现出了显著的优势,管理人员阶层,即国家机关、企事业单位负责人及高级管理人员,占有居住空间资本的交换价值比普通工人高 33.663 万元。有配偶的受访者在居住空间资本交换价值占有方面比无配偶者高 23.963 万元。当模型 8 纳入社区层次变量,即社区位置后,性别、职业类别和婚姻状况的影响不再显著,政治面貌和受教育程度的影响依然稳健。党员身份有助于提高受访者占有居住空间资本的交换价值,党员占有的居住空间交换价值比非党员高 24.209 万元。受教育程度对居住空间资本交换价值的占有也存在显著的正效应,与小学及以下学历受访者相比,大学专科及以上受访者占有交换价值高出 29.334 万元。另外,子女情况的作用凸显,与表 5-3 结果相呼应,当控制社区位置后,是否有子女会影响到受访者的住房产权以及居住空间资本交换价值的占有情况,有子女的受访者比没子女的受访者交换价值高 17.033 万元。

为了进一步分析外来人口内部的差异性,模型 9 至模型 11 对外来人口的交换价值占有情况进行了分析。模型 9 仅包含了一个核心自变量,即外来人口的户口类型,将外来农业户口作为参照组,外来非农业户口在居住空间资本的交换价值占有方面表现出了显著的优势。与外来农业群体相比,外来非农业群体拥有的居住空间资本交换价值高出 60.681 万元,当模型 10 中加入其他个人层次变量后,该系数缩小至 42.384 万元,当模型 11 控制社区层

次的位置因素后,该系数进一步缩小至 32.755 万元,但三个系数都是在 1%
的水平上显著,表现十分稳健。根据模型 10 的结果,管理人员职业类别、收
入、婚姻状况和迁移时间是影响外来人口居住空间资本交换价值占有的重
要因素,但当社区层次的位置变量纳入后,职业类别、收入和婚姻状况的显
著性随之消失,仅有迁移时间变量依然显著。模型 11 的结果显示,迁移时间
每增加 1 年,外来人口占有的交换价值将随之增加 1.883 万元。另外,控制社
区位置后,年龄、受教育程度的影响明显。与小学及以下学历相比,拥有职高
/ 普通高中 / 中专 / 技校学历的外来人口占有的居住空间资本交换价值高出
12.526 万元, 而拥有大学专科及以上学历的外来人口交换价值高出 31.109
万元。可见,对于外来人口而言,农业户口和受教育程度是将其隔离在住房
市场之外的关键因素。换言之,"农村进城务工人员"作为低学历外来农业群
体的代表,在上海市获得住房产权的可能性很低,相应地,其占有的居住空
间资本交换价值也极低。前文图 5 1 的交互分析结果也说明了这一点,外来
农业群体占有住房产权的比例仅为 9.52%, 且占有交换价值均价仅为 8.54
万元。

(二)使用价值

对于居住空间资本的使用价值部分, 前一章已经对相关的因素进行了
因子分析,包括了住房质量、居住环境以及社区层面的诸多变量,最终结合
理论建构和数据驱动合成了四个因子。那么本部分将对使用价值的五个方
面进行分析,除了四个因子外,为了与以往的住房研究形成对比,将人均居
住面积作为其中一个重要方面进行单独分析,并未放入因子分析之中。

1.人均居住面积

人均居住面积是使用价值的重要方面,会直接影响人们的居住感受,空

间过于狭小将会严重影响居住体验。模型12的结果显示，老上海农业群体的人均居住面积比老上海非农业群体大30.981平方米，外来非农业群体的人均居住面积也比老上海非农业群体大7.509平方米，而外来农业群体比老上海非农业群体小4.1平方米。模型13加入了个体层面的其他控制变量后，外来农业群体与老上海非农业群体之间的差异性消失，老上海农业群体和外来非农业群体在人均居住面积方面依然显著地大于老上海非农业群体。但是，当模型14控制了社区层面的位置因素后，老上海农业群体和外来非农业群体的优势也消失了，各群体之间的差异性都不显著了。这说明如果不考虑社区位置，老上海农业群体和外来非农业群体在人均居住面积方面大于老上海非农业群体，但是他们的差异性主要来源于位置。换言之，居住于同样位置的不同户籍群体之间在人均居住面积方面并未呈现出显著的差异性。可见，与房价密切相关的位置因素是影响人们居住问题的重要因素，根据模型14的结果，与中心城区相比，边缘城区的人均居住面积大8.564平方米，镇的人均居住面积大13.447平方米，农村的人均居住面积大40.364平方米。

根据模型13，除了户籍变量外，个人层面的年龄、受教育程度、职业类别、产权所有、婚姻状况、子女情况都会对受访者的人均居住面积产生显著影响。当模型14加入社区层面的位置因素后，产权所有的显著性消失，受教育程度的作用明显减弱。在年龄方面，年龄和年龄的平方项系数都表现出了显著性，年龄的系数为正，年龄的平方项系数为负，因此受访者的人均居住面积随年龄呈现倒"U"型变化。与小学及以下学历相比，拥有初中学历的受访者人均住房面积减小7.997平方米，职高/普通高中/中专/技校学历的受访者人均住房面积减少11.254平方米，当控制社区位置后，受教育程度的显著性明显减弱，初中与小学及以下学历的差异性不再显著。在职业类别方面,模型 13 中专业技术人员的人均居住面积比工人阶层大 4.805 平方米,管理人员阶层的人均居住面积比工人阶层大 13.399 平方米,当模型 14 控制了社区位置后,管理人员阶层的人均住房面积依然显著地大于普通工人阶层,系数缩小至 11.195 平方米,专业技术人员的人均居住面积也显著地大于普通工人阶层(coefficient=4.822,p<0.01)。婚姻状况和子女情况对于受访者的人均居住面积都存在负效应,根据模型 14 的结果,有配偶的受访者在人均居住面积方面比无配偶的受访者小 11.558 平方米;有子女的受访者比无子女的人均居住面积小 8.52 平方米。

表 5-5　影响不同户籍群体人均居住面积的多元线性回归分析及多层线性模型

变量	全样本			外来人口		
	模型12	模型13	模型14	模型15	模型16	模型17
	系数 [S.E.]	系数 [S.E.]	系数 [S.E.]	系数 [S.E.]	系数 [S.E.]	系数 [S.E.]
户籍[1]						
老上海农业	30.981*** [3.276]	26.556*** [3.664]	7.132 [5.094]			
新上海非农业	1.823 [2.873]	2.805 [2.867]	1.402 [2.205]			
外来非农业	7.509** [3.473]	9.584*** [3.690]	3.660 [3.394]	10.928** [4.624]	3.413 [6.737]	7.140 [4.939]
外来农业	-4.100* [2.468]	4.756 [3.720]	-1.642 [3.391]			
性别[2]		-0.245 [1.890]	-0.252 [1.473]		2.059 [4.787]	3.599 [2.857]
年龄		1.338** [0.544]	1.558*** [0.572]		2.572* [1.357]	2.857** [1.144]
年龄的平方		-0.011* [0.006]	-0.013*** [0.006]		-0.030* [0.016]	-0.035*** [0.013]
政治面貌[3]		1.031 [3.032]	1.159 [2.816]		-8.858 [8.523]	-13.394*** [4.425]
受教育程度[4]						
初中		-7.997** [3.339]	-4.286 [2.638]		1.454 [7.016]	0.895 [7.872]
职高/普通高中/中专/技校		-11.254*** [3.712]	-5.305* [2.986]		-1.995 [7.829]	-1.835 [5.751]
大学专科及以上		-5.693 [4.431]	-3.064 [3.446]		4.782 [10.033]	-2.847 [8.808]

续表

变量	全样本			外来人口		
	模型12	模型13	模型14	模型15	模型16	模型17
	系数 [S.E.]	系数 [S.E.]	系数 [S.E.]	系数 [S.E.]	系数 [S.E.]	系数 [S.E.]
单位性质[5]						
非国有		0.714	-0.099		1.370	1.265
		[3.556]	[2.733]		[6.388]	[5.541]
国有		-5.064	-2.106		4.477	5.068
		[3.936]	[2.573]		[9.769]	[6.351]
职业类别[6]						
办事人员		2.935	1.524		7.676	8.845*
		[2.962]	[2.085]		[8.640]	[5.257]
专业技术人员		4.805*	4.822***		2.882	2.957
		[2.865]	[1.807]		[7.279]	[4.013]
管理人员		13.399***	11.195***		21.654**	21.669***
		[4.026]	[4.071]		[9.563]	[5.874]
小业主及其他		4.851	6.619		2.797	1.944
		[4.023]	[4.595]		[7.233]	[5.572]
收入的对数		0.477	0.640		-1.019	-1.700
		[0.737]	[0.777]		[1.867]	[1.201]
产权所有[7]		9.399***	-0.230		-1.987	-5.499
		[2.728]	[2.282]		[6.310]	[4.296]
住房类型[8]		-3.369	2.952		5.022	5.678
		[2.224]	[3.081]		[4.969]	[5.838]
婚姻状况[9]		-9.377***	-11.558***		-5.514	-4.968
		[2.906]	[2.508]		[6.891]	[4.191]
子女情况[10]		-7.942**	-8.520***		-7.743	-10.005**
		[3.553]	[2.795]		[7.197]	[3.868]
迁移时间					0.008	0.105
					[0.353]	[0.400]
常数项	30.631***	4.139	25.961***	26.531***	-9.065	26.177***
	[1.398]	[14.098]	[2.686]	[2.482]	[30.226]	[3.626]
社区层：社区位置[11]						
边缘城区			8.564*			13.609
			[4.276]			[8.744]
城乡接合部			2.321			3.559
			[6.025]			[8.052]
镇			13.447***			9.951
			[2.950]			[6.157]
农村			40.364***			17.609
			[7.296]			[19.876]
随机效应						
社区整体平均水平U0			93.664***			195.140***

170

变量	全样本			外来人口		
	模型12	模型13	模型14	模型15	模型16	模型17
	系数 [S.E.]	系数 [S.E.]	系数 [S.E.]	系数 [S.E.]	系数 [S.E.]	系数 [S.E.]
个体层效应R			[155.157] 687.899			[77.879] 1099.774
自由度df			33			30
ICC			0.1200			0.1510
N	978	978	978	295	295	295
R-squared	0.100	0.176		0.019	0.086	

注:*** p<0.01,** p<0.05,* p<0.1;系数为非标准化系数,括号内为标准误。

模型12、模型13、模型15和模型16为一般线性回归模型;模型14和模型17为多层线性模型,常数项为个体层,即层-1截距G00,随机效应部分系数为方差分量,括号内为卡方值。

1 参照组为"老上海非农业"　　2 参照组为"女性"　　3 参照组为"非党员"
4 参照组为"小学及以下"　　　5 参照组为"无单位"　　6 参照组为"一般工人"
7 参照组为"非自有"　　　　　8 参照组为"无配偶"　　9 参照组为"无子女"
10 参照组为"非商品房"　　　　11 参照组为"中心城区"

模型15仅包含了户籍变量,与外来农业群体相比,外来非农业群体的人均居住面积大10.928平方米,并且在5%的水平上显著。模型16和模型17依次加入个人层面的其他变量和社区层面的位置因素后,外来非农群体和外来农业群体在人均居住面积方面的差异性并不显著。根据模型17的结果,年龄、政治面貌、职业类别、子女情况是显著影响外来人口人均居住面积的变量,外来人口的年龄对其人均居住面积呈现为倒"U"型效应;与非党员相比,外来人口中的党员群体并未表现出人均居住面积的优势,反而小13.394平方米;职业阶层地位对外来人口人均居住面积的影响为正效应,与普通工人阶层相比,外来人口中的办事人员阶层人均居住面积大8.845平方米,管理人员阶层大21.669平方米;有子女对于外来人口人均居住面积的影响为负效应,有子女的外来人口比无子女的外来人口人均居住面积小10.005平方米。由此可见,对于外来人口而言,与职业密切相关的社会经济地位才是影响其人均居住面积的关键所在。

2.居住环境因子

居住环境因子主要包含了住房质量和受访者对居住环境满意度的测评。根据模型 18 的结果,与老上海非农业群体相比,老上海农业群体的居住环境因子高 12.962 分,外来非农业群体高 3.810 分,外来农业群体高 5.818 分;当模型 19 加入个体层面的其他变量后,新上海非农业群体与老上海非农业群体的差异性显现出来, 新上海非农业群体比老上海非农业群体的居住环境因子高 2.588 分;当模型 20 进一步控制社区层次的位置变量后,老上海农业与老上海非农业群体之间的差异消失, 可见二者之间的差异性被位置因素所消弭。这与城市化的进程存在密切联系,随着城市化的推进,住房开发由市中心逐渐走向郊区,造成了市中心的社区较为老旧,而边缘地区的住房由于开发时间较晚,社区环境建设更为优化。模型 20 的社区层次位置变量恰巧说明了这一点,边缘城区、镇和农村地区的居住环境因子得分都显著地高于中心城区, 与中心城区相比,边缘城区的居住环境因子得分高 4.764 分, 镇的居住环境得分高 6.728 分, 农村地区的居住环境因子得分高 17.221 分。根据前文的交互分析结果可知,大部分的老上海非农业群体聚居于较为中心的位置,因此老上海非农业群体的住房质量和社区居住环境并不优于居住于更为边缘地区的其他群体,因而造成了老上海非农业群体居住环境因子较低的结果。另外,由于调查问卷中并未对客观社区环境进行测量,因而在指标选取时只能由主观居住环境满意度代替,因此也可能会使结果产生一定的偏差。但是,主观满意度能够更为直接地反映受访者的居住感受,因此,作为使用价值的测量也具有其合理性。

根据模型 19 的结果可知,受教育程度和单位性质与居住环境因子都表现出显著的负相关关系。在模型 20 进一步控制了社区层次的社区位置变量后,这两个因素的影响依然显著。由模型 20 的结果可知,与小学及以下学历水平相比,拥有初中学历的受访者的居住环境因子得分低 4.171 分,职高 /普通高中 / 中专 / 技校受访者的居住环境因子得分低 3.878 分,大学专科及以上受访者的居住环境因子得分低 5.588 分。受教育程度与居住环境因子的负相关有两种可能的解释,一是高学历群体对居住环境的预期偏高,二是与单位性质影响一起考虑,可能是单位制的延续效应。就单位性质而言,与无单位的受访者相比,非国有单位受访者的居住环境因子得分低 3.145 分,国有单位受访者的居住环境因子得分低 3.725 分。可见,与无单位的受访者相比,有单位的受访者居住环境因子得分较低。这需要将制度的解释引入其中,1998 年住房改革之前,住房是单位福利的重要部分。因此,有单位的受访者,尤其是国有单位的受访者,如果依然居住于单位的福利分房之中,那么这些社区的居住环境得分可能会偏低,无法与住房改革后的商品房社区的环境相比。因此,国有单位和非国有单位的受访者的居住环境得分显著地低于无单位受访者,这可能是住房改革前单位福利分房造成的影响。

表 5-6 影响不同户籍群体居住环境因子(F1)的多元线性回归分析及多层线性模型

变量	全样本			外来人口		
	模型18	模型19	模型20	模型21	模型22	模型23
	系数 [S.E.]	系数 [S.E.]	系数 [S.E.]	系数 [S.E.]	系数 [S.E.]	系数 [S.E.]
户籍[1]						
老上海农业	12.962***	7.675***	1.568			
	[1.591]	[1.801]	[1.784]			
新上海非农	2.222	2.588*	2.554*			
	[1.395]	[1.409]	[1.323]			
外来非农	3.810**	5.738***	5.237***	-1.892	4.275*	3.640
	[1.687]	[1.813]	[1.682]	[1.807]	[2.549]	[2.979]
外来农业	5.818***	4.722***	4.700***			
	[1.199]	[1.828]	[1.488]			
性别[2]		0.958	0.935		0.377	1.319
		[0.929]	[0.953]		[1.812]	[1.623]
年龄		-0.257	-0.170		0.646	0.433

续表

变量	全样本			外来人口		
	模型18	模型19	模型20	模型21	模型22	模型23
	系数 [S.E.]	系数 [S.E.]	系数 [S.E.]	系数 [S.E.]	系数 [S.E.]	系数 [S.E.]
		[0.268]	[0.250]		[0.513]	[0.377]
年龄的平方		0.003	0.003		-0.006	-0.003
		[0.003]	[0.003]		[0.006]	[0.005]
政治面貌3		0.149	-1.006		-2.643	-3.489
		[1.490]	[1.551]		[3.225]	[3.204]
受教育程度4						
初中		-6.697***	-4.171**		-6.362**	-5.335*
		[1.641]	[1.984]		[2.655]	[2.910]
职高/普通高中/中专/技校		-6.780***	-3.878**		-8.504***	-6.187***
		[1.824]	[1.816]		[2.963]	[2.296]
大学专科及以上		-8.201***	-5.588**		-12.336***	-11.984***
		[2.178]	[2.167]		[3.797]	[3.389]
单位性质5						
非国有		-3.644**	-3.145**		-2.474	-3.280
		[1.748]	[1.547]		[2.417]	[2.202]
国有		-5.519***	-3.725**		-0.106	0.838
		[1.935]	[1.804]		[3.697]	[3.666]
职业类别6						
办事人员		-1.284	-1.171		-4.881	-3.207
		[1.456]	[1.056]		[3.270]	[2.619]
专业技术人员		-0.279	-1.266		-1.540	-0.026
		[1.408]	[1.234]		[2.755]	[2.862]
管理人员		-0.547	-0.508		0.045	0.218
		[1.979]	[1.637]		[3.619]	[4.610]
小业主及其他		-3.994**	-3.484*		-4.109	-3.232
		[1.977]	[1.876]		[2.737]	[2.360]
收入的对数		0.176	0.507		-0.400	-0.360
		[0.362]	[0.337]		[0.706]	[0.452]
产权所有7		1.636	-1.060		-2.782	-2.937
		[1.341]	[1.433]		[2.388]	[2.822]
住房类型8		-1.310	2.320		-0.914	6.526
		[1.093]	[4.152]		[1.880]	[6.367]
婚姻状况9		0.414	-0.266		1.649	1.013
		[1.428]	[1.332]		[2.608]	[2.442]
子女情况10		1.237	-0.365		-2.246	-2.079
		[1.746]	[1.397]		[2.723]	[2.716]
迁移时间					-0.191	-0.353**
					[0.134]	[0.155]

续表

变量	全样本			外来人口		
	模型18	模型19	模型20	模型21	模型22	模型23
	系数 [S.E.]	系数 [S.E.]	系数 [S.E.]	系数 [S.E.]	系数 [S.E.]	系数 [S.E.]
常数项	43.288*** [0.679]	54.480*** [6.929]	42.673*** [0.959]	49.106*** [0.970]	50.634*** [11.438]	47.843*** [1.245]
社区层：社区位置[11]						
边缘城区			4.764** [1.975]			1.465 [1.626]
城乡结合部			1.503 [2.828]			-3.433 [2.583]
镇			6.728*** [2.231]			3.650 [2.967]
农村			17.221*** [2.103]			9.499*** [2.506]
随机效应						
社区整体平均水平U0			17.009*** [116.6197]			13.020*** [50.392]
个体层效应R			171.414			159.740
自由度df			33			30
ICC			0.0900			0.0750
N	978	978	978	295	295	295
R-squared	0.072	0.130		0.004	0.130	

注：*** p<0.01，** p<0.05，* p<0.1；系数为非标准化的回归系数，括号内为标准误。

模型18、模型19、模型21和模型22为一般线性回归模型；模型20和模型23为多层线性模型，常数项为个体层，即层－1截距G00，随机效应部分系数为方差分量，括号内为卡方值。

1 参照组为"老上海非农"　　2 参照组为"女性"　　3 参照组为"非党员"

4 参照组为"小学及以下"　　5 参照组为"无单位"　　6 参照组为"一般工人"

7 参照组为"非自有"　　　　8 参照组为"无配偶"　　9 参照组为"无子女"

10 参照组为"非商品房"　　11 参照组为"中心城区"

在居住环境方面，外来农业群体和非农群体之间并未表现出非常显著的差异性。仅在模型22中，外来非农群体比外来农业群体的居住环境得分高4.275分，在10%的水平上显著，但模型23控制社区层次的社区位置变量后，二者之间的差异性不再显著。与全样本模型相类似，受教育程度同样是影响外来人口居住环境因子的重要变量。在模型23中，与小学及以下学历相比,初中学历的外来人口的居住环境因子得分低 5.335 分;职高 / 普通高中 / 中专 / 技校学历的外来人口得分低 6.187 分;大学专科及以上学历的外来人口得分低 11.984 分。另外,迁移时间对外来人口的居住环境存在一定的影响,迁移时间每增加 1 年,其居住环境因子得分将降低 0.353 分,这一显著效应在控制了社区位置后呈现出来。

3.社区资源因子

社区资源因子主要由社区周边的资源构成,如学校、银行、百货商店等,根据前一章的分析结果, 社区资源因子与社区平均房价存在着显著的正向相关关系,是影响房价的重要指标。根据模型 24 的结果,与老上海非农业群体相比,老上海农业群体的社区资源因子低 4.489 分,新上海非农群体的社区资源得分高 3.34 分,而外来农业群体的社区资源因子低 11.537 分。在模型 25 控制个体层面的其他变量后,老上海农业群体和新上海非农业群体的差异性不再显著,外来非农群体的差异性显现,比老上海非农群体的社区资源因子得分高 4.213 分。当模型 26 进一步控制社区位置变量后,外来非农业群体的显著性再次消失,老上海农业群体与老上海非农业群体的差异性凸显出来,老上海农业群体的社区资源因子得分比老上海非农业群体低 6.374 分。外来农业群体与老上海非农业群体之间在社区资源方面的差异性非常显著且稳健,无论加入个体层面的其他变量,还是社区位置变量后,显著性依旧,且外来农业群体的社区资源比老上海非农群体低 9.573 分(见模型 26)。可见,在社区资源方面,新上海非农业群体和外来非农业群体与老上海非农业群体并未呈现出显著的差异性,而老上海农业群体和外来农业群体表现出了显著的劣势。

模型 25 为包含了全部个体层面变量的模型,受教育水平、单位性质、产权所有、住房类型和婚姻状况都表现出了对社区资源因子的显著影响,但是当模型 26 控制了社区位置后,仅有住房类型变量依然显著,商品房的社区资源因子得分比非商品房高 18.576 分。前一章的分析结果显示,在控制了社区位置的前提下,社区资源因子与社区平均房价呈现显著正相关,换言之,在控制社区地段的前提下,社区资源越多,其社区的平均房价越高。模型 26 的结果显示了不同地段之间社区资源的差异性,与中心城区相比,边缘城区的社区资源高 4.806 分,城乡接合部的社区资源高 2.981 分,镇的社区资源高 20.625 分,农村地区的社区资源高 17.878 分。社区资源与居住环境相类似,越是城市边缘地区的社区,其配套设施越完备。此处需要说明的是,该社区资源因子通过社区辖区内是否存在各种资源指标合成,因此该因子的大小,代表了社区周边资源的完备程度,但并不意味着资源的质量优劣。以学校为例,本次调查只问及辖区内是否有小学、初中和高中,但并未涉及学校的等级,因此无法测量社区资源的质量优劣,只能测量资源的完备程度。如果调查结果能够将学校等级考虑进去, 地区间的差异性很可能会出现符号反向的结果,中心城区的社区虽然完备程度不如边缘地区,但各种资源等级较高,重点学校也更多。

表 5–7 影响不同户籍群体社区资源因子(F2)的多元线性回归分析

变量	全样本			外来人口		
	模型24	模型25	模型26	模型27	模型28	模型29
	系数 [S.E.]	系数 [S.E.]	系数 [S.E.]	系数 [S.E.]	系数 [S.E.]	系数 [S.E.]
户籍[1]						
老上海农业	-4.489** [2.216]	-0.626 [2.421]	-6.374** [2.564]			
新上海非农业	3.340* [1.943]	1.336 [1.895]	-0.010 [1.754]			
外来非农业	2.734 [2.349]	4.213* [2.438]	0.154 [2.272]	14.405*** [2.683]	9.928*** [3.567]	6.891** [3.045]
外来农业	-11.537*** [1.670]	-7.418*** [2.459]	-9.573*** [2.295]			
性别[2]		0.047 [1.249]	0.151 [1.154]		-2.334 [2.535]	-2.271 [2.149]

空间资本、居住隔离与外来人口的社会融合

变量	全样本			外来人口		
	模型24	模型25	模型26	模型27	模型28	模型29
	系数 [S.E.]	系数 [S.E.]	系数 [S.E.]	系数 [S.E.]	系数 [S.E.]	系数 [S.E.]
年龄		-0.268	-0.199		0.887	1.455**
		[0.360]	[0.334]		[0.718]	[0.610]
年龄的平方		0.002	0.002		-0.013	-0.019**
		[0.004]	[0.004]		[0.009]	[0.007]
政治面貌[3]		-0.268	-1.339		-5.098	-4.947
		[2.004]	[1.856]		[4.513]	[3.783]
受教育程度[4]						
初中		1.216	2.597		2.397	4.136
		[2.207]	[2.042]		[3.714]	[3.137]
职高/普通高中/中专/技校		-3.271	0.334		0.788	4.032
		[2.453]	[2.287]		[4.145]	[3.504]
大学专科及以上		-5.878**	-2.644		-4.213	-2.020
		[2.928]	[2.728]		[5.312]	[4.456]
单位性质[5]						
非国有		-3.943*	-3.212		-8.313**	-6.547**
		[2.350]	[2.174]		[3.382]	[2.874]
国有		-4.374*	-2.779		5.356	4.464
		[2.601]	[2.403]		[5.172]	[4.342]
职业类别[6]						
办事人员		-1.928	-1.758		-0.039	-1.851
		[1.958]	[1.809]		[4.574]	[3.827]
专业技术人员		-0.843	-0.527		-3.761	-2.867
		[1.893]	[1.746]		[3.854]	[3.222]
管理人员		0.913	1.348		7.001	6.589
		[2.661]	[2.455]		[5.063]	[4.234]
小业主及其他		0.227	1.641		-2.768	-2.555
		[2.659]	[2.454]		[3.830]	[3.211]
收入的对数		-0.091	0.318		0.751	1.681**
		[0.487]	[0.450]		[0.988]	[0.830]
产权所有[7]		6.064***	1.513		1.374	-2.196
		[1.803]	[1.711]		[3.341]	[2.900]
住房类型[8]		14.046***	18.576***		16.522***	22.526***
		[1.470]	[1.433]		[2.631]	[2.367]
婚姻状况[9]		3.964**	2.861		7.505**	6.871**
		[1.920]	[1.775]		[3.649]	[3.053]

续表

变量	全样本			外来人口		
	模型24	模型25	模型26	模型27	模型28	模型29
	系数	系数	系数	系数	系数	系数
	[S.E.]	[S.E.]	[S.E.]	[S.E.]	[S.E.]	[S.E.]
子女情况[10]		-2.431	-3.796*		-6.518*	-9.255***
		[2.348]	[2.174]		[3.810]	[3.232]
迁移时间					-0.008	0.099
					[0.187]	[0.162]
社区位置[11]						
边缘城区			4.806**			2.088
			[1.950]			[3.820]
城乡接合部			2.981*			1.496
			[1.777]			[2.746]
镇			20.625***			26.041***
			[1.650]			[2.736]
农村			17.878***			18.643***
			[2.690]			[4.062]
常数项	38.985***	39.850***	25.484***	27.448***	5.457	-27.135*
	[0.945]	[9.317]	[8.730]	[1.440]	[16.003]	[13.905]
N	978	978	978	295	295	295
R-squared	0.066	0.183	0.309	0.090	0.294	0.515

注：*** p<0.01，** p<0.05，* p<0.1；系数为非标准化的回归系数，括号内为标准误。
1 参照组为"老上海非农业"　　2 参照组为"女性"　　3 参照组为"非党员"
4 参照组为"小学及以下"　　5 参照组为"无单位"　　6 参照组为"一般工人"
7 参照组为"非自有"　　8 参照组为"无配偶"　　9 参照组为"无子女"
10 参照组为"非商品房"　　11 参照组为"中心城区"

　　模型27至模型29是针对外来人口群体的建模结果。模型27说明，外来非农业群体在社区资源方面比外来农业群体高14.405分；当模型28加入个体层面的其他变量后，该系数缩小至9.928分，但依然在1%的水平上显著；当模型29加入社区位置变量后，外来非农业群体的社区资源得分比外来农业群体高6.891分，在5%的水平上显著。可见，在社区资源方面，相对于外来农业群体而言，外来非农业群体表现出了绝对的优势。结合全样本模型的结果，本地人口与外来人口在社区资源方面的差异性主要体现在外来农业群体的劣势地位上,外来非农业群体与本地人并未出现显著的差异性。另外,年龄、单位性质、收入、住房类型、婚姻状况和子女情况都是影响外来人口社区资源的重要变量。根据模型 29 的结果,外来人口的社区资源因子得分随年龄呈现倒"U"型效应;与无单位者相比,非国有单位的外来人口的社区资源得分低 6.547 分;收入的对数每增加 1 个单位,外来人口的社区资源因子得分提高 1.681 分;居住于商品房的外来人口的社区资源因子得分比居住于非商品房的外来人口高 22.526 分;有配偶的外来人口在社区资源因子得分方面比无配偶高 6.871 分;但是,有子女的外来人口在社区资源因子得分方面比无子女的外来人口低 9.225 分。

4.社区组织因子

社区组织因子主要由社区内的组织和管理情况等指标构成,代表了社区的组织和管理水平。根据模型 30 的结果,与老上海非农业群体相比,老上海农业群体的社区组织因子得分低 30.246 分;外来农业群体的社区组织因子得分低 13.107 分;新上海非农业群体和外来非农群体与老上海非农业群体在社区组织方面并未呈现出显著的差异性。在模型 31 加入了个体层面的其他变量后,老上海农业群体和外来农业群体的显著性依然稳健,系数有所缩小。但是当模型 32 加入社区位置变量后,四个群体与老上海非农业群体间的差异都不再显著。换言之,在控制社区地段的情况下,不同户籍群体间的社区组织因子并不存在显著差异,但如果不考虑居住的位置,那么不同户籍群体间的社区组织因子是存在一定的差异性的,尤其是老上海农业群体和外来农业群体表现出了明显的劣势。

表5-8　影响不同户籍群体社区组织因子(F3)的多元线性回归分析

变量	全样本			外来人口		
	模型30	模型31	模型32	模型33	模型34	模型35
	系数 [S.E.]	系数 [S.E.]	系数 [S.E.]	系数 [S.E.]	系数· [S.E.]	系数 [S.E.]
户籍[1]						
老上海农业	-30.246***	-13.975***	-1.155			
	[2.079]	[1.932]	[2.055]			
新上海非农业	2.123	-0.424	0.104			
	[1.823]	[1.512]	[1.406]			
外来非农业	-0.354	-0.595	0.836	12.729***	3.725	0.872
	[2.204]	[1.945]	[1.821]	[2.362]	[2.767]	[2.487]
外来农业	-13.107***	-4.771**	-1.914			
	[1.566]	[1.962]	[1.840]			
性别[2]		0.734	1.412		0.308	1.383
		[0.996]	[0.925]		[1.966]	[1.756]
年龄		0.117	0.028		-0.031	0.383
		[0.287]	[0.267]		[0.557]	[0.498]
年龄的平方		-0.002	-0.001		0.001	-0.005
		[0.003]	[0.003]		[0.007]	[0.006]
政治面貌[3]		-3.989**	-4.057***		-4.513	-2.636
		[1.599]	[1.488]		[3.500]	[3.090]
受教育程度[4]						
初中		0.999	-0.614		-0.012	2.563
		[1.761]	[1.636]		[2.881]	[2.562]
职高/普通高中/中专/技校		2.073	-0.568		4.110	4.093
		[1.957]	[1.833]		[3.215]	[2.863]
大学专科及以上		0.575	-2.100		2.939	2.448
		[2.336]	[2.187]		[4.120]	[3.640]
单位性质[5]						
非国有		-1.239	-0.128		-5.026*	-1.702
		[1.875]	[1.743]		[2.624]	[2.348]
国有		4.638**	4.825**		2.945	6.099*
		[2.076]	[1.926]		[4.012]	[3.547]
职业类别[6]						
办事人员		-0.776	-0.372		-1.597	-1.743
		[1.562]	[1.450]		[3.548]	[3.126]
专业技术人员		-2.758*	-2.280		-2.544	-1.772
		[1.511]	[1.400]		[2.989]	[2.632]
管理人员		-1.552	-1.545		-1.214	-1.234
		[2.123]	[1.967]		[3.927]	[3.459]

续表

变量	全样本			外来人口		
	模型30	模型31	模型32	模型33	模型34	模型35
	系数 [S.E.]	系数 [S.E.]	系数 [S.E.]	系数 [S.E.]	系数 [S.E.]	系数 [S.E.]
小业主及其他		3.408	3.473*		3.669	5.526**
		[2.121]	[1.967]		[2.971]	[2.623]
收入的对数		0.390	0.192		-0.668	-0.747
		[0.388]	[0.361]		[0.767]	[0.678]
产权所有[7]		-2.046	0.772		1.361	4.284*
		[1.439]	[1.371]		[2.591]	[2.369]
住房类型[8]		24.580***	20.503***		22.444***	18.414***
		[1.173]	[1.149]		[2.041]	[1.933]
婚姻状况[9]		-2.643*	-2.865**		-0.593	-1.845
		[1.532]	[1.422]		[2.830]	[2.494]
子女情况[10]		-1.058	0.143		-2.455	-0.187
		[1.874]	[1.742]		[2.956]	[2.640]
迁移时间					-0.202	-0.256*
					[0.145]	[0.132]
社区位置[11] 边缘城区			-2.174			-7.710**
			[1.563]			[3.121]
城乡接合部			-5.713***			-7.627***
			[1.424]			[2.243]
镇			-2.714**			0.550
			[1.323]			[2.235]
农村			-26.661***			-27.424***
			[2.156]			[3.319]
常数项	54.457***	33.635***	41.692***	41.351***	45.235***	41.472***
	[0.887]	[7.434]	[6.997]	[1.268]	[12.413]	[11.359]
N	978	978	978	295	295	295
R-squared	0.221	0.507	0.579	0.090	0.452	0.583

注:*** p<0.01,** p<0.05,* p<0.1;系数为非标准化的回归系数。

1 参照组为"老上海非农业"　　2 参照组为"女性"　　3 参照组为"非党员"

4 参照组为"小学及以下"　　5 参照组为"无单位"　　6 参照组为"一般工人"

7 参照组为"非自有"　　8 参照组为"无配偶"　　9 参照组为"无子女"

10 参照组为"非商品房"　　11 参照组为"中心城区"

根据模型32的结果,政治面貌、单位性质、住房类型、婚姻状况和社区位置都是影响受访者社区组织因子的变量。在政治面貌方面,与非党员相比,党员群体所居住的社区组织因子得分低 4.057 分;在单位性质方面,与无单位的受访者相比,国有单位的受访者的社区组织因子得分高 4.825 分;在住房类型方面,居住在商品房的受访者比居住在非商品房的社区组织因子得分高 20.503 分;在婚姻状况方面,有配偶的受访者比无配偶的社区组织因子低 2.865 分;在社区位置方面,与中心城区相比,城乡接合部的社区组织因子低 5.713 分,镇的社区组织因子低 2.714 分;农村地区的社区组织因子低 26.661 分。

对于外来人口而言,模型 33 仅放入户籍变量,外来非农业群体的社区组织因子显著高于外来农业群体,高出 12.729 分,但是在模型 34 和模型 35 分别层面,以及社区层面加入个体控制变量后,二者之间的差异性不再显著。因此,外来农业群体与外来非农业群体在社区组织方面并未呈现出显著的差异性。根据模型 35 的结果,小业主及其他职业的外来人口比一般工人的社区组织因子得分高 5.526 分;占有产权的外来人口比无产权的社区组织因子高 4.284 分;居住于商品房的外来人口比居住于非商品房的社区组织因子高 18.414 分。社区位置变量同样影响外来人口的社区组织因子,与中心城区相比,居住于边缘城区的外来人口的社区组织因子得分低 7.710 分,居住于城乡接合部的外来人口低 7.627 分,农村地区的外来人口低 27.424 分。可见,职业类别、产权占有、住房类型和社区位置都是影响外来人口社区组织因子的重要变量。

5.社区设施因子

社区设施因子由社区内部是否存在一些硬件设施的测量指标构成,因此代表了社区设施的完善程度。模型 36 的结果显示,老上海农业群体、新上海非农业群体、外来非农业群体和外来农业群体与老上海非农业群体在社区设施方面都不存在显著的差异性。当模型 37 加入了个体层面其他变量后,老上海农业群体的社区设施因子得分比老上海非农业群体高 7.237 分,但是当模型 38 加入社区位置变量后,该系数的显著性消失。模型 38 是包括了社区位置变量的完整模型,在控制社区位置的前提下,新上海非农业群体比老上海非农业群体的社区设施得分高 2.893 分,在 10% 的水平上显著。

根据模型 37,受教育程度、单位性质、产权所有、住房类型是影响社区设施因子的重要变量,但是当模型 38 加入社区位置变量后,单位性质的影响不再显著。在受教育程度方面,职高/普通高中/中专/技校学历的受访者居住的社区,其设施因子得分比小学及以下学历受访者居住的社区高 3.663 分;大学专科及以上学历的受访者所居住的社区设施因子得分高 5.119 分。在产权所有方面,占有产权的受访者的社区设施因子得分比非自有产权受访者的低 3.2 分。在住房类型方面,商品房社区比非商品房社区的社区设施因子得分高 6.905 分。对于社区设施因子来说,社区位置变量显然是非常重要的影响因素,与中心城区相比,边缘城区的社区设施因子得分低 18.135 分,城乡接合部的社区设施因子得分低 5.03 分,镇的社区设施因子得分低 11.996 分,农村地区的社区设施因子得分比中心城区高 5.774 分,这可能与近些年的新农村建设有关,农村地区的社区内部设施也愈加趋于完善。

就外来人口而言,外来农业群体与外来非农业群体在社区设施方面并未表现出差异性,模型 39 至模型 41 的系数都不显著。根据模型 40 的结果,性别、管理人员阶层、产权所有和住房类型都是影响外来人口社区设施因子的重要变量。但是当模型 41 引入社区位置变量后,性别、产权所有和住房类型三个变量的系数都不再显著,仅有管理人员阶层变量的显著性依旧。与工人阶层相比,处于管理人员阶层的外来人口的社区设施因子得分低 11.308 分。社区位置对外来人口的社区设施因子变量也存在一定的影响,与中心城区相比,外来人口居住的边缘城区社区设施因子得分低 21.241 分,外来人口居住的镇的社区设施因子得分低 22.912 分。

表 5-9　影响不同户籍群体社区设施因子(F4)的多元线性回归分析

变量	全样本			外来人口		
	模型36	模型37	模型38	模型39	模型40	模型41
	系数 [S.E.]	系数 [S.E.]	系数 [S.E.]	系数 [S.E.]	系数 [S.E.]	系数 [S.E.]
户籍[1]						
老上海农业	-0.601 [1.867]	7.237*** [2.092]	1.186 [2.182]			
新上海非农业	2.431 [1.637]	1.793 [1.637]	2.893* [1.492]			
外来非农业	-1.592 [1.979]	-1.867 [2.106]	-1.020 [1.934]	0.205 [2.300]	-0.350 [3.267]	0.464 [2.806]
外来农业	-1.856 [1.407]	2.767 [2.124]	2.849 [1.953]			
性别[2]		0.870 [1.079]	0.502 [0.982]		5.107** [2.322]	2.965 [1.981]
年龄		0.003 [0.311]	0.090 [0.284]		-0.280 [0.658]	-0.517 [0.562]
年龄的平方		0.002 [0.003]	0.001 [0.003]		0.004 [0.008]	0.007 [0.007]
政治面貌[3]		-0.234 [1.731]	1.841 [1.579]		2.061 [4.133]	1.769 [3.487]
受教育程度[4]						
初中		2.015 [1.906]	2.286 [1.737]		-2.785 [3.402]	-3.456 [2.891]
职高/普通高中/中专/技校		3.896* [2.119]	3.663* [1.946]		-2.248 [3.797]	-1.795 [3.230]
大学专科及以上		5.614** [2.529]	5.119** [2.321]		-1.171 [4.865]	-0.363 [4.107]
单位性质[5]						
非国有		1.591 [2.030]	1.506 [1.850]		3.208 [3.098]	2?
国有		3.767* [2.247]	2.575 [2.044]		2.6??	
职业类别[6]						
办事人员		-0.468 [1.691]	-1.834 [1.540]			
专业技术人员		0.202 [1.635]	-0.133 [1.486]			

续表

变量	全样本			外来人口		
	模型36	模型37	模型38	模型39	模型40	模型41
	系数 [S.E.]	系数 [S.E.]	系数 [S.E.]	系数 [S.E.]	系数 [S.E.]	系数 [S.E.]
管理人员		-3.073	-4.008*		-11.882**	-11.308***
		[2.298]	[2.089]		[4.638]	[3.903]
小业主及其他		-1.734	-2.327		0.019	-0.131
		[2.296]	[2.088]		[3.508]	[2.960]
收入的对数		-0.093	-0.281		-0.488	-1.145
		[0.420]	[0.383]		[0.905]	[0.765]
产权所有7		-4.775***	-3.200**		-7.602**	-2.914
		[1.557]	[1.456]		[3.060]	[2.673]
住房类型8		6.670***	6.905***		7.583***	2.969
		[1.270]	[1.219]		[2.410]	[2.182]
婚姻状况9		-2.181	-2.000		-4.221	-3.602
		[1.659]	[1.510]		[3.342]	[2.814]
子女情况10		-2.100	-1.102		-0.523	-0.903
		[2.028]	[1.850]		[3.490]	[2.979]
迁移时间					0.033	-0.185
					[0.171]	[0.149]
社区位置11						
边缘城区			-18.135***			-21.241***
			[1.659]			[3.521]
城乡接合部			-5.030***			-3.343
			[1.512]			[2.531]
镇			-11.996***			-22.912***
			[1.404]			[2.522]
农村			5.774**			-2.390
			[2.289]			[3.745]
常数项	61.599***	52.449***	57.979***	59.743***	68.354***	90.904***
	[0.797]	[8.047]	[7.428]	[1.235]	[14.658]	[12.817]
N	978	978	978	295	295	295
R-squared	0.006	0.087	0.250	0.000	0.115	0.384

注:*** p<0.01,** p<0.05,* p<0.1;系数为非标准化的回归系数,括号内为标准误。

1 参照组为"老上海非农业" 2 参照组为"女性" 3 参照组为"非党员"
4 参照组为"小学及以下" 5 参照组为"无单位" 6 参照组为"一般工人"
7 参照组为"非自有" 8 参照组为"无配偶" 9 参照组为"无子女"
10 照组为"非商品房" 11 参照组为"中心城区"

五、小　结

根据第四章指标建构的结果,对居住空间资本的各个指标进行建模,以期分析不同户籍群体在居住空间资本方面的差异性,尤其是本地居民与外来人口之间的差异性。在交换价值方面,考察了产权占有情况和住房市值。而在使用价值方面,除了第四章因子分析建构的居住环境、社区资源、社区组织和社区设施因子外,还加入了人均居住面积这一重要指标。

就本地居民而言,本章将老上海非农群体作为基准类别进行分析。与老上海非农业群体相比,新上海非农业群体更不可能占有住房产权,相应地,占有的居住空间资本交换价值更低。尽管老上海农业群体在住房产权占有方面与老上海非农业群体并不存在显著的差异性,但是交换价值处于显著的劣势地位。老上海农业群体的人均居住面积大于老上海非农业群体,但当加入社区位置后,差异性不再显著。新上海非农业群体的居住环境优于老上海非农业群体,并且老上海非农业群体的居住环境因子得分是所有群体中最低的。在社区资源方面,老上海农业群体的得分显著地低于老上海非农业群体,占有的社区资源更差。在社区组织方面,老上海农业群体的得分显著地低于老上海非农业群体,但是当控制了社区位置后,老上海农业群体和非农业群体之间的差异不再显著,差异性被社区位置所解释。

就外来人口而言,与老上海非农业群体相比,外来非农业群体和外来农业群体占有住房产权的可能性更低,外来非农业群体占有的可能性高于外来农业群体。与住房产权占有情况相对应,外来人口占有的居住空间资本交换价值显著地低于本地居民,且外来农业群体处于最底层的位置。外来非农业群体的人均居住面积略大于老上海非农业群体,但是当控制了社区位置后,差异性不再显著。在居住环境方面,外来人口的居住环境因子得分高于本地居民,并且外来非农业群体和外来农业群体并不存在显著差异。外来农业群体的社区资源显著地差于老上海非农业群体,而外来非农业群体显然占有更好的社区资源。外来农业群体的社区组织能力显著地低于老上海非农业群体,但是在加入社区位置变量后,二者的差异性不再显著。

通过本章的分析可知,社区位置是研究居住空间资本不可忽视的因素,当加入社区位置后,不同群体之间居住空间资本的差异性有所消减。根据前人的研究结果,家庭生命周期和社会经济地位是影响人们居住选择的重要因素,进而会影响居住空间资本的占有情况。在本章中,家庭生命周期包括年龄、婚姻状况和子女情况,年龄对人均居住面积发挥显著作用,婚姻状况对人均居住面积和社区组织存在显著影响,子女情况对产权占有、交换价值、人均居住面积和社区资源发挥显著作用。社会经济地位包括政治面貌、受教育程度、单位性质、职业类别和收入,政治面貌对交换价值和社区组织存在显著影响,受教育程度对交换价值、居住环境发挥显著作用,单位性质对居住环境、社区组织和社区设施存在显著影响,职业类别对产权占有、人均居住面积、居住环境、社区组织和社区设施都发挥显著作用。可见,家庭生命周期和社会经济地位同样是影响居住空间资本占有的重要因素。对于外来人口内部的差异性而言,迁移时间是重要影响因素。外来人口迁入上海的时间长度会显著地影响他们的产权占有、居住空间资本的交换价值、居住环境和社区组织。

第六章
居住空间资本与居住隔离

在前一章比较本地居民和外来人口居住空间资本占有差异性的基础上,本章希望进一步验证居住空间资本与居住隔离状态之间的关系。居住空间资本对于居住隔离状态的形成是否发挥显著影响是本章需要回答的核心问题。

一、居住隔离形成机制的文献回顾

从社会学的视角来审视"居住隔离"问题时,社会分层结构是促使居住隔离形成的重要机制之一, 居住隔离实质上是不同社会阶层在居住空间形态上的反映。人们在选择居住空间时,会考虑多方面的因素,前一章的文献回顾中提及了经济因素,即购房者的经济实力和支付能力,除此之外,家庭生命周期和个体特征都是不容忽视的社会和人口因素。"择邻而居"是居住隔离形成的个体层面原因, 人们在择居时, 除了住房本身的价值外, 社区 (neighborhood)也是不容忽视的方面。这里的社区并不仅仅是指通常意义上居委会这样的地域或行政管理上的意涵, 而是包括了社区内居民的整体阶层地位、社区的环境、周边设施等因素。人们往往会选择与自身阶层地位相匹配的社区居住，这就是个体层面上居住隔离的形成原因。因此，居住隔离是社会阶层地位在空间上的反映，居住隔离的形成源于社会阶层地位的分化，但同时也会是固化阶层地位的机制之一（李志刚，2008；吴启焰，1999）。

在住房市场中，人们会按照自身的条件和需求来选择居住空间，不同阶层地位的人选择的倾向会有所差异。而在人们不断择居和迁居后，"物以类聚，人以群分"在居住问题上同样适用，人们最终会同与自己阶层地位相当、同质性强的人聚居，而同与自己阶层地位相差较远、异质性大的人隔离，居住隔离就此形成。芝加哥学派影响下的北美城市研究集中于三个因素，即社会经济地位、家庭生命周期和种族，大量的研究表明，这三个因素的分布形态不同。社会经济地位呈扇形分布，低收入阶层聚居在中心旧城区，而高收入阶层聚居于郊区高档住宅区。家庭生命周期呈同心圆分布，一般而言，家庭规模越小，越接近中心区；年龄越大，越接近中心区。而种族呈现出多核心的分散分布。在美国的大都市中，黑人一般聚居在中心城区外围的老城区中，收入越低越靠近中心区。这三个因素同时作用于居住空间结构，重叠分布于美国的大城市（杜德斌等，1996）。

学者们对于移民进入新的城市或国家时的首选住所达成了一定的共识，他们认为，移民会选择城市中心的贫民区或"贫民窟"（Turner，1968；Richardson，1977），这其实是移民的理性选择（Portes，1972；Ulack，1976）。当移民来到陌生的城市，他们选择住处会考虑到居住地的房租和居住地可能带来的"利益"。那么，贫民区无疑是一个适合的选择。首先，贫民区的住房破旧，因此房租低廉，移民能够负担；其次，移民在贫民区能够得到认同，而不是遭到本地人的歧视，并且还可能获得在找工作方面的帮助。因此，移民更有可能在刚刚迁入新的城市或国家时，选择城市中心的贫民区作为第一个

"落脚点",最终形成了移民聚居于贫民窟的现象(Davis,1975)。阿布－卢格霍德指出,贫民窟为移民提供了一个调整和适应当地生活的环境,具有积极意义(Abu-Lughod,1961)。当移民逐步适应了当地生活,他们可能会选择迁移至城市外围郊区的自建房或非法占地的安置房,也就是所谓的棚户区(Turner,1968;Conway,1985;Eckstein,1990)。根据以上理论,笔者可以推测出,移民的居住条件会显著地差于本地居民,移民的居住位置会从城中心向外围扩散。

国内的大量研究已经说明阶层间的居住隔离已经形成,而居住隔离可能会使得较低阶层的群体被隔离在主流社会之外,贫困固化和阶层间的空间对立不断加剧(杨上广、王春兰,2006)。袁媛和许学强(2008)通过典型社区问卷访谈发现,户籍制度从根本上限制了外来人口的住房选择,受户籍的限制,外来人口被排斥在次级劳动力市场,并且无法享受福利性购房,因此只能选择通过私人租住来解决居住需求。交通的便利性和支付能力是个体层面影响居住隔离形成的重要因素,最终形成了城中村的私人租住聚居,进一步固化了居住隔离的形态。梁海祥(2015)的研究也发现,上海市已经形成了双层劳动力市场影响下外来人口环绕外环线的居住隔离形态,同时内城中心区也出现了"移民化"的趋势。张展新、侯亚非等(2009)的研究结果则更进一步说明,即使在同一社区共同居住,外来人口与本地人依然存在着居住隔离,村委会的居住隔离情况比居委会更加严重。

综上所述,户籍制度作用下的本地居民和外来人口之间的居住隔离已经形成,尤其是前人对于北京、上海、广州这类大城市的研究,更是不断验证了居住隔离的事实。那么为什么会形成居住隔离的状态呢?在国外关于移民的研究中,"贫民窟"理论解释了移民为何会集中于落寞的城市中心地区,并且说明了移民不断外扩的趋势。在这其中,经济因素无疑是关键的,低收入使得移民无力租住或购买较好的住房。另外，移民集中的"贫民窟"对移民的态度友好，为移民提供就业机会和社会支持，因此移民会首先选择聚居于此，这与"空间同化理论"的逻辑一致。对于我国的外来人口而言，以上理论具有一定的指导意义，尤其是住房改革后，我国的住房走向市场化运作机制，与国外的移民居住研究的可比性也相应提高。

二、研究问题和研究假设

根据上述理论，可以提炼出影响外来人口居住选择的两个主要因素，一是外来人口的经济能力不足，二是外来人口聚居区所带来的社会支持。那么，对于我国的外来人口而言，什么因素会影响其居住选择，进而形成与本地居民相互隔离的居住状态呢？第三章中所使用的"2013年流动人口管理和服务对策研究问卷调查"数据，对于外来人口的居住选择原因进行了调查。根据图6-1所示，影响上海市外来人口居住选择最重要的四个原因是：花费少（60.19%）、离工作地点近（55.66%）、交通方便（49.25%）和生活便利（46.23%），仅有8.11%的外来人口选择了"临近老乡亲友"。由此可知，面对上海市的高房价，外来人口在选择居住地点时，还是将住房费用作为首要考虑因素，而来自社区内同乡的社会支持并不是非常重要的考虑因素。

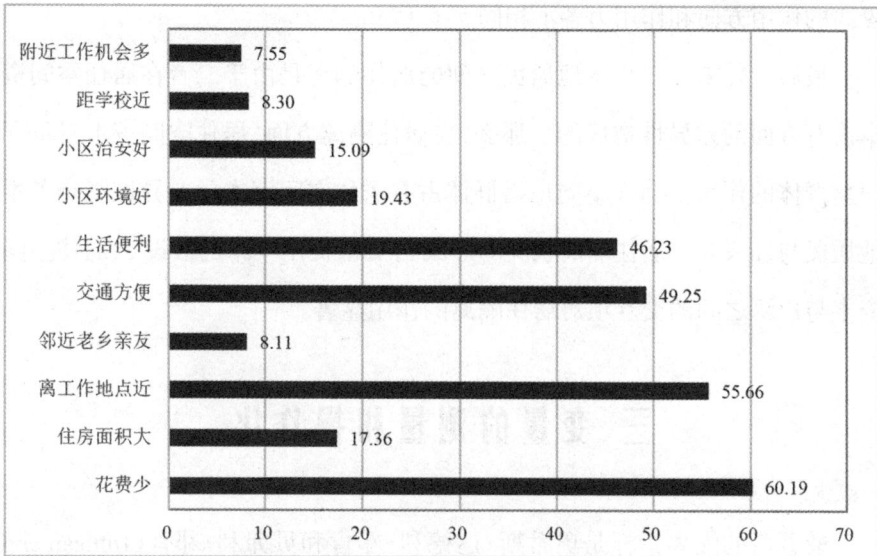

图6-1　外来人口择居最重要的因素(%)

通过上述择居原因的分析可知,对于我国的外来人口而言,住房花费是最为关键的因素,换言之,相较于对同乡社会支持的追求,我国的外来人口居住选择更多受限于无法支付高昂的住房费用。当笔者将这一问题纳入居住空间资本的体系中,结合前一章的分析结果,上海市外来人口与本地居民在居住空间资本的占有方面存在显著的差异性,外来人口在劳动力市场中的劣势地位,导致其无法获得或占有较高的居住空间资本,那么最终将会影响到二者的居住隔离状态。换言之,居住空间资本的占有是居住隔离状态形成的重要原因。因此,提出本章的假设1:居住空间资本与居住隔离显著相关。

另外,除了验证居住空间资本与居住隔离之间是否存在相关性外,本章还将探究居住空间资本是如何影响居住隔离的。前文所建构的居住空间资本指标对于居住隔离是否会存在不同的影响? 作用力和作用方向是否会存在一定的差异性? 因此,提出本章的假设2:居住空间资本的不同指标对居住隔离的作用方向和作用力各不相同。

最后，外来人口与本地居民之间的居住隔离是由于二者在居住空间资本占有方面的差异性造成的。那么，在居住隔离方面，居住空间资本对不同户籍群体的作用如何？不同户籍群体占有居住空间资本的差异性影响了本地居民与外来人口居住隔离状况的形成。因此，提出本章的假设3：居住空间资本与户籍之间的交互项对居住隔离的作用显著。

三、变量的测量和操作化

最著名的隔离指标是奥蒂斯·达德利·邓肯和贝弗利·邓肯（Duncan and Duncan，1955b）在《美国社会学评论》杂志上发表的《隔离指标的方法论分析》中提出的，他们制定并推广了分异指标（indices of dissimilarity，ID）和隔离指标（indices of segregation，IS）。梅西和丹顿提出了隔离指标的五个维度："均质性"（evenness）指群体间分布的均匀程度；"接触性"（exposure）指群体间接触、交往和互动的程度；"集中性"（concentration/isolation）指某一群体的集中程度；"向心性"（centralization）指某一群体集中居住在中心区域的程度；"集聚性"（clustering）指某一群体在区域内居住不匀称的程度（Massey and Denton，1988）。

（一）局部居住分异指数

在使用传统方法对隔离情况和社会空间分异进行衡量时，一般都会采用分异指数。这种指数很容易进行计算和解释，并且在城市人口统计研究中使用了很长的时间。居住分异指数属于"均质性"的维度，公式为：

$$D=0.5 \times \Sigma_{i=1} |\, n_i / N - m_i / M \,| \quad (1)$$

(1)式中,假设城市 n 个社区中分别有本地人口和外来人口居住,n_i 和 m_i 分别指社区 i 中本地人口和外来人口的数量,N 和 M 分别是全市本地人口和外来人口的总数。居住分异指数取值范围在 0 和 1 之间,如果分异指数为 0,则代表本地人口和外来人口在全市完全均匀分布。如果分异指数为 1,则代表本地人口和外来人口完全隔离,毫无交集。

上述居住分异指数只能衡量居住隔离的整体情况,上海市只能有一个居住分异指数。最新的研究开始把居住分异指数区分为整体(global)和局部(local),由此,上海市内每个社区都能有一个对应本社区的居住分异指数,可以用来测量城市内不同社区居住隔离的差异性(Wong,1996;2008;孙秀林,2015),局部居住分异指数的计算公式如下:

$$D_i = 100 \times (n_i / N - m_i / M) \quad (2)$$

n_i 代表本地居民在社区 i 的数量,m_i 代表外来人口在社区 i 的数量,N 代表所有社区内本地居民的总数,M 代表所有社区内外来人口的总数。局部 D_i 指数表现的是社区 i 内本地居民与外来人口的居住隔离程度,其取值范围从 -100 到 100。取值为 0,则表示外来人口和本地人口按总体水平的比例在本社区内均匀分布,由于本次调查为抽样调查的结果,因此基本可以推论为全市的水平。也就是说,本地居民在本社区内见到外来人口的概率,和本地居民在全市范围内见到外来人口的概率是一样的。如果局部 D_i 指数大于 0,则意味着本地居民在本社区过度聚居(more over-concentrated);局部 D_i 指数小于 0,则反之。而 -100 和 100 表示本地居民与外来人口完全隔离的两个极端情况,100 代表全部的本地人口聚居在本社区,而外来人口则一个都没有;-100 则表示全部的外来人口聚居在本社区,而本地居民则一个都没有(陈杰、郝前进,2014)。

下图为上海市六普分区计算居住分异指数的结果,需要说明的是,计算

图6-2的公式与本章所用的上式有所不同。上式为本地居民相对比例减去外来人口相对比例，而图6-2为突出外来人口的情况，计算时为外来人口相对比例减去本地居民相对比例，结果相当于上式结果乘以-1，因此图中居住分异指数大于0表示外来人口更为聚居。居住分异指数越大，外来人口聚居程度越高，颜色越深，松江区、嘉定区和青浦区为上海市外来人口局部分异指数最高的三个区县，换言之，外来人口聚居程度最高的三个区县位于上海市西部边缘区域。与陈杰和郝前进（2014）的结果基本一致，外来人口主要聚居于郊区和非中心城区（外环外）。

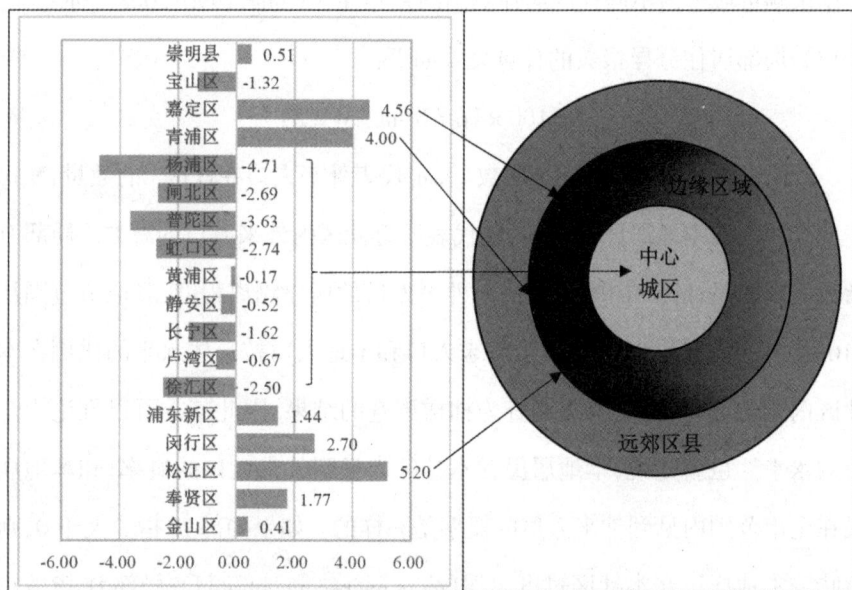

图6-2 上海市外来人口的居住分异指数分布情况

（二）局部孤立指数

"孤立指数"是另一个衡量居住隔离的常用指标，属于"集中性"的维度，反映的是某一群体的集中程度。孤立指数计算公式为：

$$mPm^* = \Sigma(m_i / M)(m_i / t_i)\quad(3)$$

（3）式中 m_i 和 t_i 是社区 i 中的外来人口数量和总人口数量，M 是上海市外来人口的总数（黄友琴、易成栋，2009）。考虑到本书的实际需要，将孤立指数也进行局部指数的处理，省略掉局部区域孤立指数求和的步骤，仅计算局部的孤立指数，公式如下：

$$mPm^* = 100 \times (m_i / M)(m_i / m_i + n_i)\quad(4)$$

（4）式中，m_i 和 n_i 分别是社区 i 的外来人口和本地人口的数量，加和为全部常住人口数量。M 是指所有社区中的外来人口的总数，代表城市的总体水平。孤立指数越高，说明社区内的外来人口比例相对较高，外来人口越孤立，与本地居民接触的机会越少。

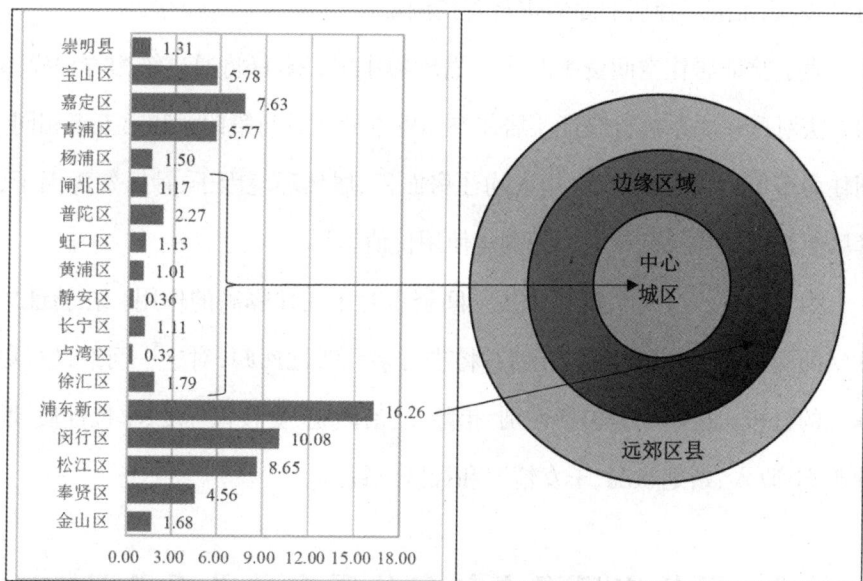

图6-3　上海市外来人口的孤立指数分布情况

图 6-3 为上海市六普分区计算孤立指数结果，与上式的计算方法一致。根据图 6-3 的结果，浦东新区、闵行区和松江区是上海市外来人口孤立指数

最高的三个区县,换言之,居住于这三个区县的外来人口与本地人接触的机会最少。

(三)统计模型及自变量

居住隔离通过居住分异指数和孤立指数进行测量,本章后续分析使用的数据与第四章和第五章保持一致,即"2012年全国城乡社会发展和社会建设"大规模问卷调查上海地区的数据。根据该数据的计算结果,局部居住分异指数的平均值为 −0.328(标准差为 4.145),最小值为 −14.391,最大值为 6.054;局部孤立指数的平均值为 1.527(标准差为 3.177),最小值为 0.005,最大值为 14.140。遗憾的是,本章将要使用的数据并未涉及选择居住地原因的题项,因此无法对择居的原因进行直接测量。

为了验证居住空间资本对居住隔离的作用,本章将通过结构方程模型的方法对这一关系进行验证。居住空间资本的测量与第四章和第五章相同,用住房市值测量交换价值,用人均住房面积、居住环境因子、社区资源因子、社区组织因子和社区设施因子测量使用价值。

为了进一步分析户籍和居住空间资本对于居住隔离的作用。在验证居住空间资本和居住隔离的关系后,将进行多元线性回归,对这一问题进行更深入的分析。控制变量包括性别、年龄、政治面貌、受教育程度、单位性质、职业类别、收入、婚姻状况、子女情况和社区位置。

四、居住空间资本与居住隔离的关系验证

本节将在第四章指标建构结果的基础上,运用结构方程模型对居住空间资本和居住隔离之间的关系进行验证,以期说明居住空间资本对居住隔

离形成的重要作用。根据结构方程模型的分析步骤,首先建立理论模型,然后利用数据建立结构方程模型,通过识别和拟合程度评价验证理论模型。

(一)理论模型

根据第四章和第五章对于居住空间资本指标体系的建构, 将居住空间资本划分为交换价值和使用价值两部分,交换价值通过住房的市值测量,不占有产权的交换价值为 0。第四章着重分析了如何将问卷中的一系列分类变量进行因子分析得出居住空间资本中使用价值的四个因子, 除了四个因子外,人均住房面积也是使用价值的重要部分。因此,最终由两个部分,六个指标构成了居住空间资本。在这一过程中,实质上是在第四章的基础上进行二阶/高阶因子分析,生成居住空间资本综合指标。而本章的目的在于验证居住空间资本与居住隔离之间是否显著相关。居住隔离通过孤立指数和居住分异指数进行测量, 因而将对居住空间资本与孤立指数和居住分异指数分别建模,参见图 6-4。

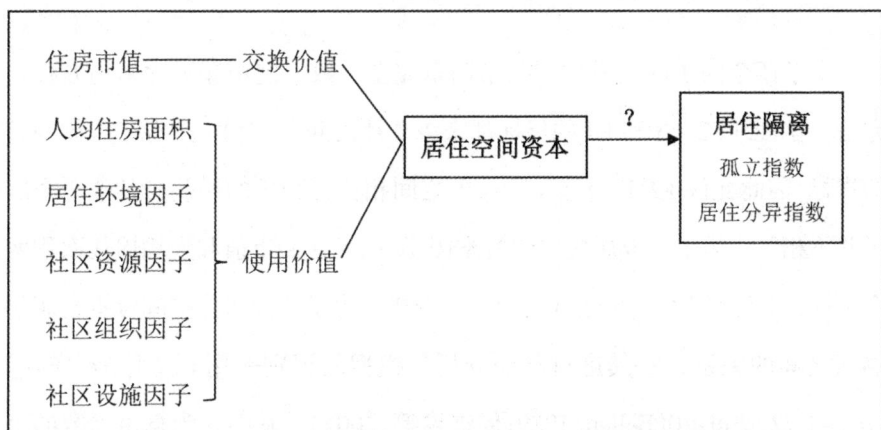

图 6-4　居住空间资本与居住隔离关系的理论模型

结构方程模型可以分解为两部分:测量模型和结构模型。测量模型设计涉及指标与潜变量之间的关系,主要处理的是潜变量的测量问题,排查误差对测量精确性的影响,单独的测量模型即为验证性因子分析模型,如本书的第四章。结构模型涉及潜变量之间以及与非潜变量测量指标以外的观测变量之间的关系,主要处理不同概念之间假设的因果关系,如果模型中只有观测变量,而没有潜变量,结构模型部分即变成了路径分析模型(王孟成,2014:203)。第四章已经通过拆分数据对四个因子的生成进行了确认,避免了模型过于依赖数据,而本章将在第五章的基础上,引入住房市值和人均居住面积两个指标,与四个因子进行进一步的高阶因子分析,生成居住空间资本。然后,通过结构模型,本章将对居住空间资本与居住隔离的关系进行验证。对于结构方程的识别,可以采取两步法则,即先验证测量模型,后验证结构模型,也可以直接估计全模型,对拟合程度进行估计(王孟成,2014:207)。由于本章分析的结构模型并不复杂,只是验证一个潜变量和一个观测变量的关系,因此直接进行全模型估计。

(二)居住空间资本与孤立指数

本章四个因子的生成过程与第四章完全一致,使用探索性结构方程的方法。考虑到 F2、F3 和 F4 的指标都来源于社区问卷,而 F1 来源于个体问卷的指标,因此允许 F2、F3 和 F4 的误差之间相关,而 F1 的误差与其他三个因子并不相关。为了生成居住空间资本因子,引入住房市值和人均居住面积两个指标,与四个因子一起进行高阶因子分析。为了验证居住空间资本与居住隔离之间的关系,对其进行路径分析。模型的识别采用 t 法则:$t \leqslant (p+q)(p+q+1)/2$ 或 $df \geqslant 0$(Bollen,1989;侯杰泰等,2004)。其中,t 为自由参数的个数,p 为内生指标的个数,q 为外生指标的个数。该模型的自由参数t 为 130,$p=5$,$q=32$,$(p+q)(p+q+1)/2=703$,130 小于 703。因此,该模型是可识别的。

由于指标为类别变量,因此采用稳健加权最小二乘法(WLSMV)进行估计,最终输出结果包括模型拟合的卡方检验、CFI、TLI 和 RMSEA。CFI 值在 0和 1 之间, 越接近 1 表示拟合越好, 一般以 0.9 为标准。TLI 也叫作Bentler–Bonett 非规范拟合指数,也是越接近 1 表示拟合越好。斯泰格尔推荐的 RMSEA 标准为小于 0.01 拟合非常好,小于 0.05 拟合较好,小于 0.1 拟合可以接受(Steiger,1990)。李子胡(Li–tze Hu)和彼得·M. 本特勒(Peter M.Bentler)通过模拟研究给出的接受阈限为 0.06(Hu and Bentler,1999),罗德里克·P. 麦克唐纳(Roderick P. McDonald)和文浩·林戈·霍(Moon–Ho Ringo Ho)推荐以小于 0.8 作为可接受的模型(McDonald and Ho,2002),小于 0.05 作为良好的模型的阈限(郭志刚,1999;侯杰泰等,2004;刘军、富萍萍,2007;王孟成,2014:100–101)。

此时,对模型进行拟合度检验,各种指标远不能达到标准,因此笔者需要对模型进行修正。根据参数的修正指数(modification index,MI)结果,允许人均居住面积与 c82 的残差相关,交换价值与 c81 的残差相关。c82 题项的内容是"室内空间"与人均居住面积显然是具有很高的相关性的。c81 题项的内容是"是否有室内冲水洗手间",住房没有室内洗手间说明住房的年代比较久远,会直接影响住房的价格。因此,住房交换价值与 c81 的残差相关也是可以在理论上成立的。经过模型修正后,该模型的拟合程度有明显的提高,表 6–1 结果显示,CFI 值达到 0.842,TLI 值为 0.813,RMSEA 值为 0.055。虽然上述结果并未达到非常理想的程度,但是基本达到了可接受的标准。由于使用的数据指标并不是为该研究设计的, 因此通过替代指标进行的研究结果无法达到理想程度也是可以理解的。

根据图 6–5 和表 6–1 的结果可知, 居住空间资本与孤立指数是高度相关的,居住空间资本对孤立指数的路径系数为 –0.112,并且在 5% 的水平上显著。结果说明,居住空间资本越高,孤立指数越小,占有越高居住空间资本的受访者居住的社区外来人口孤立程度越低,即为外来人口相对比例较小的社区。根据孤立指数的公式可知,孤立指数实质上是对社区内外来人口比例的加权。人们会按照自身的需求和经济水平选择住房,有能力占有更高居住空间资本的受访者所居住的社区外来人口比例更低,换言之,外来人口无法占有较高的居住空间资本,这正是本地人口与外来人口之间居住隔离状态形成的原因所在。另外,在生成居住空间资本因子时,为了设置潜变量的单位,将交换价值和人均居住面积两个外生变量固定负荷为 1,四个因子(F1、F2、F3、F4)设定为自由估计。与第四章因子负荷情况有所不同的是,F3 为社区设施因子,而 F4 为社区组织因子。

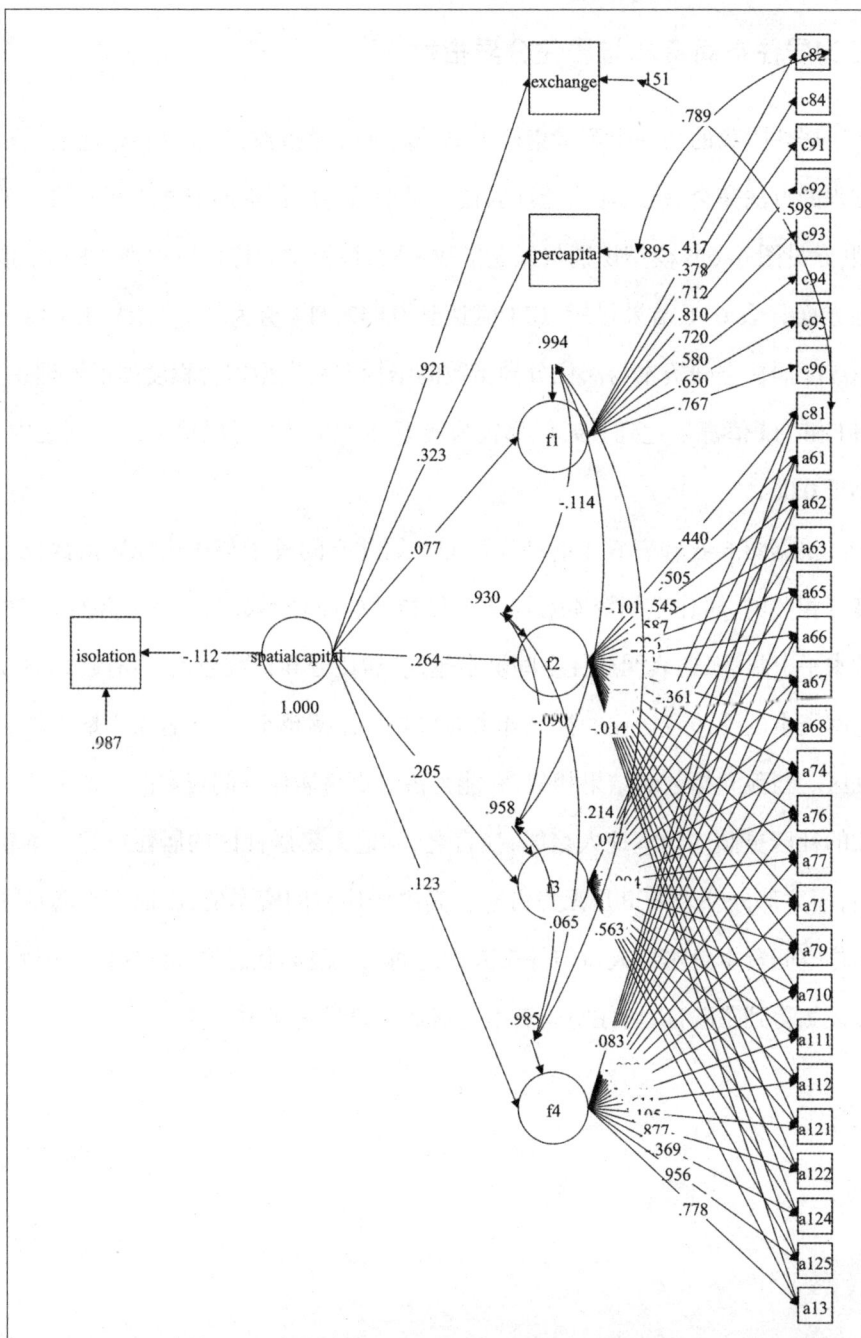

图 6-5 居住空间资本与孤立指数的结构方程模型图

（三）居住空间资本与居住分异指数

居住隔离的另一个测量指标为局部居住分异指数，与孤立指数建立结构方程的方法完全一致，建构验证居住分异指数与居住空间资本之间关系的模型（参见图 6-6）。模型识别与孤立指数一致，该模型同样可以识别。在模型拟合方面，表 6-1 结果显示，CFI 值达到 0.842，TLI 值为 0.812，RMSEA 值为 0.055。居住空间资本与居住分异指数的结构方程模型拟合程度虽不够理想，CFI 和 TLI 值都未达到 0.9，但都较为接近，RMSEA 在可以接受的范围之内，小于 0.06。

根据图 6-6 和表 6-1 的结果可知，居住空间资本与居住分异指数也是高度相关的，居住空间资本对居住分异指数的路径系数为 0.186，并且在 1% 的水平上显著。这表明居住空间资本越高，居住分异指数越大，占有越高居住空间资本的受访者居住的社区外来人口相对比例越小，更接近于本地人聚居社区。与孤立指数的结果相似，有能力占有更高居住空间资本的受访者所居住的社区更倾向于本地人聚居，换言之，本地人聚居社区的居住空间资本较高，而大部分外来人口是无力占有较高的居住空间资本的，因而再次验证了居住空间资本是本地人口与外来人口之间居住隔离状态形成的原因。因此，假设 1 得到了验证，居住空间资本与居住隔离显著相关。

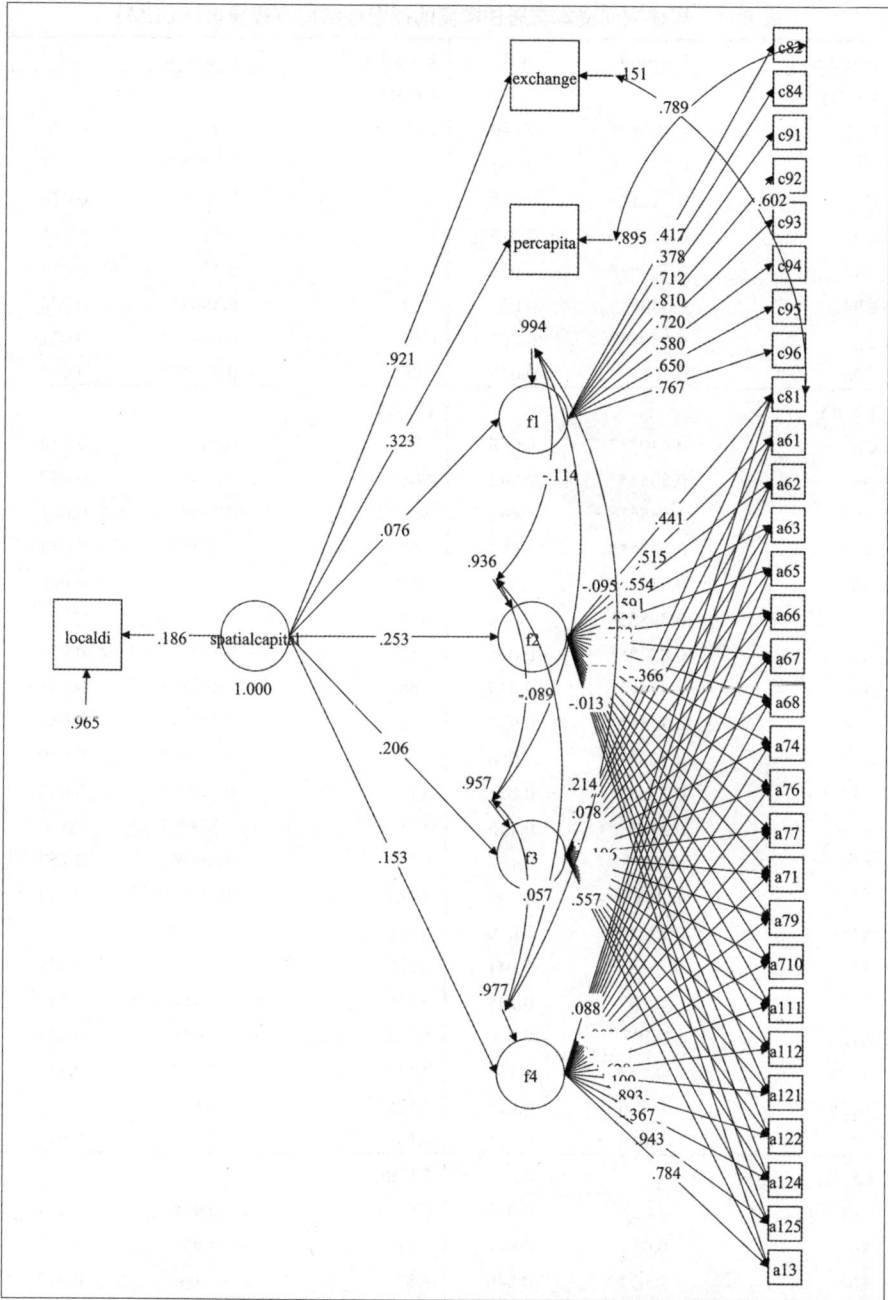

图 6-6　居住空间资本与居住分异指数的结构方程模型图

表 6-1 居住空间资本与居住隔离的探索性结构方程模型（ESEM）

Isolation	Estimate	S.E.	LocalDI	Estimate	S.E.
F1 BY			**F1 BY**		
C82	0.417***	0.040	C82	0.417***	0.040
C84	0.378***	0.043	C84	0.378***	0.043
C91	0.712***	0.018	C91	0.712***	0.018
C92	0.810***	0.015	C92	0.810***	0.015
C93	0.720***	0.018	C93	0.720***	0.018
C94	0.580***	0.022	C94	0.580***	0.022
C95	0.650***	0.021	C95	0.650***	0.021
C96	0.767***	0.018	C96	0.767***	0.018
F2 BY			**F2 BY**		
C81	0.440***	0.058	C81	0.441***	0.058
A61	0.505***	0.042	A61	0.515***	0.042
A62	0.545***	0.062	A62	0.554***	0.061
A63	0.587***	0.084	A63	0.591***	0.084
A65	0.926***	0.027	A65	0.931***	0.025
A66	0.798***	0.064	A66	0.792***	0.060
A67	0.892***	0.028	A67	0.893***	0.029
A68	0.494***	0.049	A68	0.498***	0.048
A74	0.718***	0.037	A74	0.717***	0.037
A76	0.828***	0.060	A76	0.829***	0.059
A77	0.776***	0.025	A77	0.774***	0.026
A71	0.318***	0.115	A71	0.323***	0.110
A79	0.404**	0.162	A79	0.418***	0.157
A710	-0.388***	0.146	A710	-0.381***	0.143
A111	0.292***	0.049	A111	0.271***	0.051
A112	0.346***	0.041	A112	0.342***	0.039
A121	-0.109	0.138	A121	-0.100	0.134
A122	0.107	0.070	A122	0.093	0.068
A124	-0.143	0.164	A124	-0.141	0.159
A125	-0.019	0.017	A125	-0.018	0.015
A13	-0.014	0.021	A13	-0.013	0.019
F3 BY			**F3 BY**		
C81	0.077	0.065	C81	0.078	0.065
A61	0.053	0.042	A61	0.058	0.042
A62	-0.051	0.040	A62	-0.044	0.039
A63	0.004	0.116	A63	0.009	0.116
A65	0.037	0.044	A65	0.029	0.042

续表

Isolation	Estimate	S.E.	LocalDI	Estimate	S.E.
A66	-0.201***	0.049	A66	-0.182***	0.047
A67	-0.001	0.033	A67	-0.007	0.033
A68	-0.010	0.043	A68	-0.011	0.042
A74	-0.264***	0.052	A74	-0.273***	0.051
A76	0.007	0.019	A76	0.009	0.019
A77	-0.094	0.062	A77	-0.106*	0.061
A71	0.740***	0.040	A71	0.738***	0.042
A79	0.922***	0.029	A79	0.921***	0.030
A710	0.907***	0.033	A710	0.911***	0.033
A111	0.137*	0.074	A111	0.104	0.071
A112	0.503***	0.051	A112	0.487***	0.051
A121	0.977***	0.054	A121	0.978***	0.053
A122	0.345***	0.103	A122	0.322***	0.099
A124	0.931***	0.044	A124	0.932***	0.043
A125	-0.396**	0.183	A125	-0.432**	0.180
A13	0.563***	0.047	A13	0.557***	0.048
F4 BY			**F4 BY**		
C81	0.083	0.067	C81	0.088	0.068
A61	0.245***	0.055	A61	0.233***	0.055
A62	0.377***	0.053	A62	0.369***	0.053
A63	-0.216***	0.060	A63	-0.229***	0.058
A65	0.028	0.049	A65	0.023	0.046
A66	0.402***	0.067	A66	0.369***	0.066
A67	-0.160***	0.045	A67	-0.162***	0.047
A68	0.477***	0.053	A68	0.467***	0.054
A74	-0.274***	0.039	A74	-0.275***	0.040
A76	-0.789***	0.045	A76	-0.796***	0.045
A77	-0.009	0.027	A77	-0.003	0.027
A71	0.036	0.065	A71	0.050	0.078
A79	-0.363***	0.060	A79	-0.357***	0.065
A710	-0.007	0.007	A710	-0.007	0.008
A111	0.869***	0.040	A111	0.885***	0.038
A112	0.611***	0.058	A112	0.628***	0.063
A121	0.105	0.079	A121	0.109	0.082
A122	0.877***	0.057	A122	0.893***	0.055
A124	-0.369***	0.048	A124	-0.367***	0.049
A125	0.956***	0.074	A125	0.943***	0.069

续表

Isolation	Estimate	S.E.	LocalDI	Estimate	S.E.
A13	0.778***	0.045	A13	0.784***	0.049
SPATIAL CAPITAL BY			**SPATIAL CAPITAL BY**		
EXCHANGE	0.921***	0.011	EXCHANGE	0.921***	0.011
PERCAPITA	0.323***	0.002	PERCAPITA	0.323***	0.002
F1	0.077**	0.034	F1	0.076**	0.034
F2	0.264***	0.031	F2	0.253***	0.031
F3	0.205***	0.046	F3	0.206***	0.045
F4	0.123***	0.032	F4	0.153***	0.031
ISOLATION	**ON**		**LOCALDI**	**ON**	
SPATIALCAP	**-0.112****	**0.043**	SPATIALCAP	**0.186****	**0.031**
F2 WITH			**F2 WITH**		
F1	-0.114***	0.042	**F1**	-0.114***	0.042
F3 WITH			**F3 WITH**		
F1	-0.101*	0.052	F1	-0.095*	0.053
F2	-0.090	0.103	F2	-0.089	0.100
F4 WITH			**F4 WITH**		
F1	-0.361***	0.036	F1	-0.366***	0.036
F2	0.214***	0.047	F2	0.214***	0.046
F3	0.065***	0.071	F3	0.057	0.075
PERCAPITA	**WITH**		**PERCAPITA**	**WITH**	
C82	0.789***	0.026	C82	0.789***	0.026
EXCHANGE	**WITH**		**EXCHANGE**	**WITH**	
C81	0.598***	0.073	C81	0.602***	0.072
Intercepts			**Intercepts**		
ISOLATION	0.483***	0.108	LOCALDI	-0.086*	0.052
EXCHANGE	0.814***	0.049	EXCHANGE	0.814***	0.049
PERCAPITA	1.098***	0.048	PERCAPITA	1.098***	0.048
Residual Variances			**Residual Variances**		
ISOLATION	0.987***	0.010	LOCALDI	0.965***	0.012
EXCHANGE	0.151***	0.020	EXCHANGE	0.151***	0.020
PERCAPITA	0.895***	0.001	PERCAPITA	0.895***	0.001
F1	0.994***	0.005	F1	0.994***	0.005
F2	0.930***	0.016	F2	0.936***	0.016
F3	0.958***	0.019	F3	0.957***	0.018
F4	0.985***	0.008	F4	0.977***	0.009

续表

Isolation	Estimate	S.E.	LocalDI	Estimate	S.E.
Chi-Square Test of Model Fit			**Chi-Square Test of Model Fit**		
Value	df	P-Value	Value	df	P-Value
1681.844*	418	0.000	1688.523*	418	0.000
Root Mean Square Error Of Approximation			**Root Mean Square Error Of Approximation**		
Estimate	90% C.I.	Pr.<=0.05	Estimate	90% C.I.	Pr.<=0.05
0.055	0.052 0.058	0.001	0.055	0.053 0.058	0.001
CFI	**TFI**	**WRMR**	**CFI**	**TFI**	**WRMR**
0.842	0.813	2.767	0.842	0.812	2.781

注：*** P<0.01，** P<0.05，* P<0.1，表中系数为标准化后的系数（STDYX）。

五、回归分析结果

由前文结构方程模型中高阶因子对居住空间资本的负荷情况可知，不同因子对居住空间资本的作用有所不同。在前文验证了居住空间资本与居住隔离指数之间关系的基础上，为了进一步分析居住空间资本中不同因素对居住隔离的影响，并对不同户籍群体的差异进行探讨，本部分将对居住隔离指数进行多元线性回归建模分析。

（一）孤立指数的影响因素

首先，建立仅包含居住空间六个因素和社区位置的模型。此处需要说明的问题是，该部分分析的使用价值四个因子与第四章和第五章保持一致，F3为社区组织，F4为社区设施，与本章前文中的结构方程建模结果略有不同。交换价值每增加 100 万元，孤立指数降低 0.2635 分；人均居住面积每增加 10平方米，孤立指数降低 0.0964 分；居住环境因子每增加 1 分，孤立指数降低0.0305 分；社区资源每增加 1 分，孤立指数提高 0.0161 分；社区组织每增加 1分，孤立指数降低 0.0540 分；社区设施每增加 1 分，孤立指数提高 0.0461 分。

社区资源因子和社区设施因子与孤立指数正相关,而交换价值、人均居住面积、居住环境因子和社区组织因子与孤立指数负相关。在社区位置方面,与中心城区相比,边缘城区的孤立指数高 1.0175 分,城乡接合部的孤立指数高 4.0066 分,镇的孤立指数高 2.6043 分,但农村地区的孤立指数低 1.4257 分。这说明外来人口更可能居住于边缘城区、城乡接合部和镇,与前人的研究结果一致,外来人口无力承受中心城市的高昂房价,但出于工作距离的需要,不能居住于偏远的农村地区,因此选择中间地带居住。

其次,建立包括户籍变量的模型,与老上海非农群体相比,外来农业群体的孤立指数高 1.9371 分。与空间资本模型相比,当加入户籍变量后,交换价值对孤立指数发挥作用的显著性消失,说明户籍是解释孤立指数的重要变量。当模型加入家庭生命周期和社会经济地位的相关变量后,外来农业群体与老上海非农群体之间的差异性一直保持在 1% 的水平上。也就是说,当控制了其他因素后,本地人口与外来人口的居住隔离较为集中地体现在外来农业群体,外来农业群体的孤立指数显著地高于老上海非农群体,而外来非农群体与老上海非农群体并无显著差异。

再次,建立家庭生命周期模型,即加入年龄、婚姻状况和子女情况变量。结果显示,仅有年龄对孤立指数存在显著影响,年龄的系数为 −0.1322,年龄平方的系数为 0.0015,显著性水平皆为 1%,说明年龄对孤立指数的作用呈"U"型。

表6–2　孤立指数的多元线性回归分析（N=978）

变量	空间资本模型 系数 [S.E.]	户籍模型 系数 [S.E.]	家庭生命周期模型 系数 [S.E.]	社会经济地位模型 系数 [S.E.]
交换价值/100万元	-0.2635***	-0.0166	-0.0043	0.0540
	[0.079]	[0.082]	[0.082]	[0.083]
人均居住面积/10平方米	-0.0964***	-0.0768***	-0.0816***	-0.0717**
	[0.029]	[0.028]	[0.029]	[0.029]
F1居住环境	-0.0305***	-0.0349***	-0.0350***	-0.0333***
	[0.006]	[0.006]	[0.006]	[0.006]
F2社区资源	0.0161***	0.0237***	0.0235***	0.0245***
	[0.005]	[0.005]	[0.005]	[0.005]
F3社区组织	-0.0540***	-0.0499***	-0.0497***	-0.0475***
	[0.005]	[0.005]	[0.005]	[0.005]
F4社区设施	0.0461***	0.0501***	0.0493***	0.0499***
	[0.006]	[0.005]	[0.005]	[0.005]
社区位置[1]				
边缘城区	1.0175***	1.1029***	1.1657***	1.1117***
	[0.298]	[0.287]	[0.287]	[0.287]
城乡接合部	4.0066***	3.6607***	3.6259***	3.5358***
	[0.252]	[0.249]	[0.250]	[0.248]
镇	2.6043***	2.4483***	2.4950***	2.4486***
	[0.251]	[0.245]	[0.246]	[0.246]
农村	-1.4257***	-1.4647***	-1.4147***	-1.5656***
	[0.382]	[0.416]	[0.417]	[0.417]
户籍[2]				
老上海农业		0.3403	0.3735	0.4374
		[0.351]	[0.351]	[0.357]
新上海非农业		-0.3888	-0.3436	-0.2862
		[0.240]	[0.241]	[0.241]
外来非农业		0.2910	0.2564	0.3532
		[0.293]	[0.301]	[0.302]
外来农业		1.9371***	1.8781***	1.9300***
		[0.239]	[0.259]	[0.283]
性别[3]			0.1357	0.1614
			[0.156]	[0.159]
年龄			-0.1322***	-0.1403***
			[0.045]	[0.046]
年龄的平方			0.0015***	0.0016***
			[0.000]	[0.000]
婚姻状况[4]			-0.0304	-0.0016
			[0.248]	[0.247]
子女情况[5]			-0.1116	-0.1928
			[0.302]	[0.301]

续表

变量	空间资本模型	户籍模型	家庭生命周期模型	社会经济地位模型
	系数 [S.E.]	系数 [S.E.]	系数 [S.E.]	系数 [S.E.]
政治面貌[6]				-0.3009 [0.257]
受教育程度[7]				
初中				0.1579 [0.284]
职高/普通高中/中专/技校				0.0453 [0.316]
大学专科及以上				-0.2190 [0.379]
单位性质[8]				
非国有				1.3416*** [0.300]
国有				0.8773*** [0.332]
职业类别[9]				
办事人员				-0.0606 [0.249]
专业技术人员				-0.3980* [0.240]
管理人员				-0.1858 [0.341]
小业主及其他				0.2097 [0.339]
收入的对数				0.0063 [0.062]
常数项	1.6471*** [0.572]	0.4944 [0.566]	3.2309*** [1.040]	2.1859* [1.300]
R-squared	0.373	0.421	0.430	0.453

注:*** P <0.01,** P <0.05,* P <0.1;系数指非标准化回归系数,下方括号内为标准误。

1 参照组为"中心城区"　　2 参照组为"老上海非农业"　　3 参照组为"女性"

4 参照组为"无配偶"　　5 参照组为"无子女"　　6 参照组为"非党员"

7 参照组为"小学及以下"　　8 参照组为"无单位 / 自雇 / 自办"

9 参照组为"一般工人"

最后,建立社会经济地位模型,加入政治面貌、受教育程度、单位性质、职业类别和收入情况。单位性质对孤立指数存在显著影响,与无单位、自雇、自办相比,非国有单位的受访者孤立指数高 1.3416 分,国有单位的受访者孤立指数高 0.8773 分。也就是说,有单位的受访者比无单位的受访者更倾向于居住在外来人口孤立指数更高的社区。

(二)户籍与居住空间资本对孤立指数的交互效应

由表 6-2 的结果可知,户籍和居住空间资本对孤立指数都发挥着显著的影响。表 6-3 将户籍与居住空间资本的各个因素进行了交互,旨在了解不同居住空间资本因素对不同户籍群体居住隔离情况的影响。

在户籍与交换价值交互模型中,与老上海非农业群体相比,外来农业群体(系数 =0.7692)的孤立指数更高,交换价值对孤立指数未表现出显著影响。外来农业群体与交换价值的交互项系数为 –1.6083,与外来农业群体的系数符号相反,交换价值可能存在一定的调节效应,随着居住空间资本交换价值的提高,外来农业群体的孤立指数将随之降低,并且在 1% 的水平上显著。这说明,当外来农业群体拥有较高的居住空间资本交换价值时,换言之,当外来农业群体有能力拥有住房,甚至是较好的住房时,他们会倾向于选择外来人口孤立指数较低的社区,开始逐步实现与本地居民混居。

在户籍与人均居住面积交互模型中,外来农业群体比老上海非农业群体的孤立指数更高(系数 =1.8409),人均居住面积对孤立指数并不存在显著影响。但是二者的交互项系数显著,系数为 –0.1656,与外来农业群体的符号相反,削弱了户籍对孤立指数的正效应。当外来农业群体有能力获取更大面积的住房时,他们可能会倾向于居住在孤立指数更低的社区。

在户籍与居住环境因子交互模型中,与老上海非农业群体相比,外来农业群体的孤立指数更高(系数 =2.0988),居住环境因子对孤立指数发挥着显著的负效应,系数为 –0.0219。外来农业群体与居住环境因子的交互项系数为 –0.0660,且在 1% 的水平上显著,这说明,居住环境存在调节效应,削弱了外来农业户籍对孤立指数的正效应。当外来农业群体能够选择更好的居住环境时，他们可能会更倾向于孤立指数更低的社区。

在户籍与社区资源因子交互模型中，与老上海非农业群体相比，外来农业群体的孤立指数更高（系数 =1.3767），社区资源对孤立指数发挥着显著的正效应（系数 =0.0487）。外来农业群体与社区资源因子的交互项系数为 –0.0903，与外来农业群体的系数符号相反，说明社区资源因子存在着一定的调节效应，社区资源因子削弱了外来农业户籍对孤立指数的正效应。可见，外来农业群体能够占有更好的社区资源时，即有能力购买社区资源较好的住房时，他们会倾向于选择外来人口孤立指数较低的社区。

在户籍与社区组织因子交互模型中，与老上海非农群体相比，外来农业群体的孤立指数更高（系数 =1.7542），社区组织因子对孤立指数发挥着显著的负效应（系数 =–0.0338）。外来农业群体与社区组织因子的交互项系数为 –0.0487，说明社区组织因子对外来农业群体与孤立指数之间的关系发挥着显著的调节效应，削弱了二者之间的正相关关系。社区组织能力较高的住房，对于外来农业群体而言，意味着更可能搬入外来人口孤立指数较低的社区。

在户籍与社区设施因子交互模型中，外来农业群体比老上海非农业群体的孤立指数更高（系数 =2.2531），社区设施因子对孤立指数并未发挥显著作用。二者的交互项对孤立指数呈现出显著的正向作用，系数为 0.1156，与外来农业户籍的符号相同，增强了外来农业户籍对孤立指数的正效应，说明社区设施的提高并不利于外来农业群体降低其孤立程度。

表6-3　户籍与居住空间资本对孤立指数的交互效应（N=978）

变量	户籍*交换价值	户籍*居住面积	户籍*F1	户籍*F2	户籍*F3	户籍*F4
	系数 [S.E.]	系数 [S.E.]	系数 [S.E.]	系数 [S.E.]	系数 [S.E.]	系数 [S.E.]
户籍						
老上海农业	0.4014	0.2409	0.1935	0.4275	0.3405	0.5397
	[0.365]	[0.370]	[0.371]	[0.341]	[0.423]	[0.343]
新上海非农业	-0.3673	-0.2829	-0.3145	-0.2304	-0.3350	-0.2175
	[0.254]	[0.240]	[0.239]	[0.237]	[0.259]	[0.231]
外来非农业	0.3328	0.2801	0.3091	0.2202	0.4760	0.3261
	[0.301]	[0.303]	[0.299]	[0.295]	[0.310]	[0.287]
外来农业	0.7692*	1.8409***	2.0988***	1.3767***	1.7542***	2.2531***
	[0.442]	[0.283]	[0.281]	[0.276]	[0.285]	[0.270]
交换价值/100万元	0.1507	0.0259	0.0555	0.0274	0.0450	0.0644
	[0.100]	[0.085]	[0.082]	[0.080]	[0.083]	[0.079]
人均居住面积/10平方米	-0.0759***	-0.0280	-0.0722**	-0.0648**	-0.0655**	-0.0681**
	[0.029]	[0.060]	[0.029]	[0.028]	[0.029]	[0.027]
F1居住环境	-0.0345***	-0.0333***	-0.0219***	-0.0309***	-0.0326***	-0.0298***
	[0.006]	[0.006]	[0.008]	[0.006]	[0.006]	[0.006]
F2社区资源	0.0240***	0.0242***	0.0242***	0.0487***	0.0253***	0.0223***
	[0.005]	[0.005]	[0.005]	[0.006]	[0.005]	[0.004]
F3社区组织	-0.0469***	-0.0457***	-0.0459***	-0.0443***	-0.0338***	-0.0445***
	[0.005]	[0.005]	[0.005]	[0.005]	[0.007]	[0.005]
F4社区设施	0.0483***	0.0479***	0.0467***	0.0425***	0.0495***	0.0122
	[0.005]	[0.005]	[0.005]	[0.005]	[0.005]	[0.008]
户籍*居住空间资本						
老上海农业*资本	-0.3887	0.0435	0.0035	-0.0441***	-0.0317**	0.0214
	[0.396]	[0.081]	[0.018]	[0.015]	[0.015]	[0.013]
新上海非农业*资本	0.1992	0.0744	-0.0091	-0.0209*	0.0009	0.0053
	[0.215]	[0.099]	[0.018]	[0.012]	[0.014]	[0.015]
外来非农业*资本	-0.6005**	0.1046	0.0224	0.0077	-0.0323**	0.0250
	[0.258]	[0.112]	[0.019]	[0.014]	[0.016]	[0.017]
外来农业*资本	-1.6083***	-0.1656**	-0.0660***	-0.0903***	-0.0487***	0.1156***
	[0.455]	[0.072]	[0.015]	[0.010]	[0.011]	[0.011]
常数项	2.5097*	1.8783	0.3630	3.3863***	0.0986	4.2632***
	[1.291]	[1.300]	[1.248]	[1.238]	[1.271]	[1.202]
R-squared	0.464	0.462	0.468	0.505	0.467	0.512

注：*** P<0.01，** P<0.05，* P<0.1；系数为非标准化回归系数，下方括号内为标准误；受篇幅限制，此处并未汇报控制变量的结果，控制变量同表6-2。

(三)居住分异指数的影响因素

就居住分异指数而言，与孤立指数构建结构一致的嵌套模型，参见表6-4。交换价值每增加100万元，居住分异指数将提高0.2730分；人均居住面积每增加10平方米，居住分异指数提高0.0807分；居住环境因子每增加1分，居住分异指数随之提高0.0486分；社区资源因子每增加1分，居住分异指数降低0.0292分；社区组织因子每增加1分，其居住分异指数提高0.1022分；社区设施每增加1分，居住分异指数降低0.0470分。换言之，交换价值、人均居住面积、居住环境因子和社区组织因子与居住分异指数正相关，社区资源因子和社区设施因子与居住分异指数呈现出负相关，这与前文孤立指数的分析结果基本一致。假设2得到了验证，居住空间资本的不同指标对居住隔离的作用方向和作用力各不相同。交换价值、人均居住面积、居住环境和社区组织能力对居住隔离指数的作用方向一致，但作用力有所不同，社区资源和设施与其他居住空间资本指标的作用方向不同。但是，当加入户籍变化后，交换价值和人均居住面积对居住分异指数的影响不再显著。

在户籍方面，与老上海非农群体相比，外来农业群体的居住分异指数低2.5316分，外来农业群体更可能居住于外来人口相对比例更高的社区。当分别加入家庭生命周期和社会经济地位的相关变量后，外来农业群体的显著性依然存在，表现非常稳健。

在家庭生命周期模型中，年龄对居住分异指数发挥显著的作用。年龄的系数为0.1415，年龄平方的系数为-0.0015，说明年龄对居住分异指数呈现倒"U"型作用。在社会经济地位模型中，单位性质对受访者的居住分异指数存在一定的影响，与无单位、自雇、自办相比，非国有单位的受访者的居住分异指数低1.4532分，国有单位的受访者的居住分异指数低0.7621分，结论与孤立指数基本一致。

表 6-4　居住分异指数的多元线性回归（N=978）

变量	空间资本模型 系数 [S.E.]	户籍模型 系数 [S.E.]	家庭生命周期模型 系数 [S.E.]	社会经济地位模型 系数 [S.E.]
交换价值/100万元	0.2730*** [0.101]	-0.0458 [0.104]	-0.0632 [0.105]	-0.1265 [0.106]
人均居住面积/10平方米	0.0807** [0.037]	0.0571 [0.036]	0.0632* [0.037]	0.0604 [0.037]
F1居住环境	0.0486*** [0.008]	0.0545*** [0.007]	0.0540*** [0.008]	0.0528*** [0.008]
F2社区资源	-0.0292*** [0.006]	-0.0390*** [0.006]	-0.0385*** [0.006]	-0.0403*** [0.006]
F3社区组织	0.1022*** [0.007]	0.0971*** [0.007]	0.0968*** [0.007]	0.0939*** [0.007]
F4社区设施	-0.0470*** [0.007]	-0.0520*** [0.007]	-0.0511*** [0.007]	-0.0525*** [0.007]
社区位置[1]				
边缘城区	-2.4103*** [0.380]	-2.5111*** [0.367]	-2.5740*** [0.367]	-2.5578*** [0.367]
城乡接合部	-4.3432*** [0.321]	-3.8809*** [0.317]	-3.8400*** [0.319]	-3.7781*** [0.317]
镇	-3.8604*** [0.321]	-3.6435*** [0.312]	-3.6992*** [0.315]	-3.6911*** [0.314]
农村	1.9709*** [0.487]	2.0604*** [0.530]	1.9875*** [0.533]	2.1077*** [0.534]
户籍[2]				
老上海农业		-0.5532 [0.448]	-0.5930 [0.449]	-0.6788 [0.456]
新上海非农业		0.3465 [0.306]	0.2993 [0.308]	0.2651 [0.308]
外来非农业		-0.4763 [0.373]	-0.3821 [0.385]	-0.4332 [0.387]
外来农业		-2.5316*** [0.306]	-2.4145*** [0.332]	-2.4882*** [0.361]
性别[3]			-0.1173 [0.200]	-0.0918 [0.203]
年龄			0.1415** [0.058]	0.1666*** [0.059]
年龄的平方			-0.0015** [0.001]	-0.0019*** [0.001]

续表

变量	空间资本模型	户籍模型	家庭生命周期模型	社会经济地位模型
	系数 [S.E.]	系数 [S.E.]	系数 [S.E.]	系数 [S.E.]
婚姻状况[4]			-0.0252	-0.0475
			[0.317]	[0.316]
子女情况[5]			0.2557	0.3135
			[0.385]	[0.384]
政治面貌[6]				0.4981
				[0.328]
受教育程度[7]				
初中				0.0474
				[0.363]
职高/普通高中/中专/技校				0.0863
				[0.404]
大学专科及以上				0.2245
				[0.484]
单位性质[8]				
非国有				-1.4532***
				[0.384]
国有				-0.7621*
				[0.425]
职业类别[9]				
办事人员				0.0076
				[0.319]
专业技术人员				0.6462**
				[0.307]
管理人员				-0.0421
				[0.435]
小业主及其他				0.0138
				[0.433]
收入的对数				-0.1085
				[0.079]
常数项	-2.6737***	-1.1948*	-4.2497***	-2.4702
	[0.729]	[0.722]	[1.329]	[1.662]
R-squared	0.400	0.446	0.453	0.475

注:*** P<0.01,** P<0.05,* P<0.1;系数指非标准化回归系数,下方括号内为标准误。

1 参照组为"中心城区"　　2 参照组为"老上海非农业"　　3 参照组为"女性"

4 参照组为"无配偶"　　5 参照组为"无子女"　　6 参照组为"非党员"

7 参照组为"小学及以下"　　8 参照组为"无单位/自雇/自办"

9 参照组为"一般工人"

(四)户籍与居住空间资本对居住分异指数的交互效应

在户籍与交换价值交互模型中,与老上海非农业群体相比,外来农业群体的居住分异指数更低(系数 =-1.0882),交换价值的系数为 -0.2406,二者都仅在 10% 的水平上显著。外来农业群体与交换价值的交互项对居住分异指数发挥显著作用,系数为 1.9336,与外来农业群体的系数符号相反,说明交换价值可能存在一定的调节效应,削弱了外来农业户籍对居住分异指数的负效应。也就是说,当外来农业群体有能力占有更高的交换价值时,他们更倾向于选择本地人聚居社区。

在户籍与人均居住面积交互模型中,外来农业群体的居住分异指数比老上海非农业群体更低(系数 =-2.3841);人均居住面积对居住分异指数并不存在显著影响。但是二者的交互项显著,系数为 0.2152,与外来农业群体的系数符号相反,人均居住面积可能存在一定的调节效应。当外来农业群体能够占有更大的人均居住面积时,他们更倾向于选择本地人聚居社区。

在户籍与居住环境因子交互模型中,外来农业群体的居住分异指数比老上海非农业群体更低(系数 =-2.6700),居住环境对居住分异指数发挥显著的正效应(系数 =0.0366)。外来农业群体与居住环境因子的交互项对居住分异指数发挥着显著的正向效应,系数为 0.0734,与外来农业群体的系数符号相反,削弱了其对居住分异指数的负效应。当外来农业群体具备入住居住环境更好的社区条件时,他们更倾向于选择本地人聚居社区。

在户籍与社区资源因子交互模型中,与老上海非农业相比,外来农业群体的居住分异指数更低(系数 =-1.8513),社区资源因子对居住分异指数存在显著的负效应(系数 =-0.0707)。交互项的结果显示,外来农业户籍与社区资源因子的交互项系数为 0.1070,社区资源因子可能存在一定的调节效应,削弱了外来农业群体户籍对居住分异指数的负效应。也就是说,能够拥有更好社区资源的外来农业群体更可能会选择本地人聚居社区。

在户籍与社区组织因子交互模型中,与老上海非农业群体相比,外来农业群体的居住分异指数更低(系数=-2.2182),社区组织因子对居住分异指数发挥显著的正效应(系数=0.0791)。外来农业户籍与社区组织因子的交互项对其居住分异指数发挥显著作用,系数为0.0642,与外来农业户籍的系数符号相反,社区组织因子削弱了外来农业户籍对居住分异指数的负效应。能够入住组织能力较高的社区的外来人口会倾向于选择本地人聚居社区。

在户籍与社区设施因子交互模型中,外来农业群体的居住分异指数比老上海非农业群体更低(系数=-2.8732),社区设施因子对居住分异指数并未发挥显著作用。外来农业与社区设施因子的交互项对居住分异指数存在显著的负效应,系数为-0.1353,进一步加强了外来农业群体对居住分异指数的负效应。可见,有能力占有更完善社区设施的外来农业群体并不能够提高其入住本地人聚居区的可能性,反而更倾向于选择外来人口相对比例较高的社区。

表6-5 户籍与居住空间资本对居住分异指数的交互效应(N=978)

变量	户籍*交换价值 系数 [S.E.]	户籍*居住面积 系数 [S.E.]	户籍*F1 系数 [S.E.]	户籍*F2 系数 [S.E.]	户籍*F3 系数 [S.E.]	户籍*F4 系数 [S.E.]
户籍						
老上海农业	-0.6674	-0.5289	-0.4935	-0.6333	-0.8130	-0.8199*
	[0.467]	[0.475]	[0.476]	[0.439]	[0.540]	[0.442]
新上海非农业	0.3671	0.2799	0.3201	0.1762	0.4137	0.1750
	[0.325]	[0.308]	[0.307]	[0.305]	[0.331]	[0.298]
外来非农业	-0.4023	-0.3442	-0.3768	-0.2717	-0.5617	-0.3930
	[0.385]	[0.388]	[0.384]	[0.379]	[0.396]	[0.371]
外来农业	-1.0882*	-2.3841***	-2.6700***	-1.8513***	-2.2182***	-2.8732***
	[0.565]	[0.362]	[0.361]	[0.355]	[0.364]	[0.348]
交换价值/100万元	-0.2406*	-0.0900	-0.1289	-0.0949	-0.1057	-0.1375
	[0.129]	[0.109]	[0.106]	[0.102]	[0.106]	[0.102]
人均居住面积/10平方米	0.0656*	-0.0302	0.0599	0.0564	0.0485	0.0565
	[0.037]	[0.077]	[0.037]	[0.036]	[0.037]	[0.035]

续表

变量	户籍*交换价值 系数 [S.E.]	户籍*居住面积 系数 [S.E.]	户籍*F1 系数 [S.E.]	户籍*F2 系数 [S.E.]	户籍*F3 系数 [S.E.]	户籍*F4 系数 [S.E.]
F1居住环境	0.0542***	0.0529***	0.0366***	0.0496***	0.0518***	0.0486***
	[0.007]	[0.008]	[0.010]	[0.007]	[0.007]	[0.007]
F2社区资源	-0.0398***	-0.0400***	-0.0403***	-0.0707***	-0.0418***	-0.0377***
	[0.006]	[0.006]	[0.006]	[0.008]	[0.006]	[0.006]
F3社区组织	0.0932***	0.0919***	0.0926***	0.0900***	0.0791***	0.0902***
	[0.007]	[0.007]	[0.007]	[0.006]	[0.008]	[0.006]
F4社区设施	-0.0506***	-0.0506***	-0.0493***	-0.0428***	-0.0526***	-0.0087
	[0.007]	[0.007]	[0.007]	[0.007]	[0.007]	[0.010]
户籍*居住空间资本						
老上海农业*资本	0.3309	0.0198	0.0095	0.0701***	0.0245	-0.0284
	[0.507]	[0.103]	[0.023]	[0.019]	[0.019]	[0.017]
新上海非农业*资本	-0.2505	0.0127	0.0284	0.0285*	-0.0131	-0.0029
	[0.275]	[0.128]	[0.023]	[0.015]	[0.018]	[0.019]
外来非农业*资本	0.7721**	-0.0563	-0.0231	-0.0106	0.0361*	-0.0227
	[0.331]	[0.144]	[0.025]	[0.017]	[0.021]	[0.021]
外来农业*资本	1.9336***	0.2152**	0.0734***	0.1070***	0.0642***	-0.1353***
	[0.582]	[0.093]	[0.019]	[0.012]	[0.014]	[0.015]
常数项	-2.9347*	-2.2110	0.2652	-4.4101***	1.8393	-4.5193***
	[1.652]	[1.667]	[1.601]	[1.591]	[1.623]	[1.551]
R-squared	0.485	0.480	0.486	0.520	0.489	0.523

注:***$P<0.01$,**$P<0.05$,*$P<0.1$;系数为非标准化回归系数,下方括号内为标准误;受篇幅限制,此处并未汇报控制变量的结果,控制变量同表6-4。

六、小结

前人的理论和研究指出,居住隔离的形成是个体选择居住地的结果,是社会分层的空间表现。外来人口在选择居住地时，会主要考虑两方面的因素,一是自身的经济能力,二是对社区内同乡社会支持的需要。调查数据表明,外来人口选择居住地时考虑社会支持的比例极低,而最主要考虑的因素是住房费用,换言之,经济能力更为重要。对于本地居民而言,迁居除了需要考虑家庭生命周期因素外,社会经济地位同样也是无法忽视的方面。因此,本书将本地居民和外来人口同时纳入模型，考察他们占有居住空间资本的差异性是否会影响居住隔离状态的形成。本章首先使用结构方程的方法,验证了居住空间资本与居住隔离指数之间的相关关系。受访者占有的居住空间资本越高，其居住地的孤立指数越低，居住分异指数越高，说明更倾向于选择外来人口相对比例较低的本地人聚居区。

对于居住空间资本而言，本书通过交换价值和使用价值两个方面的六个因素进行测量。这些因素都是影响居住空间资本的重要指标，但作用方向并不一致。这也是现实情况的体现，第五章的结果说明，住房均价较高的社区并不一定能够同时包含较好的居住环境、社区资源和设施，以及较高的社区组织能力。房屋均价较高，住房占有比例可能更低，尤其是外来人口无力支付高昂的房价，可能会选择租住在较好的社区中。本章的结果也说明，居住空间资本的各因素对居住隔离指数的作用力和作用方向并不相同，换言之，并不是居住空间资本的每一个因素都致使居住隔离更加严重。本地居民与外来人口的居住隔离集中表现在外来农业群体和老上海非农业群体之间，与老上海非农业群体相比，外来农业群体的孤立指数更高，而居住分异指数更低，并且都在1%的水平上显著。通过将户籍变量与不同的居住空间资本指标进行交互，本章试图了解居住空间资本对不同户籍群体的具体作用。研究发现，居住空间资本的交换价值和使用价值的人均居住面积、居住环境、社区资源、社区组织和社区设施因子都会对外来农业群体的居住隔离发挥显著的作用。其中，社区设施的作用略有不同，但是其他指标的作用都较为一致。总体而言，当外来农业群体能够占有更高的居住空间资本时，他们更倾向于选择与本地居民混居。

第七章
居住空间资本和居住隔离对社会融合感受的影响

　　中国正处于社会转型期，又有着悠久的移民史，因此出现了大量国内移民的现象。随着我国"国内移民"人数日益增加，外来人口对本地居民的工作和生活等诸多方面产生了一定的冲击和影响，造成了社会群体之间的区隔和冲突，以及伴随而生的社会偏见与歧视。与其他发展中国家相比，我国的国内移民现象具有一定的特殊性，不仅是个人的选择问题，同时受到户籍制度的影响（Chan and Zhang, 1999；Fan, 2008）。受迁入地的各种政策限制，外来人口被排斥在社会福利和教育机会之外，也包括了获取住房和进入公立学校（Logan et al., 1999；Huang, 2004；Huang and Tao, 2015）。外来人口在城市中的劣势地位多是由于户籍制度所造成的，因此较之西方的城市，我国的外来人口融入城市主流生活更为困难和复杂。在传统的空间同化理论中，居住隔离也是对于客观融合的一种测量。外来人口居住的社区类型会对其是否与本地人交流，以及是否能够融入本地主流社会发挥着显著的作用（Semyonov and Glikman, 2009），但是国内对于这种效应是否存在的验证性研究非常鲜有。本章将聚焦于社会融合感受和态度，进一步探讨主观层面如何被客观融

223

合所影响，尤其是居住隔离因素的作用。

一、居住隔离与社会融合的文献回顾

社会融合包含了多个维度，经济、社会、文化、政治、制度和心理，同时融入也是一个多阶段的过程，从适应到完全认同新的环境，最终达到身份认同（Gordon，1964；Goldlust and Richmond，1974；嘎日达、黄匡时，2009）。从空间上来说，移民通常会居住于移民聚居区，这些地方通常房租低廉，但是表现出了集中贫困的特点。随着移民经济地位的提升，他们更倾向于搬离聚居区，迁入更好的住房和社区，与本地居民聚居，实现空间同化（Alba and Nee，1997；Massey，1985）。如果没有实现居住融合，移民可能无法达到结构同化或者其他同化的结果（Massey and Mullan，1984）。尽管在今天多元文化和全球化的背景下，并不是每个移民群体都打算融入或同化（Portes et al.，1980），但是社会融合一般都被视为移民摆脱劣势地位、成为主流社会成员的标志。

现有的研究往往侧重于个人或家庭因素，如人力资本、社会网络、社会资本是如何影响社会融合的（Portes，1998；周敏、林闽钢，2004）。这种强调个人特征的研究，假设是在一个完善的劳动力和住房市场中，而忽略了情境和体制因素也可能会影响移民的融合。例如，移民的社区类型和不同群体的比例情况都可能会显著地影响移民的经济和住房结果，进而影响他们的融合。大部分关于社区影响的文献关注于集中贫困的影响，还有少部分研究关注居住于少数种族聚居区的结果（Galster，2007）。

关于群体间关系的研究在经典的社会心理学领域主要包括两种理论，强调威胁和接触如何塑造群体间的态度（LeVine and Campbell，1972；Tajfel and Turner，1979）。基于群体威胁理论，在欧洲和美国，如果生活在有大量移民的社区，本地人可能对移民持消极态度，特别是在陷入经济困境的地区（McLaren，2003；Quillian，1995，Alba et al.，2005）。然而，接触理论（Pettigrew，1998；Dixon，2006）表明，即使在不理想的社会环境中，不同群体之间的相互接触也可能导致积极的群体间感受。谢苗诺夫和格利克曼发现，种族居住隔离限制建立和发展种族间社会交往的机会，积极的种族间接触可能会减弱反少数种族的态度（Semyonov and Glikman，2009）。

外来人口倾向于认为，户籍制度限制了他们的永久居留，阻碍了其在城市中的融合（李强，2000）。外来人口和当地城市居民之间的交往对外来人口的自我身份认同产生了重要影响，进而影响他们的行为（崔岩，2012）。大多数外来人口认为，他们受到了城市居民的歧视，这更不利于他们的信心和人格，而不是经济方面的影响（李强，1995）。户籍制度致使城市居民成了享有特权的"一等公民"，而外来人口成了无法享受福利的"二等公民"，他们之间几乎没有互动。在上海的一项调查显示，大多数外来人口对现居城市并没有非常强烈的居留意愿。任远和戴星翼（2003）认为，这不是他们的真实意图，而是他们考虑了制度约束和不稳定的工作后作出的"理性决策"。雷开春（2011a）发现，持有上海市户籍的新移民表现出了更高程度的社会身份认同。

越来越多的文献开始对外来人口的住房和社区选择给予了关注。一般来说，外来人口会居住在贫穷集中的某些边缘化的社区，如城市郊区的村庄、内城区旧房社区、棚户区、工厂宿舍、非正式／非法房屋，如地下室（Wu，2002；吴维平、王汉生，2002；Knight et al.，1999；雷敏等，2007；Wang et al.，2010），这主要是由于外来人口无法负担高房价带来的高房租，以及住房制度导致的歧视。外来人口与本地居民之间居住隔离的形成主要是由于计划经济体制下相对同质的"单位制"住房格局（Huang，2005）。罗仁朝和王德（2008）从城市规划角度，选取了四个不同聚居形态的流动人口聚居区进行研究，结果显示，流动人口与流入地居民的空间隔离在一定程度上加剧了心理隔离的形成。新一代农村进城务工人员与城市居民的社会距离要大于上一代，对来自城市居民的排斥有更强烈的感触和预期，从心理上形成了对城市居民疏远隔膜的整体印象（郭星华、储卉娟，2004）。马西恒、童星（2008）在对上海市Y社区的个案调查中提出，新移民与本地居民已经从相互隔离、排斥和对立转向一种理性、兼容、合作的"新二元关系"。由此，作者提出新移民与城市社会融合经历的三个阶段，即"二元社区""敦睦他者"和"同质认同"。韩俊强（2013）基于武汉市调研数据，对样本地区农村进城务工人员住房情况与城市融合之间的关系进行了分析。实证结果显示，在其他条件不变的情况下，相对于住在集体宿舍、工棚和生产场所的农村进城务工人员来说，租房和拥有自己住房的农村进城务工人员完全融入城市的概率更大；随着人均住房面积的提高，农村进城务工人员完全融合的概率也显著增加，但人均住房面积存在着边际递减效应。

本章旨在了解人们对社会融合的感受，特别是环境因素和客观的社会融合如何影响人们对社会融合的主观看法。社会融合经常被视为一个单向过程，即外来人口如何融入本地的生活（马西恒、童星，2008；周皓，2012），而另一些人则认为它是一个双向的过程，外来人口和本地居民通过相互作用实现社会融合（任远和邬民乐，2006）。本书将社会融合视为一个双向互动的过程，并试图探讨移民和本地居民在社会融合感受方面的差异性。

二、研究框架和研究假设

本章涉及本地居民和外来人口两大群体，二者对于社会融合程度的评价，或者称为"社会融合感受"是本章的因变量，而个体层次的核心自变量为户籍,如前文所述的五类;社区层次的核心自变量为居住隔离。在控制了个体层次其他变量的影响后，研究居住隔离对于本地居民和外来人口社会融合程度评价的影响,并对其中的交互作用进行分析。可见,外来人口与本地居民的社会融合是由个体和社区层面的因素共同决定的(见图7-1)。

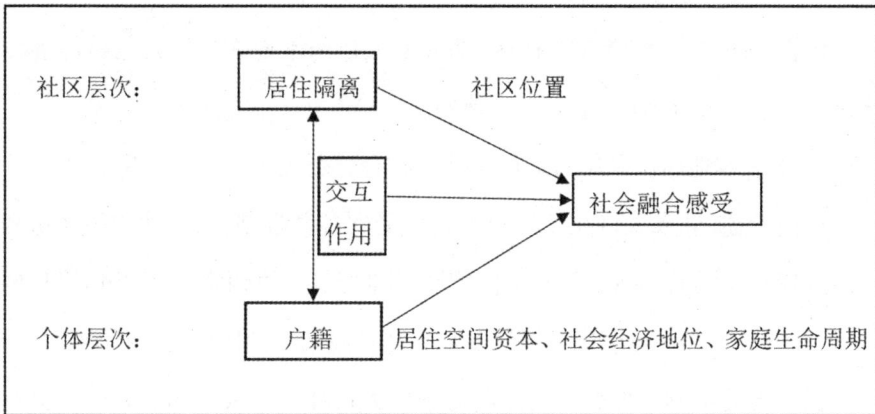

图7-1　本章研究框架

通过前文的文献回顾可知，社会经济地位和家庭生命周期因素会影响社会融合感受。在户籍制度的影响下,不同户籍群体在社会融合感受方面也会表现出显著的差异性。户籍不仅直接影响社会融合感受,同时可能调节其他变量的作用,如居住空间资本,这也会影响到社会融合感受,因此外来人口的社会融合感受可能与本地居民有所不同。现有的研究主要集中在外来人口的态度上,而本章将比较本地居民和外来人口的差异性。

假设1:外来人口与本地居民在社会融合感受方面存在显著的差异性。

社区层面的因素,如社区位置,也可能影响人们对社会融合的感知,尤其是居住隔离。相比其他维度的融合,如经济和文化融合,居住隔离更加客观和可见地影响着人们的日常生活,因此它可能会显著影响社会融合感受。此外,居住隔离也体现了经济和文化融合的不足,进而可能会影响到人们对社会融合的感知。因此,我们推测,外来人口和本地居民之间的居住隔离对他们的社会融合感受发挥着显著的影响。在本章中,居住隔离通过前文介绍过的居住分异指数和孤立指数进行分析,两个指标其实指向了不同的问题,居住分异指数更侧重于社区的聚居情况,而孤立指数则更侧重于社区内外来人口与本地人的接触机会。

假设 2:孤立指数越高的社区,即外来人口与本地人口接触的可能性越小的社区,其居民的社会融合感受越差。

假设 3:本地居民聚居区的居民社会融合感受优于外来人口聚居区。

如前所述,外来人口在住房获得方面受到各种限制,因此他们的住房和社区选择是有限的。除了住房条件糟糕,他们更有可能生活在某些边缘化的社区,如城中村和内城区旧房社区。如果居住隔离对社区居民的社会融合感受存在显著的影响,那么居住隔离对本地人口和外来人口的影响会不会有所不同呢? 因此,本章将关注到居住隔离与户籍之间的跨层交互作用。居住隔离对外来人口的社会融合感受的作用如何? 是进一步加剧外来人口的"被排斥感",还是会缓解外来人口与本地人之间融合感受的差异呢?

假设 4:居住隔离与户籍存在交互效应,居住隔离程度会对不同户籍群体的社会融合感受发挥不同的作用。

三、研究设计

本章使用的数据与前几章一致,因此在此不再做过多说明,此处主要对本章涉及的变量操作化和方法进行说明。变量的操作化会侧重于因变量,因为本章涉及的自变量在前几章已有涉及,因此不再赘述。本章采用的统计模型为多层线性模型,虽然第五章的个别模型也涉及该方法,但是并未做细致的介绍,并且第五章并未涉及跨层交互。因此,本章将对多层线性模型进行一定的说明,这与本章的研究思路密切相关。

(一)变量的操作化

本章的因变量是社会融合感受,这与文献综述中提及的社会心理学领域中的群体间关系(intergroup relation)研究有一定的相似性。基于群体接触和威胁理论,从问卷中选取两个问题来测量社会融合感知程度。

第一个问题是:你同意"本地人总是排斥外地人"的说法吗？这是一个直接测量社会排斥感受的变量,由于社会排斥与社会融合是一组对立的概念,因此此处通过"排斥"来测量"融合"。如果受访者同意"本地人总是排斥外地人"的说法,表明他们认为外来人口是被本地居民所排斥的,二者之间的融合程度较低。不同意"本地人总是排斥外地人"则代表社会融合程度高。因此,由1分至5分代表由"完全同意"至"很不同意"。

第二个问题是:你同意"外地人多会给本地治安带来问题"的说法吗？类似的问题经常被用在群际威胁研究中(Schneider,2008;Semyonov et al.,2004;Semyonov and Glikman,2009)。移民经常被指责给当地的安全问题带来威胁,这种观念对群体间的关系是非常重要的,从而影响社会融合感受。如果一个人认为移民给当地的安全带来了问题,他/她对移民不太可能有包容性的行为,因此它是一个能够对社会融合进行很好测量的指标。但是这可能也是一个经常被质疑的测量方法,特别是在测量像移民关系这种敏感的话题时,受访者可能提供适当的或符合预期的答案(如政治正确的答案),而不是他们的真实想法。例如,本地居民特别是受过教育的人可能认为移民威胁邻里安全,但他们知道这是不恰当的,所以他们可能会给出相反的答案。然而,从社会融合的角度出发, 这两个问题依然是衡量本地人与外来人口关系的重要变量。第二个问题的选项依然是从"完全同意"到"很不同意",由 1 至 5 分代表。

个体层次的自变量与前几章大致相同,在此稍加说明为何选取这些自变量。户籍显然是本章在个体层次的核心自变量,与前几章相似,通过户籍所在地和户口类型将受访者分为五类。以往研究指出,从农村来到城市的外来人口集中表现为低教育水平、低技能的工作、低收入和较差的生活条件(Fan,2008;Li,2006;Knight and Song,1999)。城市居民对外来人口产生歧视性态度(out-groups discrimination)的原因可能与个体特征密切相关,如年龄、受教育程度、职业、阶层,具有某些特征的个体会有较强的歧视态度(Quillian,1995)。一般来说,对少数种族表现出偏见和歧视的态度往往更可能是那些低社会经济地位(如低学历和收入)者、男性和老年人(Firebaugh and Davis,1988;Espenshade and Hempstead,1996;Esses et al.,2001;Hughes and Tuch,2003;Semyonov et al.,2004)。同样,这些因素可能会影响少数种族对主流社会的态度。此外,大多数移民在上海买不起房子,选择租房(Wu,2002)。在中国,农村进城务工人员子女是被城市的教育系统排斥在外的(范先佐,2004;郭建鑫,2007;屈智勇、王丽,2008)。因此,住房产权和子女情况是对移民归属感具有一定意义的变量,并由此可能对他们的社会融合感受产生影响。

关键的社区层次变量是外来人口和本地居民之间的居住隔离,本章采用前文已经介绍过的两个测量指标,即孤立指数和居住分异指数。另外,通过前文的分析不难发现,对外来人口居住空间资本的获得和居住隔离的形成都发挥显著作用的社区层次变量为社区位置。因此,将社区位置变量也引入模型,作为社区层次的重要控制变量。

(二)统计模型

本章的主要分析方法是分层线性模型(hierarchical linear models),用它估计个体层次的特征和所属社区居住隔离状态对受访者社会融合感受程度的影响。分层线性模型不仅可以对各层次之间的效应建立模型并进行假设检验,而且还能分解各层次间的方差和协方差(Raudenbush and Bryk,2002)。本章分析采取如下4个步骤:第一步,估计随机效应的单因素方差分析模型,即这一模型无论在个体还是社区层次都不包括任何解释变量,即零模型;第二步,加入了所有个体层次的变量,但没有加入社区层次的变量,而且模型中的回归系数假定是固定的;第三步,加入社区层次的变量,即孤立指数和居住分异指数;第四步,将社区层次的变量加入个体层次核心自变量的截距,即居住隔离指数与户籍变量的交互效应模型。

四、研究结果

本章将首先对个体层次和社区层次核心自变量与因变量的关系进行简单的交互分析,并通过ANOVA检验结果来判断其中是否存在差异性。考虑到居住隔离的测量仅在本地人口和外来人口之间,因此先将户籍变量简单地划分为本地人口和外来人口。对两个因变量进行分别分析,而后建立多层线性模型,在四步研究策略的指导下进行逐步分析。

(一)描述性统计结果

本次调查结果显示,6.03%的受访者同意"本地人总是排斥外地人"这一说法,34.35%的受访者表示比较同意,14.83%的受访者"说不清",39.88%的受访者表示"不太同意",另外,还有 4.91% 的受访者表示"很不同意"这一说法。图 7-2 对本地居民和外来人口进行了分别绘图比较,结果显示,关于"本地人总是排斥外地人"的说法,11.49% 的外来人口表示"完全同意",但仅有 3.67% 的本地居民表示"完全同意";43.92% 的外来人口表示"比较同意",但本地居民的比例仅有 30.21%;二者"说不清"的比例较为接近,本地居民略高(15.25%),外来人口为 13.85%;本地居民表示"不太同意"的比例较高,达到了 45.89%,而仅有 26.01% 的外来人口表示"不太同意";本地居民和外来人口表示"很不同意"的比例较为接近,都约为 5%。对于二者之间的差异性进行皮尔逊卡方检验,卡方值为 52.9855,自由度为 4,P 值为 0.000,表示本地居民和外来人口在"排斥感受"方面存在显著差异,外来人口倾向于同意"本地人总是排斥外地人"这一说法,而本地人更倾向于不同意。可见,本地人认为自己并没有排斥外地人,而外地人认为自己遭到了本地人的排斥,无论实际生活中是否存在排斥行为,但是二者对于排斥的感受确实存在着差异性。

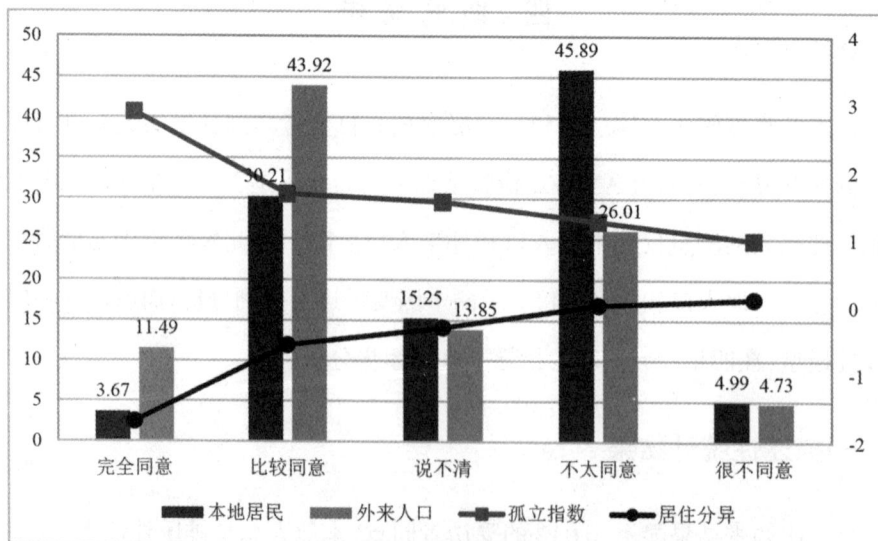

图 7-2 上海市外来人口与本次居民的"排斥感受"(%)

关于"外地人多会给本地治安带来问题"的说法,4.60%的受访者"非常同意",47.34%的受访者表示"比较同意",20.45%的受访者"不确定",24.75%的受访者表示"不太同意",还有2.86%的受访者"很不同意"。而进一步观察图7-3的结果,5.43%的本地居民"完全同意""外地人多会给本地治安带来问题",而仅有2.7的外来人口"完全同意"这一说法;55.57%的本地居民表示"比较同意",而外来人口的比例仅有28.38%;二者表示"说不清"的比例较为接近,本地居民为18.62%,外来人口为24.66%;19.65%的本地居民"不太同意""外地人多会给本地治安带来问题",而外来人口的比例达到了36.49%;仅有0.73%的本地人"很不同意"这一说法,而外来人口的比例约为本地居民的10倍,达到7.77%。皮尔逊卡方检验结果显示,卡方值为98.6052,自由度为4,P值为0.000,这表明外来人口和本地居民在外来人口是否是"安全威胁"方面的看法存在显著的差异性。外来人口倾向于否认自己是当地治安的隐患,而本地居民坚信外来人口对本地治安存在负面影响。

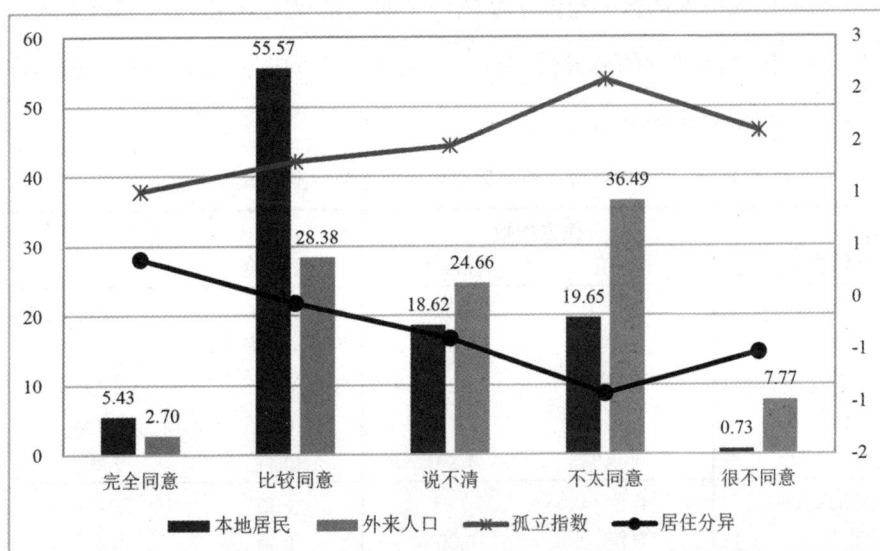

图7-3　上海市外来人口与本地居民的"安全威胁"态度(%)

空间资本、居住隔离与外来人口的社会融合

表 7-1 是居住隔离的两个测量指标与两个因变量之间交互分析的结果，均值的走势分别在图 7-2 和图 7-3 中有所体现。图 7-2 说明，孤立指数呈现下降趋势，也就是说，越倾向于同意"本地人总是排斥外地人"，越可能生活在孤立指数较高的社区。通过 ANOVA 检验发现，不同观点群体之间的孤立指数差异性非常显著，F 值为 3.94（P<0.01）。而居住分异指数呈现上升趋势，居民越不同意"本地人总是排斥外地人"，居住分异指数越大，越趋向于本地居民聚居社区。ANOVA 检验结果显示，不同观点群体之间的居住分异指数差异非常显著，F 值为 2.76（P<0.05）。

在图 7-3 中，孤立指数呈现一种较为平缓的上升趋势，在"很不同意"处出现下降趋势，但总体为上升趋势。居民越不同意"外地人多会给本地治安带来问题"，越可能居住于外来人口孤立指数高的社区。居住分异指数的趋势与孤立指数相反，呈现出一种下降趋势，也在"很不同意"处有所回升，但总体趋势向下。居民越"同意""外地人多会给本地治安带来问题"，越趋向于居住在本地人口聚居区。与图 7-2 的两个曲线走势完全相反，这与外来人口和本地居民之间观点的差异性一致，二者在两个问题的观点分布上也表现出了完全相反的比例分布。

表 7-1 居住隔离指数与两个因变量的交互分析及 ANOVA 检验结果

排斥感受	孤立指数		居住分异指数	
	平均值	标准差	平均值	标准差
完全同意	2.88	4.798	-1.70	5.904
比较同意	1.67	3.372	-0.57	4.295
说不清	1.55	3.279	-0.31	4.234
不太同意	1.26	2.727	0.02	3.733
很不同意	0.98	1.591	0.11	2.892
ANOVA TEST	F 值	3.94	F 值	2.76
	P 值	0.004	P 值	0.027

续表

安全威胁	孤立指数		居住分异指数	
	平均值	标准差	平均值	标准差
完全同意	1.02	1.928	0.37	3.115
比较同意	1.31	2.716	-0.05	3.765
说不清	1.46	3.152	-0.39	3.912
不太同意	2.09	3.998	-0.92	5.032
很不同意	1.60	3.602	-0.52	4.389
ANOVA	F 值	2.78	F 值	2.11
TEST	P 值	0.026	P 值	0.078

在解释这一问题时,不能简单地将其视为融合感受的高低进行说明。通过本地居民和外来人口对于两个问题截然不同的观点趋势可以看出,不同身份的受访者在回答问题时会表现出自身身份所赋予的倾向性。本地居民在回答问题时会倾向于并未排斥外地人,但认为外地人给本地治安带来了问题;而外来人口回答问题时会倾向于本地人排斥他们,但他们并没有给本地造成治安问题。两大群体在回答问题时,难免会有自我情境的带入。但这样的结果使接下来的分析更加有趣,进一步将本地人和外来人口细化,再将居住隔离与户籍进行跨层交互时,会更加发现二者对融合感知的差异性。

(二)排斥感受

按照分析策略的四个步骤对于"排斥感受"结果进行分析,试图验证本章提出的四个假设。

1.零模型

使用 HLM 的优势是它可以将因变量的整体差异分解到社区与个体层级里,并给出一个定量的指标来表示不同层级所导致的差异占总差异的比例。模型 1 使用 HLM 的零模型(null model)来分解个体排斥感受的差异,具体模型如下:

第一层：$Y=B_0+R$

第二层：$B_0=G_{00}+U_0$

总模型：$Y=G_{00}+U_0+R$

其中，B_0 为第一层截距，R 为随机效应，G_{00} 为第一层截距在第二层的固定效应，U_0 为第二层随机效应。这个模型不加入任何变量，因此可以检验总方差的分布。

零模型是两层的完全无条件模型，可知总的方差有多少是分别可以被个体和社区层次变量解释的。层 -1 效应的方差点估计是 1.1506，大于层 -2 的方差估计（0.0290）。组间相关系数的计算方法是层 -2 方差分量 /（层 -1 方差分量 + 层 -2 方差分量），因此 ICC 的值为 0.025，这说明上海市居民排斥感受程度差异的 2.5% 是由社区差异组成的。进一步分析发现，层 -2 的方差估计其实就是对各社区排斥感受程度的方差进行分析，如果各个社区排斥感受程度的平均分没有显著差别，那么对层 -2 方差的卡方统计检验应该是不显著的，然而结果表明对层 -2 方差的检验是显著的（P=0.011），卡方值为 59.5917，自由度为 37，这表明不同社区间排斥感受程度的差异是可以从个体层次和社区层次两方面来解释的。

2. 个体层次特征

户籍模型在零模型的基础上，加入了个体层次的户籍变量，仅个体层模型在户籍模型的基础上加入了其他个体层次的自变量，但两个模型未加入社区层次的变量。为了使输出结果更好解释，在模型设置时将个体层次的自变量按社区的平均值对中（group-mean centered）设置，对于个体层次的控制变量采取总平均数中心化（grand-mean centered）设置（Enders and Tofighi, 2007），包括性别、受教育程度、政治面貌、单位性质、职业类别、婚姻状况和子女情况。仅个体层具体模型如下：

第七章 居住空间资本和居住隔离对社会融合感受的影响

第一层：$Y=B_0+B_1*$ 户籍$+B_2*X_2+\cdots\cdots+B_k*X_k+R$

第二层：$B_0=G_{00}+U_0$

$\qquad B_1=G_{10}$

$\qquad B_2=G_{20}$

$\qquad \cdots\cdots$

$\qquad B_k=G_{k0}$

总模型：$Y=G_{00}+G_{10}*$ 户籍 $+G_{20}*X_2+\cdots\cdots+G_{k0}*X_k+U_0+R$

其中，B_0 是层 -1 模型的截距，由于个体层次的自变量按照社区的平均值对中，部分控制变量按照总体平均对中，因此截距在这里基本可以代表各社区的平均排斥感受程度。而第一层的其他 B 系数分别代表个体特征变量的效应，社区平均值对中的自变量的系数体现着个体特征导致的受访者对社区平均排斥感受程度的系统性偏离，总体平均值对中的自变量的系数则体现着个体特征导致的受访者对总体平均排斥感受程度的系统性偏离，与常规回归系数的理解方式相同。层 -1 模型中的 R 代表某个受访者的随机误差，即不能由社区平均水平及其个体特征的系统性影响所解释的那部分差异。

户籍模型结果显示，不同户籍群体之间的排斥感受程度呈现出显著的差异性。老上海农业户籍的排斥感受比老上海非农户籍低 0.2525 分，外来非农户籍群体的排斥感受比老上海非农群体低 0.4616 分，外来农业户籍群体的排斥感受比老上海非农群体低 0.4835 分，仅有新上海非农群体与老上海非农群体在排斥感受方面无显著性差异。也就是说，相较于老上海非农群体、老上海农业群体、外来非农群体和外来农业群体更倾向于对"本地人总是排斥外地人"的说法表示赞同，并且外来人口的两大群体显然与老上海非农群体的差异性更加显著。当加入个体层次其他自变量后，不同户籍群体之间的差异性依然显著。由此假设 1 得到了验证，即外来人口与本地居民在排斥感受方面存在着显著差异。

另外,在仅个体层模型中,受教育程度和居住环境因子两个变量也对排斥感受发挥着一定的作用。在受教育程度方面,与小学及以下学历水平相比,职高/普通高中/中专/技校的受访者的排斥感受分数低 0.2515 分,大学专科及以上学历受访者的排斥感受分数低 0.3365 分。也就是说,受教育水平越高,越倾向于赞同"本地人总是排斥外地人"。个体层面的居住空间资本中只有居住环境因子对受访者的排斥感受存在显著影响,受访者的居住环境因子得分每增加 1 分,其排斥感受的分值增加 0.007 分。换言之,拥有更好居住环境的受访者,更可能倾向于不同意"本地人总是排斥外地人"。与零模型相比,户籍模型层 –1 的方差减少到 1.1144,仅个体层模型层 –1 的方差又进一步减少到 1.0876。这说明个体层次的变量能够有效地解释部分个体的排斥感受程度的差别。

表 7–2　上海市外来人口与本地居民对"排斥感受"的 HLM 模型逐步计算结果

变量	零模型 系数 [S.E.]	户籍 系数 [S.E.]	仅个体层 系数 [S.E.]	孤立指数 系数 [S.E.]	孤立交互 系数 [S.E.]	分异指数 系数 [S.E.]	分异交互 系数 [S.E.]
层-1截距	3.0360*** [0.0437]	3.0362*** [0.0436]	3.0359*** [0.0435]	3.0723*** [0.0521]	3.0723*** [0.0521]	3.0363*** [0.0529]	3.0362*** [0.0530]
层-1个体变量 户籍变量[1]							
老上海农业		-0.2525** [0.1165]	-0.2951** [0.1182]	-0.2831** [0.1196]	-0.3669*** [0.1301]	-0.2842** [0.1198]	-0.3321*** [0.1123]
与居住隔离交互					0.0648 [0.0514]		-0.0749 [0.0459]
新上海非农		0.0778 [0.1085]	0.0758 [0.1159]	0.0807 [0.1155]	0.0786 [0.1331]	0.0795 [0.1154]	0.0792 [0.1146]
与居住隔离交互					0.0020 [0.0797]		-0.0011 [0.0487]
外来非农		-0.4616*** [0.1326]	-0.3265** [0.1403]	-0.3235** [0.1401]	-0.3501** [0.1538]	-0.3254** [0.1398]	-0.3210** [0.1408]
与居住隔离交互					0.0228 [0.0462]		0.0023 [0.0330]
外来农业		-0.4835*** [0.1025]	-0.3756*** [0.1365]	-0.3615*** [0.1351]	-0.3259** [0.1597]	-0.3622*** [0.1353]	-0.3394** [0.1407]
与居住隔离交互					-0.0108		0.0038

续表

变量	零模型 系数 [S.E.]	户籍 系数 [S.E.]	仅个体层 系数 [S.E.]	孤立指数 系数 [S.E.]	孤立交互 系数 [S.E.]	分异指数 系数 [S.E.]	分异交互 系数 [S.E.]
					[0.0797]		[0.0487]
外来非农		-0.4616***	-0.3265**	-0.3235**	-0.3501**	-0.3254**	-0.3210**
		[0.1326]	[0.1403]	[0.1401]	[0.1538]	[0.1398]	[0.1408]
与居住隔离交互					0.0228		0.0023
					[0.0462]		[0.0330]
外来农业		-0.4835***	-0.3756***	-0.3615***	-0.3259**	-0.3622***	-0.3394**
		[0.1025]	[0.1365]	[0.1351]	[0.1597]	[0.1353]	[0.1407]
与居住隔离交互					-0.0108		0.0038
					[0.0286]		[0.0209]
交换价值/100万元			0.0170	0.0174	0.0188	0.0170	0.0171
			[0.0302]	[0.0301]	[0.0298]	[0.0302]	[0.0303]
居住环境因子F1			0.0070**	0.0072**	0.0072**	0.0072**	0.0074**
			[0.0032]	[0.0032]	[0.0032]	[0.0032]	[0.0033]
社区资源因子F2			0.0033	0.0030	0.0005	0.0031	-0.0006
			[0.0198]	[0.0200]	[0.0202]	[0.0200]	[0.0202]
社区组织因子F3			0.0198	0.0206	0.0204	0.0206	0.0206
			[0.0131]	[0.0131]	[0.0131]	[0.0131]	[0.0133]
社区设施因子F4			0.0051	0.0050	0.0050	0.0050	0.0052
			[0.0053]	[0.0054]	[0.0054]	[0.0054]	[0.0054]
人均居住面积/10平方米			-0.0080	-0.0081	-0.0085	-0.0082	-0.0081
			[0.0106]	[0.0106]	[0.0107]	[0.0106]	[0.0107]
性别[2]			0.0361	0.0313	0.0334	0.0297	0.0318
			[0.0785]	[0.0794]	[0.0801]	[0.0791]	[0.0791]
年龄			0.0057	0.0082	0.0091	0.0080	0.0078
			[0.0212]	[0.0211]	[0.0209]	[0.0210]	[0.0207]
年龄的平方			0.00005	0.00003	0.00003	0.00003	0.00004
			[0.0002]	[0.0002]	[0.0002]	[0.0002]	[0.0002]
政治面貌[3]			0.1113	0.1137	0.1135	0.1136	0.1115
			[0.1137]	[0.1117]	[0.1129]	[0.1119]	[0.1132]
受教育程度[4] 初中			-0.1391	-0.0828	-0.0856	-0.0877	-0.0928
			[0.1297]	[0.1370]	[0.1359]	[0.1389]	[0.1381]
职高/普通高中/中专/技校			-0.2515*	-0.1869	-0.1886	-0.1906	-0.1932
			[0.1287]	[0.1355]	[0.1336]	[0.1361]	[0.1348]
大学专科及以上			-0.3365*	-0.2744	-0.2698	-0.2737	-0.2709
			[0.1826]	[0.1768]	[0.1759]	[0.1784]	[0.1781]
单位性质[5] 非国有			-0.1327	-0.1274	-0.1257	-0.1328	-0.1333
			[0.1174]	[0.1152]	[0.1136]	[0.1151]	[0.1145]
国有			0.0036	-0.0029	-0.0055	-0.0090	-0.0086
			[0.1532]	[0.1548]	[0.1535]	[0.1554]	[0.1543]
职业类别[6] 办事人员			-0.0705	-0.0789	-0.0783	-0.0766	-0.0737
			[0.1012]	[0.1044]	[0.1056]	[0.1042]	[0.1058]

续表

变量	零模型 系数 [S.E.]	户籍 系数 [S.E.]	仅个体层 系数 [S.E.]	孤立指数 系数 [S.E.]	孤立交互 系数 [S.E.]	分异指数 系数 [S.E.]	分异交互 系数 [S.E.]
专业技术人员			0.1635	0.1494	0.1526	0.1505	0.1511
			[0.1010]	[0.1045]	[0.1025]	[0.1046]	[0.1027]
管理人员			-0.0502	-0.0612	-0.0657	-0.0540	-0.0553
			[0.1683]	[0.1698]	[0.1676]	[0.1688]	[0.1687]
小业主及其他			0.0056	0.0003	0.0027	-0.0037	-0.0023
			[0.1850]	[0.1866]	[0.1846]	[0.1874]	[0.1868]
收入的对数			0.0143	0.0141	0.0141	0.0138	0.0146
			[0.0297]	[0.0295]	[0.0295]	[0.0296]	[0.0296]
住房类型[7]			0.0934	0.0866	0.0868	0.0866	0.0857
			[0.2648]	[0.2611]	[0.2630]	[0.2615]	[0.2628]
婚姻状况[8]			-0.1210	-0.1155	-0.1210	-0.1138	-0.1230
			[0.1142]	[0.1157]	[0.1172]	[0.1150]	[0.1176]
子女情况[9]			-0.0111	-0.0471	-0.0421	-0.0461	-0.0356
			[0.1345]	[0.1369]	[0.1369]	[0.1356]	[0.1383]
层-2 社区变量							
居住隔离指数				-0.0254***	-0.0254**	0.0164*	0.0163*
				[0.0091]	[0.0092]	[0.0094]	[0.0094]
社区位置[10]							
边缘城区				-0.0065	-0.0075	0.0173	0.0170
				[0.1610]	[0.1610]	[0.1627]	[0.1620]
城乡结合部				-0.1215	-0.1213	-0.1421	-0.1417
				[0.1197]	[0.1193]	[0.1116]	[0.1112]
镇				-0.0331	-0.0329	-0.0259	-0.0257
				[0.1055]	[0.1059]	[0.1119]	[0.1124]
农村				0.2299*	0.2296*	0.2499*	0.2500*
				[0.1327]	[0.1324]	[0.1363]	[0.1368]
随机效应	方差分量 [卡方值]	方差分量 [卡方值]	方差分量 [卡方值]	方差分量 [卡方值]	方差分量 [卡方值]	方差分量 [卡方值]	方差分量 [卡方值]
社区平均水平U0	0.0290**	0.0301***	0.0317***	0.0206*	0.0204*	0.0219**	0.0217**
	[59.5917]	[61.5253]	[62.6299]	[45.7660]	[45.6329]	[46.7538]	[46.5869]
层-1随机效应R	1.1506	1.1144	1.0876	1.0892	1.0914	1.0892	1.0908
自由度df	37	37	37	32	32	32	32
N	978	978	978	978	978	978	978

注:*** P<0.01,** P<0.05,* P<0.1;系数指非标准化回归系数,下方括号内为标准误。

1 参照组为"老上海非农业"　　2 参照组为"女性"　　　　3 参照组为"非党员"

4 参照组为"小学及以下"　　　5 参照组为"无单位/自雇/自办"

6 参照组为"一般工人"　　　　7 参照组为"非商品房"　　8 参照组为"无配偶"

9 参照组为"无子女"　　　　　　　　　　　10 参照组为"中心城区"

3.社区层次特征——居住隔离

表 7-2 的孤立指数模型和分异指数模型是在仅个体层模型的基础上,

分别加入代表居住隔离水平的社区层次变量——孤立指数和居住分异指数。由于孤立指数与居住分异指数代表了不同的意义,但二者又具有高度的相关性,因此分别建模。具体模型如下:

第一层:$Y=B_0+B_1*$ 户籍$+B_2*X_2+\cdots\cdots+B_k*X_k+R$

第二层:$B_0=G_{00}+G_{01}*$ 孤立指数$/G_{02}*$ 居住分异指数$+U_0$

$\qquad B_1=G_{10}$

$\qquad B_2=G_{20}$

$\qquad \cdots\cdots$

$\qquad B_k=G_{k0}$

总模型:$Y=G_{00}+G_{01}*$ 孤立指数$/G_{02}*$ 居住分异指数$+G_{10}*$ 户籍$+G_{20}*X_2+\cdots\cdots+G_{k0}*X_k+U_0+R$

该模型为随机截距模型,各社区的差别是根据因变量的平均值来变化的。在层-2的截距模型(求解 B_0 的模型)中纳入社区层次的自变量,以待定的 G 系数反映各社区变量的效应。此外,层-2截距模型还加上随机波动项,即模型允许各社区存在自己的其他特殊性表现。

由孤立指数模型结果可知,孤立指数与排斥感受程度呈现出显著的负相关,也就是说,孤立指数每增加一个单位,可使得社区的平均排斥感受程度降低 0.0254 分,说明外来人口孤立指数越高,社区内的相对外来人口比例越高,居住隔离越严重,该社区的平均排斥感受得分越低,越倾向于同意"外来人口总是排斥本地人"。因而验证了假设 2:孤立指数越高的社区,即外来人口与本地人口接触的可能性越小,其居民的社会融合感受越差。孤立指数模型与仅个体层模型相比,社区层次方差显著减少,由 0.0317 降低至0.0206,这说明加入了孤立指数能解释 35.02%[1]各个社区之间的平均排斥感受的差异。这充分证明了孤立指数是一个解释社区之间平均排斥感受程度差异的有效变量。另外，在加入了社区层次变量后，受教育程度的显著作用消失了，但是社区层次除了孤立指数外，社区位置中农村地区的显著性凸显了出来。与中心城区相比，农村地区社区的平均排斥感受高 0.2299 分，更倾向于不同意"本地人总是排斥外地人"。

分异指数模型显示，居住分异指数与排斥感受程度呈现出了显著的正相关，也就是说，居住分异指数每增加一个单位，社区的平均排斥感受会增加 0.0164 分。说明越趋向于本地人聚居区，该社区的平均排斥感受得分越高，越倾向于不同意"本地人总是排斥外地人"。因此，假设 3 得到了验证，本地居民聚居区的居民社会融合感受优于外来人口聚居区。分异指数模型与仅个体层模型相比，社区层次方差显著减少，由 0.0317 降低至 0.0219，这说明居住分异指数也是一个解释社区之间平均排斥感受差异的有效变量，加入居住分异指数能够解释 30.92%各社区之间的差异。社区层次的社区位置变量作用与孤立指数模型一致，只是系数略有不同，农村地区社区的平均排斥感受比中心城区高 0.2499 分。

4.跨层交互效应

孤立交互模型和分异交互模型分别在孤立指数模型和分异指数模型的基础上，在个体层次户籍变量的截距上加入社区居住隔离指数，即孤立指数和居住分异指数。具体模型如下：

第一层：$Y=B_0+B_1*$ 户籍 $+B_2*X_2+\cdots\cdots+B_k*X_k+R$

第二层：$B_0=G_{00}+G_{01}*$ 居住隔离指数 $+U_0$

---

[1] 该比例为方差解释比例，计算不同模型的解释变量对原有方差的削减比例，计算公式为：方差解释比例$=\dfrac{原模型方差分量-现模型方差分量}{原模型方差分量}$。

$B_1=G_{10}+G_{11}*$ 居住隔离指数

$B_2=G_{20}$

……

$B_k=G_{k0}$

总模型：$Y=G_{00}+G_{01}*$ 居住隔离指数 $+G_{10}*$ 户籍 $+G_{11}*$ 居住隔离指数 $*$ 户籍 $+G_{20}*X_2+\cdots\cdots+G_{k0}*X_k+U_0+R$

出于样本规模有限的考虑，将各层 –2 单位中的所有斜率模型都设为固定效应模型，即它们都不存在随机效应，这样做的目的是尽量保持必要的统计显著性水平。除层 –2 截距模型外的其他方程决定了层 –1 模型中的各自变量系数的效应方向及强度。完全模型中各效应的系数估计和统计显著性等指标都在表 7–2 的孤立交互模型和分异交互模型中提供，本章中所有模型结果皆为带有稳健标准误的固定部分参数的估计结果。

表 7–2 中的孤立交互模型为孤立指数的完全模型，描述了层 –2 的孤立指数变量对层 –1 户籍变量及截距的影响。结果显示，在控制其他因素的条件下，所有个体样本的排斥感受程度总平均值为 3.0723 分，层 –2 孤立指数与层 –1 模型截距（即社区的平均排斥感受程度）依然呈现显著的负相关，孤立指数每增加一个单位，社区的平均排斥感受程度便降低 0.0254 分，与孤立指数模型结果一致。加入交互项并未影响层 –1 截距和孤立指数的系数。但是，分异交互模型中的截距略有变化，所有个体样本的排斥感受程度总平均值降低了 0.0001 分，层 –2 居住分异指数的系数降低了 0.0001 分，两个系数方向与分异指数模型一致，数值略有降低。

孤立交互模型和分异交互模型中所有跨层交互效应都并不显著，这说明居住隔离指数并未对不同户籍群体的排斥感受差异发挥更进一步的作用。因此，不同户籍群体之间对于排斥感受的评价存在显著的差异性，居住隔离指标会影响社区融合感受的平均水平，但是并不会进一步加剧或缓解不同户籍群体间的差异性。假设4在排斥感受方面并未呈现出跨层交互效应，因此并未得到验证。

（三）安全威胁

与"排斥感受"的分析步骤一致，本章对"安全威胁"问题也进行了逐步的分析，来进一步验证本章的四个假设。

1.零模型

"安全威胁"的零模型结果显示，对层–1效应的方差点估计是0.9242，大于层–2的方差估计（0.0278）。组间相关系数（ICC）的值为0.029，也说明上海市居民安全威胁评价差异的2.9%是由社区差异组成的。进一步分析发现，层–2的方差估计其实就是对各社区"安全威胁"评价程度的方差进行分析，如果各个社区安全威胁评价程度的平均分没有显著差别，那么对层–2方差的卡方统计检验应该是不显著的，然而结果表明对层–2方差的检验是显著的（P=0.003），卡方值为64.9015，自由度为37。这表明不同社区居民对安全威胁评价的差异是可以从个体和社区两个层次来解释的，适合建立多层线性模型。

2.个体层次特征

表7-3的户籍模型结果显示，不同户籍群体之间对"外地人多会给本地治安带来问题"这一问题的评价呈现出显著的差异性。在户籍方面，外来非农业户籍群体比老上海非农业群体高0.5229分，外来农业户籍群体比老上海非农业群体高0.6593分，新上海非农业群体和老上海农业群体都与老上海非农业群体在安全威胁问题评价方面无显著性差异。也就是说，外来非农业群体和外来农业群体更倾向于对"外地人多会给本地治安带来问题"的说法表示不赞同。当加入个体层次其他自变量后，外来非农业户籍群体和外来农业

群体的系数依然显著。值得注意的是,老上海农业群体与老上海非农业群体之间的差异性有所显现,老上海农业群体对安全威胁问题的评价分值比老上海非农业群体低 0.2737 分。换言之,相较于老上海非农业群体,老上海农业群体更倾向于同意"外地人多会给本地治安带来问题"。由此假设 1 得到了验证,即外来人口与本地居民在安全威胁方面的评价存在着显著的差异性。

另外,在仅个体层模型中,性别、婚姻状况、居住空间资本中的居住环境因子、社区资源因子和社区设施因子也对居民的外来人口安全威胁评价发挥着一定的显著作用。在性别方面,男性更倾向于同意"外地人多会给本地治安带来问题",比女性低 0.1292 分。在婚姻状况方面,有配偶的受访者更倾向于不同意"外地人多会给本地治安带来问题",比无配偶受访者的分值高 0.1735 分。在个体层面的居住空间资本中,居住环境因子、社区资源因子和社区设施因子都对受访者的安全威胁评价存在显著影响,受访者的居住环境因子得分每增加 1 分,其安全威胁评价的分值会增加 0.0085 分;社区资源因子每增加 1 分,其安全威胁评价分值随着增加 0.0309 分;社区设施因子每增加 1 分,其安全威胁评价分值随之增加 0.0108 分。换言之,拥有更好居住环境、更丰富的社区资源和更完善的社区设施的受访者,更可能倾向于不同意"外地人多会给本地治安带来问题",并不会认为外来人口是安全隐患。与零模型相比,户籍模型层 –1 的方差减少到 0.8538,仅个体层模型层 –1 的方差又进一步减少到 0.8325。这说明个体层次的变量能够有效地解释部分个体间安全威胁评价的差别。

表 7-3　上海市外来人口与本地居民对"安全威胁"的 HLM 模型逐步计算结果

变量	零模型	户籍	仅个体层	孤立指数	孤立交互	分异指数	分异交互
	系数 [S.E.]	系数 [S.E.]	系数 [S.E.]	系数 [S.E.]	系数 [S.E.]	系数 [S.E.]	系数 [S.E.]
层-1截距	2.7324*** [0.0407]	2.7319*** [0.0405]	2.7303*** [0.0412]	2.6323*** [0.0604]	2.6336*** [0.0605]	2.6729*** [0.0631]	2.6723*** [0.0627]

变量	零模型 系数 [S.E.]	户籍 系数 [S.E.]	仅个体层 系数 [S.E.]	孤立指数 系数 [S.E.]	孤立交互 系数 [S.E.]	分异指数 系数 [S.E.]	分异交互 系数 [S.E.]
层-1个体变量							
户籍变量[1]							
老上海农业		**-0.1920**	**-0.2737***	**-0.2650***	**-0.2372**	**-0.2641***	**-0.2651***
		[0.1586]	[0.1459]	[0.1493]	[0.1780]	[0.1494]	[0.1566]
与居住隔离交互					-0.0315		0.0220
					[0.0374]		[0.0274]
新上海非农		0.1258	0.0861	0.0824	0.1312	0.0838	0.0781
		[0.0886]	[0.0836]	[0.0841]	[0.0980]	[0.0840]	[0.0836]
与居住隔离交互					-0.0573		0.0086
					[0.0473]		[0.0249]
外来非农		**0.5229*****	**0.3474*****	**0.3468*****	**0.2407***	**0.3488*****	**0.3411*****
		[0.1137]	[0.1168]	[0.1161]	[0.1238]	[0.1159]	[0.1103]
与居住隔离交互					**0.0736*****		**-0.0368***
					[0.0250]		[0.0197]
外来农业		**0.6593*****	**0.5006*****	**0.5147*****	**0.6002*****	**0.5149*****	**0.5392*****
		[0.1037]	[0.1118]	[0.1155]	[0.1326]	[0.1151]	[0.1139]
与居住隔离交互					-0.0521		**0.0338****
					[0.0324]		[0.0167]
交换价值/100万元			-0.0478	-0.0501	-0.0447	-0.0495	-0.0464
			[0.0345]	[0.0350]	[0.0345]	[0.0350]	[0.0351]
居住环境因子F1			**0.0085*****	**0.0086*****	**0.0083*****	**0.0086*****	**0.0085*****
			[0.0030]	[0.0030]	[0.0030]	[0.0030]	[0.0030]
社区资源因子F2			**0.0309***	**0.0310***	**0.0305***	**0.0309***	**0.0306***
			[0.0171]	[0.0172]	[0.0174]	[0.0172]	[0.0175]
社区组织因子F3			0.0120	0.0121	0.0121	0.0121	0.0124
			[0.0129]	[0.0130]	[0.0130]	[0.0130]	[0.0130]
社区设施因子F4			**0.0108***	**0.0108***	**0.0109***	**0.0108***	**0.0110***
			[0.0062]	[0.0061]	[0.0061]	[0.0061]	[0.0062]
人均居住面积/10平方米			0.0104	0.0105	0.0090	0.0106	0.0096
			[0.0079]	[0.0079]	[0.0082]	[0.0078]	[0.0081]
性别[2]			**-0.1292****	**-0.1323****	**-0.1283****	**-0.1307****	**-0.1266****
			[0.0537]	[0.0534]	[0.0527]	[0.0530]	[0.0528]
年龄			-0.0173	-0.0179	-0.0154	-0.0176	-0.0161
			[0.0159]	[0.0168]	[0.0165]	[0.0168]	[0.0165]
年龄的平方			0.0001	0.0001	0.0001	0.0001	0.0001
			[0.0002]	[0.0002]	[0.0002]	[0.0002]	[0.0002]
政治面貌[3]			0.0354	0.0284	0.0270	0.0276	0.0318
			[0.0716]	[0.0676]	[0.0669]	[0.0680]	[0.0682]
受教育程度[4]							
初中			-0.1499	-0.1515	-0.1444	-0.1473	-0.1442
			[0.1066]	[0.1037]	[0.1057]	[0.1034]	[0.1050]
职高/普通高中/中专/技校			-0.0808	-0.0743	-0.0699	-0.0714	-0.0633

续表

变量	零模型 系数 [S.E.]	户籍 系数 [S.E.]	仅个体层 系数 [S.E.]	孤立指数 系数 [S.E.]	孤立交互 系数 [S.E.]	分异指数 系数 [S.E.]	分异交互 系数 [S.E.]
			[0.0978]	[0.0983]	[0.0999]	[0.0979]	[0.0981]
大学专科及以上			-0.0395	-0.0111	-0.0020	-0.0138	-0.0048
			[0.1242]	[0.1222]	[0.1222]	[0.1242]	[0.1241]
单位性质[5]							
非国有			-0.0996	-0.1160	-0.1107	-0.1109	-0.1079
			[0.1044]	[0.1025]	[0.1009]	[0.1027]	[0.1018]
国有			-0.0372	-0.0185	-0.0281	-0.0127	-0.0174
			[0.1019]	[0.1031]	[0.1045]	[0.1030]	[0.1041]
职业类别[6]							
办事人员			0.1264	0.1412	0.1361	0.1388	0.1303
			[0.0952]	[0.0953]	[0.0975]	[0.0952]	[0.0969]
专业技术人员			0.0580	0.0683	0.0756	0.0674	0.0727
			[0.0958]	[0.0971]	[0.0964]	[0.0971]	[0.0962]
管理人员			-0.0680	-0.0509	-0.0556	-0.0577	-0.0689
			[0.1062]	[0.1072]	[0.1071]	[0.1072]	[0.1082]
小业主及其他			0.0476	0.0454	0.0473	0.0496	0.0426
			[0.1406]	[0.1404]	[0.1390]	[0.1401]	[0.1414]
收入的对数			-0.0005	-0.0034	-0.0029	-0.0031	-0.0024
			[0.0200]	[0.0198]	[0.0203]	[0.0199]	[0.0204]
住房类型[7]			0.0540	0.0516	0.0563	0.0516	0.0576
			[0.2865]	[0.2854]	[0.2851]	[0.2855]	[0.2822]
婚姻状况[8]			**0.1735**	**0.1712**	**0.1781**	**0.1697**	**0.1733**
			[0.0787]	[0.0767]	[0.0761]	[0.0767]	[0.0770]
子女情况[9]			-0.1211	-0.1041	-0.1100	-0.1069	-0.1133
			[0.0817]	[0.0803]	[0.0807]	[0.0801]	[0.0798]
层-2 社区变量							
居住隔离指数				**0.1954**	**0.1928**	**-0.0182***	**-0.0180***
				[0.0850]	[0.0860]	[0.0106]	[0.0106]
社区位置[10]							
边缘城区				0.1582	0.1579	0.1700*	0.1683*
				[0.0981]	[0.0974]	[0.0857]	[0.0862]
城乡结合部				0.0082	0.0080	0.1830*	0.1840*
				[0.1036]	[0.1037]	[0.1007]	[0.1001]
镇				0.1177	0.1157	0.0022	0.0041
				[0.1793]	[0.1789]	[0.1059]	[0.1061]
农村				**0.0292**	**0.0288**	**0.0940**	**0.0971**
				[0.0118]	[0.0120]	[0.1816]	[0.1809]
随机效应	方差分量 [卡方值]	方差分量 [卡方值]	方差分量 [卡方值]	方差分量 [卡方值]	方差分量 [卡方值]	方差分量 [卡方值]	方差分量 [卡方值]
社区平均水平U0	0.0278***	0.0301***	0.0336***	0.0249***	0.0250***	0.0271***	0.0270***
	[64.9015]	[70.2572]	[74.6786]	[54.6227]	[54.7808]	[56.9387]	[56.8520]

续表

变量	零模型	户籍	仅个体层	孤立指数	孤立交互	分异指数	分异交互
	系数 [S.E.]	系数 [S.E.]	系数 [S.E.]	系数 [S.E.]	系数 [S.E.]	系数 [S.E.]	系数 [S.E.]
层-1随机效应R	0.9242	0.8538	0.8325	0.8334	0.8294	0.8333	0.8327
自由度df	37	37	37	32	32	32	32
N	978	978	978	978	978	978	978

注:*** P<0.01,** P<0.05,* P<0.1;系数指非标准化回归系数,下方括号内为标准误。

1 参照组为"老上海非农业" 2 参照组为"女性" 3 参照组为"非党员"

4 参照组为"小学及以下" 5 参照组为"无单位/自雇/自办"

6 参照组为"一般工人" 7 参照组为"非商品房" 8 参照组为"无配偶"

9 参照组为"无子女" 10 参照组为"中心城区"

3.社区层次特征——居住隔离

由孤立指数模型结果可知,孤立指数与安全威胁评价呈现出显著的正相关,也就是说,孤立指数每增加一个单位,可使得社区的平均安全威胁评价分值提高 0.1954 分,说明外来人口孤立指数越高,社区内的相对外来人口比例越高,居住隔离越严重,该社区的平均安全威胁评价得分越高,越倾向于不同意"外地人多会给本地治安带来问题"。这一结论并不是推翻了假设2,对于这一问题的理解,可以从人口规模的角度去衡量,社区的外来人口孤立指数越高,表示该社区的外来人口规模越大。通过前文的分析可知,外来人口非常显著地倾向于不认同自己是当地治安的威胁,那么得到这样的模型结果也是可以理解的。大量的外来人口可能会拉高社区对安全威胁评价的平均水平。孤立指数模型与仅个体层模型相比,社区层次方差显著减少,由 0.0336 降低至 0.0249,这说明加入孤立指数能解释 25.89%各个社区之间的平均安全威胁评价的差异。这充分证明了孤立指数是一个解释社区之间平均安全威胁评价差异的有效变量。另外,与中心城区相比,农村地区社区的平均安全威胁评价高 0.0292 分,更倾向于不同意"外地人多会给本地治安带来问题"。

分异指数模型显示,居住分异指数与安全威胁评价呈现出了显著的负相关,也就是说,居住分异指数每增加一个单位,社区的平均安全威胁评价分值会降低 0.0182 分。说明越趋向于本地人聚居区,该社区的平均安全威胁评价分值越低,越倾向于同意"外地人多会给本地治安带来问题"。与孤立指数的结果相类似,此处的解释同样需要从社区人口规模角度去理解,居住分异指数越高,说明外来人口比例越低,本地人口比例越高,越倾向于本地人聚居社区。联系前文结果,本地居民更倾向于同意外来人口为当地治安带来威胁,那么社区的平均分值会被本地居民的比例拉低。分异指数模型与仅个体层模型相比,社区层次方差显著减少,由 0.0336 降低至 0.0271,这说明居住分异指数也是一个解释社区之间平均安全威胁评价差异的有效变量,加入居住分异指数能够解释 19.35%各社区之间的差异。社区层次的社区位置变量作用与孤立指数模型一致,只是系数略有不同,农村地区社区的平均安全威胁评价比中心城区高 0.0940 分。

　　本部分的两个居住隔离指数的结果看似与假设 2 和假设 3 有所违背,但其实并不是如此,反而进一步验证了居住隔离指数对人们融合感受可能存在显著的影响。模型中的社区平均水平由被调查的样本决定,而每个社区的抽样有限,从最终的外来人口样本仅有 295 人即可得知,并不能够保证每个社区都是按照社区本身的外来人口比例进行了抽样调查。但是模型结果显示,社区层面的居住隔离指数还是与个人层次调查的社区平均水平显著相关的,进一步说明了居住隔离指数的效应。

　　4.跨层交互效应

　　孤立交互模型结果显示,外来非农群体对安全威胁的评价比老上海非农群体高 0.2407 分,与层 −2 孤立指数的交互项系数为 0.0736,并且在 1%的水平上显著。当某个第二层变量的系数和相应的第一层的系数符号相同时,说明该第二层变量能够加强第一层上该系数所示的关联强度,加强的方向与系数符号所表示的方向一致(张雷,2003:53)。也就是说,孤立指数进一步加强了外来非农业群体与老上海非农业群体之间的差异性。外来非农业群体显著地倾向于不同意"外地人多会给本地治安带来问题",而孤立指数进一步加强了这种倾向。换言之,居住于孤立指数较高社区的外来非农业群体会更加倾向于不同意"外地人多会给本地治安带来问题"。

分异交互模型结果显示,外来非农业群体对安全威胁的评价比老上海非农业群体高 0.3411 分,与层 −2 居住分异指数的交互项系数为 −0.0368。跨层交互项系数的方向与层 −1 变量相反,说明缓解了其中的差异性。外来非农业群体显著地倾向于不同意"外地人多会给本地治安带来问题",而居住分异指数缓解了这种倾向。换言之,与居住于外来人口聚居社区的外来非农业群体相比,居住于本地人聚居社区的外来非农业群体更倾向于同意"外地人多会给本地治安带来问题"。但是居住分异指数对外来农业群体的调节作用与外来非农业群体不同。外来农业群体对安全威胁的评价比老上海非农业群体高 0.539 分,更倾向于不同意"外地人多会给本地治安带来问题",跨层交互项系数为正,与层 −1 系数方向一致,加强了层 −1 外来农业群体的效应。也就是说,居住于本地人聚居社区的外来农业群体更加倾向于不同意"外地人多会给本地治安带来问题"。居住分异指数对于外来非农业群体和外来农业群体的作用并不相同,居住分异指数会削弱外来非农业群体与老上海非农业群体之间在安全威胁评价方面的差异性,而对外来农业群体会进一步加强差异性。

五、小结

随着中国城市化不断深化,数以百万计的农村进城务工人员将在城市定居。特别是所谓的"第二代移民",他们可能在城市长大,没有务农经验,再也不会选择回到他们的出生地。然而,他们继续被称为"外来人口",而不是城市居民,并且由于户籍的限制无法获得城市居民的权利和福利。在这种持续的制度障碍下,中国城市的外来人口社会融合问题日益突出,值得深入研究和理解。目前的研究主要集中在个体特征如何影响其客观融合,而本章聚焦于社会融合的主观方面,同时探讨个体层面和社区层面因素在塑造社会融合主观方面的作用。本章重点研究受户籍制度限制所形成的居住隔离如何影响人们对社会融合的感知。此外,现有的研究主要集中在移民如何融入主流社会,本书的研究对象既包括了外来人口,也包括了本地居民,通过比较他们对社会融合的不同观点,揭示社区层次因素对其观点的影响。

本章通过建模的方法,探讨了个体和社区层面的变量对社会融合感知的不同效应。首先,不同户籍群体对社会融合持有不同的看法。外来人口倾向于认同"本地人总是排斥外地人",而本地居民则认为自己并未排斥外来人口。但同时,本地居民又倾向于认为"外地人多会给本地治安带来问题",而外来人口并不认同这一观点。换言之,外来人口认为自己被排斥,且他们不是当地的安全威胁,而本地居民持完全相反的观点。可见,不同的群体会从自身的利益出发对问题进行判断,持不同的观点。其中,老上海农业群体是一个比较特殊的群体,与老上海非农业群体相比,他们更赞成本地人是排斥外地人的,同时又更倾向于认为外来人口是当地的安全威胁。因此,户籍制度造成了社会融合感知不可逾越的差异,这当然是不利于客观融合的。另外,前文研究中对居住隔离形成具有重要影响的居住空间资本指标对人们的社会融合感受也表现出了一定的影响。

其次,在社区层面上,关键的变量是居住隔离,通过孤立指数和居住分异指数测量。这两个变量对于主观社会融合的两个问题都存在着显著的影响。孤立指数越高的社区,越倾向于同意"本地人总是排斥外地人",但不同意"外地人多会给本地治安带来问题"。而居住分异指数的作用与孤立指数正好相反,实际上反映的问题是,本地人聚居社区的平均认知更倾向于不同意"本地人总是排斥外地人",而同意"外地人多会给本地治安带来问题"。这本质上与两个指标所反映出的社区内部外来人口规模和比例是分不开的,造成了不同的结果。但是居住隔离指数对人们主观融合感受存在显著影响是毋庸置疑的。进一步的跨层交互作用表明,居住隔离指数对外来人口安全威胁问题的评价起到了一定的调节作用,但对外来非农群体和外来农业群体的影响不同,对外来农业群体的作用是进一步加剧其与老上海非农群体的差异性,而对外来非农群体的作用是削弱差异性。

实证分析表明,中国城市居民的社会融合感受不仅受个体层面和社区层面因素的影响,还受到跨层交互作用的影响。本章除了进一步确认了户籍对于社会融合主观方面的作用外,还揭示了社区的重要作用,特别是居住隔离在形塑本地人与外来人口主观融合态度方面的影响。居住隔离可能会进一步加强本地居民与外来人口之间的社会排斥,这表明居住隔离和社会融合感受之间可能存在潜在的恶性循环。

本章还有一定的局限性,主要是受到数据的限制,本章侧重于社会融合的主观层面,通过两个问题进行测量。而客观社会融合和社会融合感知是一个多维概念,未来的研究应将社会融合的多个维度纳入其中。另外,群体间关系的测量是一个敏感的话题,受访者可能会根据题项的设计选择并不反映其真实想法的答案。因此,需要设计更好的问题,尽量避免偏见。此外,居住隔离是本章重要的社区层次自变量,另外将社区的位置纳入了模型,并未将更多的社区层次指标纳入模型。

第八章
居住隔离、社区社会资本与定居意愿

一、问题的提出

2010 年第六次全国人口普查结果与 2000 年第五次全国人口普查结果相比，居住地与户口登记地所在的乡镇街道不一致且离开户口登记地半年以上的人口增加了 116995327 人，增长 81.03%。但是我国近年来出现了流动人口规模持续下降的趋势。《中国流动人口发展报告 2017》指出，2016 年我国流动人口规模为 2.45 亿人，自 2015 年流动人口总量开始下降。与此同时，流动人口居住长期化和家庭化的趋势更加明显，流动人口在流入地生育、就医、养老的比例不断上升，对相关公共服务和社会保障的需求持续增长（白剑峰，2017）。由此可见，流动人口的定居问题既关系到流动人口本身在城市的安居乐业及社会融合，也关系到城市公共服务和社会保障等公共管理问题。

(一)定居意愿的影响因素

定居意愿是指流动人口在现居地居住了一段时间后，对该城市产生了永久居住的想法，也是主观社会融合的重要体现。不同的学者已经从不同的维度对定居意愿进行了分析，但在很多方面都没有形成一致的结论。

社会人口特征是以往定居意愿研究中无法回避的基本影响因素，大量的研究验证了性别、年龄、婚姻状况等都会影响移民的定居决策，但具体作用方向会有所不同（王春兰、丁金宏，2007；高雅、董志勇，2018）。还有部分研究指出，性别、年龄、婚姻状况等对定居意愿并不存在显著影响（熊波、石人炳，2007；黄乾，2008）。

社会经济地位因素也是大量研究中必不可少的方面，主要包括了受教育程度、职业地位和收入三个方面。罗恩立（2012）发现，教育程度、就业服务享有、职业类型都显著地影响着农村进城务工人员的城市居留意愿。朱宇和陈文哲指出，较高的职业地位和家庭收入对流动人口的长期居留产生积极影响（Zhu and Chen，2010）。于潇和陈新造（2017）指出，流动人口的收入支出比能够显著地影响其城市居留意愿，处于相对较高职业类别的流动人口城市居留意愿强烈。但也有研究指出，受教育程度和职业对农村进城务工人员定居意愿的影响并不显著（黄乾，2008）。

居住时间和家庭式流动形式对定居意愿发挥着显著的正向影响。任远和戴星翼（2003）的研究指出，在流入地居留时间长、家庭型迁移的外来人口更愿意在流入地定居。赵艳枝（2006）也证明了在迁入地居留时间的重要性，同时指出家庭式流动的重要影响。C. 辛迪·范（C. Cindy Fan）的进一步研究发现，不同的家庭流动形式（如单身流动、夫妻流动、无孩家庭流动、家庭流动等）会对农村进城务工人员的长期居留意愿产生影响（Fan，2011）。

社会网络与社会资本也是影响农村进城务工人员或流动人口定居意愿的重要因素。王毅杰（2005）的研究表明，社会网络连续谱的两端（情感性关系、工具性关系）显著地影响着流动农民的留城定居意愿。叶鹏飞（2011）的调查分析发现，农村进城务工人员结识的市民越多，相处得越融洽，他们就越会倾向于选择城市作为最终居住地。刘于琪等（2014）的研究表明，社会资本高的新移民有更强烈的定居意愿，与本地人交往是影响智力型新移民定居意愿的决定性因素。

李斌（2008）指出，住房问题成为城市排斥外来流动人口的有力工具，城市高房价是流动人口需要面对的重要成本。因此，住房也是诸多流动人口定居意愿研究关注的重要因素，在城市占有住房产权会显著地提高其定居意愿（熊波、石人炳，2007；黄乾，2008；赵艳枝，2006）。杨雪和魏洪英（2017）发现，住房因素（房贷／租金）与流动人口的居留意愿呈正比，但会降低高收入流动人口在城市的长期居留意愿。王玉君（2013）发现，参与正式住房市场不仅直接对农村进城务工人员的城市定居意愿产生正向影响，而且积极影响归属感，从而间接提升其定居意愿。通过文献回顾不难发现，住房一直是定居意愿研究的重要因素。一方面，对于外来人口而言，在现居城市拥有一套住房意味着"安居"的开始，对于定居意愿可能发挥着非常显著的正效应。另一方面，住房也被部分学者作为社会经济地位的考量因素，面对当今大城市的高房价，拥有住房产权是一种高阶层地位的象征，对外来人口的定居意愿发挥重要作用。根据前人的研究结论，推出本章关于住房层面居住因素的假设1：住房产权、居住面积和住房质量都是显著影响外来人口定居意愿的重要指标。

还有学者关注城市宜居性因素对外来人口定居的影响。夏显力等（2012）的研究发现，新生代农村进城务工人员对居住条件的满意程度对其定居城市的意愿有显著影响。林李月等（2016）指出，流动人口对流入地的生态环境、人文环境和制度环境等方面的城市居住环境感知提升,能促使其定居意愿提高。湛东升等(2017)的研究验证了城市宜居性感知对流动人口的定居意愿具有显著影响,但并不完全呈简单的线性特征。城市地理学的相关研究已经验证了城市居住环境对于外来人口定居意愿的重要作用,但是从住房到城市中间缺失了一个重要的层级,即社区层。仅仅考虑住房产权、面积和质量并不足以涵盖"居住"对于外来人口定居意愿的全部影响,亟须将社区层面的影响因素引入其中。本章将探究社区类型和环境对于外来人口定居意愿的影响,即假设2:社区类型和环境会显著地作用于外来人口的定居意愿。另外,本章还将引入社区层面的两个重要概念,验证居住隔离和社区社会资本对外来人口定居意愿的影响。

(二)居住隔离

居住隔离是两个或更多团体在城市环境的不同部分各自独立生活的程度(Massey and Denton,1987)。本章的分析对象为外来人口,也是近年来居住隔离研究的热点之一。大量学者的研究指出,我国城市中外来人口与本地居民的居住隔离已然形成。也有研究开始关注居住隔离的作用,张文宏和刘琳(2015)的研究指出,居住隔离对居民的社会融合主观评价存在着显著的影响。

国外已有研究证明了居住隔离对迁居意愿的重要影响,即使在控制了社会经济变量之后,社区的居民构成仍显著影响着他们的迁居意愿或行为。克利森等的调查指出,白人最倾向于白人聚居区,而黑人则倾向于族裔混合的社区(Krysan et al.,2009)。社区中少数族裔比例的上升会增加居民的迁居意愿(van Ham and Clark,2009),还有研究更进一步发现了居民对特定族裔更加明显的隔离态度(Lewis et al.,2011)。迁居意愿更可能是同一城市内部的迁居行为意愿,而本章的定居意愿主要指外来人口是否在该城市定居,而不只是社区层面的变化。虽然迁居意愿的概念与本章的定居意愿有所不同,但对本章具有极大的借鉴意义。因此根据前人的研究,推出本章关于居住隔离与定居意愿的假设 3:与本地人的居住隔离程度越高,外来人口的定居意愿越弱。

(三)社区社会资本

学界目前对于社区社会资本的定义并未形成定论。河内等认同前人将社会资本界定为社会组织的特征,通过居民的社会参与、邻里间互惠及信任度等来测量社区层面的社会资本 (Kawachi et al.,1997)。郝彦辉和刘威(2006)认为,中国城市社区的社会资本首要表现为人情浓密的关系网络,主要包括邻里、家庭、朋友、工作关系,在此基础上的居民参与、社区信任和自治组织也是现代性社区社会资本不可或缺的构成要素。方亚琴和夏建中(2014)将以社区为依托或载体而形成的社会资本称为"社区社会资本",指人们在社区这一具有明确边界的地域范围内通过交往形成的关系网络,以及关系网络中所蕴含的信任、规范、积极的情感等。

对于社区社会资本的测量,学者们进行了诸多尝试。欧尼科斯和布伦(Onyx and Bullen,2000)、隋广军和盖翊中(2002)关于社区社会资本的测量都包括了邻居间的联系,桂勇和黄荣贵(2008)的测量指标也包括了地方性社会网络的维度。本章聚焦于社区内外来人口与本地居民交往所形成的社区社会资本。韦尔曼和雷顿指出,邻里之间因物理或空间上的接近而形成的群体关系纽带曾经长期以来成为社区讨论的唯一基础 (Wellman and Leighton,1979)。桑普森等关于邻里效应机制的研究也同样强调了社会联系与互动(Sampson et al.,2002)。邻里间的网络关系和互动能够有效促进社区居民的归属感和社区融合,进而提高居民的居住满意度(Parkes et al.,2002),刘志林等(2015)的研究也验证了社区社会资本与居住满意度有显著的正向关系。已有研究指出,移民在流入地与所在社区产生强大的社会联系会对他们选择永久定居产生正面的影响(Korinek et al.,2005)。那么社区社会资本会对我国的外来人口发挥什么样的作用呢? 提出假设4:与本地人邻里的社会交往能够显著地提高外来人口的定居意愿。

加尔斯特指出,特定人群聚居产生的邻里效应,会通过一系列内部和外部的机制作用于居住在其中的个体的态度和行为,其中内部的机制就包括了社会网络(Galster,2013)。何艳玲等(2011)认为,居住隔离减少甚至隔绝了少数族群和主流社会的接触机会,各个群体之间的差异性进一步被强化,阻碍了社会交往并导致群体之间相互不信任和不理解。李洁瑾等(2007)指出,虽然短期内同质聚居有利于促进整合性社会资本的形成,但从长远来看,混居却能更有效地打破隔离,为更大范围的社会整合提供实现的途径。陈志光(2018)指出,居住隔离削弱了农村进城务工人员与本地市民之间的互动和沟通,扩大了社会距离。戚迪明等(2016)的研究结果显示,农村进城务工人员与市民居住融合或与市民为邻,显著促进农村进城务工人员的城市融入。居住选择通过邻里互动这一中介变量来影响城市融入,邻里互动程度越高,农村进城务工人员融入城市的概率越高。以上研究都在探讨居住隔离与社区社会资本之间的关系,以及可能进一步造成的影响。居住隔离会削弱社区居民之间的交往,进而可能会对社会距离或社会融合产生影响。那么,社区社会资本可能会成为居住隔离发挥作用的中介变量,作用于人们的定居行为和意愿。因此,提出假设5:社区社会资本在居住隔离与外来人口的定居意愿之间发挥着中介效应。

二、数据、变量与方法

(一)数据来源

本章所用数据来源于上海大学组织的"2017 年城市化与新移民调查",调查在哈尔滨、长春、沈阳、鞍山、郑州、天津、厦门、广州和长沙 9 座城市同时开展。调查对象为在本市居住满 6 个月及以上,16~65 周岁的中国公民。项目采用了多阶段混合抽样方法,第一阶段通过"隐含分层 +PPS 抽样"法将每个城市的中心城区 / 街道抽出,第二阶段在中心城区 / 街道运用 PPS 抽样抽取 20 个社区,第三阶段在每个社区基于地图法抽取 25 个家庭户,第四阶段在家庭户内部运用 KISH 抽样法抽取最终的受访居民。最后, 本项目在 9个城市、32 个中心城区、47 个街道、180 个居 / 村委会完成了 4507 份居民问卷。由于本章的分析对象为外来人口, 因此将外来人口比例过低的鞍山市(30 人,6%)剔除,对其他 8 座城市的外来人口数据进行了分析。本章将目前户口登记地在"本省其他地级市"与"外省市"的样本都纳入了外来人口的分析之中,共计 1125 个样本,剔除缺失值和奇异值后,最终将 1018 个样本纳入分析。

(二)变量的操作化

1. 因变量:定居意愿

根据问卷中"您未来可能会在本地(本区 / 县级市)定居吗"进行测量,该变量为定序变量,分为 5 个等级,即"非常不可能"(8.35%)、"不太可能"(13.75%)、"不确定"(18.27%)、"有可能"(23.87%)和"非常有可能"(35.76%),数值由小到大表示外来人口的定居意愿由弱到强。

2. 自变量

住房产权、居住面积和住房质量都是对外来人口目前所居住房情况的考察。住房产权根据住房的性质进行分类，将"租/住廉租房""租/住亲友房""租/住私人房""集体宿舍"和"其他"归入"无产权"，记为"0"；将"自有住房"归入"有产权"，记为"1"（25.44%）。居住面积通过目前住房的建筑面积获得，本次调查的外来人口平均居住面积为 68.99m²（标准差为 33.12m²）。住房质量通过住房是否有厕所、是否有洗浴、是否有电梯 3 个变量加和获得，形成了最小值为 0 分、最大值为 3 分的连续变量，数值越大代表住房设施越完善，也就是住房质量越高。本次调查的平均值为 2.25 分（标准差为 0.55 分）。

社区类型根据"受访者居住的社区类型"进行测量，"别墅区或高级住宅区"比例极低，将其与"普通商品房小区"合并为"商品房及以上"社区。考虑到"新近由农村社区转变过来的城市社区（村改居、村居合并或城中村）"和"保障性住房社区"都具有价格相对较低、购买需要一定的条件、分布区位较为接近等特征，将二者合并为"村改居/保障性住房"社区。最终，将社区类型划分为四类，即商品房及以上（53.83%）、单一或混合的单位社区（8.74%）、村改居/保障性住房（25.15%）、未经改造的老城区（街坊型社区，12.28%）。

社区环境满意度因子通过对 6 个测量指标进行主成分分析获得，方差贡献率为 60.38%，特征值为 3.6229，KMO 检验值为 0.8837，巴特利特球体检验值达到 2587.334（$P<0.001$），测量指标的因子负荷水平都超过 0.7，适宜进行主成分分析。社区环境满意度因子的具体内容与负荷情况如下：噪音（0.7551）、空气质量（0.7981）、水质（0.7607）、卫生环境（0.8057）、休闲环境和设施（0.7969）、治安环境（0.7436）。为了便于理解和计算，将生成的因子转化为 1~100 的标准分。本次调查的外来人口对其社区环境满意度的平均分为

57.48 分(标准差为 17.63 分),未达"及格线"。

居住隔离在欧美城市语境下更多地被理解为族裔构成,其影响程度往往取决于社区中特定族裔的比例(变化)(盛明洁,2017)。因此,本章选取变量"您的居住小区的情况"进行测量,考虑到"全部是本地人"(2.06%)和"全部是外地人"(2.16%)的比例极低,因此将其分别与"大部分是本地人"和"大部分是外地人"合并。当社区大部分甚至全部是本地人时,该社区为"本地人聚居"(36.94%);当社区大部分甚至全部是外地人时,该社区为"外地人聚居"(33.40%),当社区本地人和外地人各占一半时,该社区为"本外混居"(29.67%)。

社区社会资本通过社区内外来人口与本地居民的社会交往情况测量,问卷中提及了"有交往的邻居",考虑到"全部是本地人"(6.58%)和"全部是外地人"(4.22%)的比例极低,将两项分别与"大部分是本地人"和"大部分是外地人"合并。最终,将社区社会资本划分为有交往的邻居"外地人居多"(36.74%)、"本外各半"(27.70%)、"本地人居多"(35.56%)三类。当外来人口交往的邻居中本地人居多时,说明其已经形成了一定规模的本地人社区社会资本,与本地人邻居的相处较为融洽。

3. 控制变量

由于本章使用的数据包括了 8 座城市,因此对城市类型进行了划分。根据2017 年中国大城市名单,将长春、长沙、哈尔滨和厦门归为"大城市"(50.69%);将天津、郑州、沈阳归为"特大城市"(31.24%),将广州归为"超大城市"(18.07%)。

在社会人口特征方面,主要控制了性别(男性 48.33%;女性 51.67%)和户口(农业 69.55%;非农 30.45%)。在家庭生命周期方面,控制了年龄(平均36.71 岁,标准差为 12.52 岁)、婚姻状况(无配偶 31.14%;有配偶 68.86%)、子女情况(有子女 63.26%;无子女 36.74%),考虑到该研究关注居住问题,因此还将家人同住(是 68.47%;否 31.43%)也作为了控制变量。在社会经济地位方面,控制了受访者的政治面貌(中共党员 7.96%;非中共党员 92.04%)、受教育程度(初中及以下 40.28%;高中/中专/高职 25.83%;大学专科16.31%;大学本科及以上 17.58%)、单位性质(无单位 15.82%;非国有单位 45.19%;个体工商户 24.26%;党政机关国有单位 14.73%)、职业类别(产业工人 13.16%;商业服务业人员 46.37%;办事人员 13.16%;专业技术人员12.57%;无业/农林牧渔及其他 11.98%;党政机关企事业单位负责人 2.75%)和个人年收入(平均 67485.64 元;标准差为 88756.63 元)。

通过回顾前人的研究不难发现,外来人口在本地的居住时间是一个非常重要的变量,因此本章也将其作为控制变量加入模型。8 座城市的外来人口在当地平均居住 7.68 年,最少的不足 1 年,记为 0,最久的已经居住了 56 年。

(三)模型的选择:定序对数比率回归(ordered logistic regression)

本章的因变量为五等级的定序变量,因此使用定序对数比率回归模型对其进行分析。依据定序变量类别间平行假设的关系,可以把定序 logit 模型中因变量的次序视为一个潜在的连续变量 Y_j* 的某种相关测量值。因此,可以对其假设一个普通的线性回归模型,即 $Y_j*=\beta X'+\varepsilon$。定义本章的一系列自变量和控制变量向量 $X=(X_1, X_2, \cdots, X_k)'$,而相应的回归系数为 $\beta=(\beta_0, \beta_1, \beta_2, \cdots, \beta_k)'$,其中 β_0 为截距项。

$$Y = \begin{cases} 1(\text{非常不可能}) & \text{if } -\infty < Y_j* \leq \alpha_1 \\ 2(\text{不太可能}) & \text{if } \alpha_1 < Y_j* \leq \alpha_2 \\ 3(\text{不确定}) & \text{if } \alpha_2 < Y_j* \leq \alpha_3 \\ 4(\text{比较可能}) & \text{if } \alpha_3 < Y_j* \leq \alpha_4 \\ 5(\text{非常可能}) & \text{if } \alpha_4 < Y_j* \leq +\infty \end{cases}$$

其中,$\alpha_1<\alpha_2<\alpha_3<\alpha_4$是一组待估参数,称为切点(cut off points)。如果以 j=2 为例,$Pr(Y=2|X)=Pr(\alpha_1<Y_j^*\leq\alpha_2)=Pr(\alpha_1<\beta X'+\varepsilon\leq\alpha_2)=Pr(\alpha_1-\beta X'<\varepsilon\leq\alpha_2-\beta X')=\Phi(\alpha_2-\beta X')-\Phi(\alpha_1-\beta X')$。以此类推,可以得到所有关于外来人口定居意愿的条件概率,结果如下:

$$Pr(Y=j|X)=\begin{cases}\Phi(\alpha_1-\beta X') & \text{if } j=1 \\ \Phi(\alpha_2-\beta X')-\Phi(\alpha_1-\beta X') & \text{if } j=2 \\ \Phi(\alpha_3-\beta X')-\Phi(\alpha_2-\beta X') & \text{if } j=3 \\ \Phi(\alpha_4-\beta X')-\Phi(\alpha_3-\beta X') & \text{if } j=4 \\ 1-\Phi(\alpha_4-\beta X') & \text{if } j=5\end{cases}$$

因此形成四个截距 $c_1\leq c_2\leq c_3\leq c_4$,$c_j=\alpha_j-\beta_0$。公式估计出的是每一个"$-\beta$"单位 X 的变化对于 Y 等于或小于类别 $j(Y\leq j)$ 的 logit 单位(或累计发生比的对数,log of cumulative odds)。换言之,自变量 X 每增加"$-\beta$"个单位,外来人口定居意愿向着"非常不可能"和"不太可能"定居等分类值较小等级变化的可能性增加。Stata 模型分析显示的系数结果即为 β,那么自变量 X 每增加"β"个单位,外来人口定居意愿倾向于"比较可能"和"非常可能"定居等分类值较大的等级变化的可能性变大。

三、实证结果及分析

本章通过 6 个嵌套模型的建构,对假设进行了检验,结果参见表 8-1。模型 1 仅考虑了社会人口特征、社会经济地位、家庭生命周期等变量的作用,作为基准模型;模型 2 加入住房空间的 3 个因素,即住房产权、居住面积和住房质量;模型 3 又进一步加入了社区空间的两个变量,即社区类型和环境满意度;模型 4 和模型 5 分别加入居住隔离和社区社会资本两个变量;模型

6 将居住隔离和社区社会资本同时纳入，形成最终的完整模型。

在住房空间层面，住房产权和住房质量对于外来人口的定居意愿发挥着显著的正效应，居住面积的作用并不显著。模型 2 的结果显示，拥有自有住房的外来人口更倾向于"比较可能"或"非常可能"定居的可能性比无产权的外来人口大 1.593 倍，模型 6 中该系数依然在 1% 的水平上呈现出显著的正相关。在住房质量方面，住房质量每增加 1 分，外来人口的定居意愿提高一个或一个以上等级的可能性将增加 23.90%，即使是在加入所有变量的完整模型中，依然呈现出显著的正相关关系。观察模型 1 和模型 2 的负 2 倍对数似然函数值由 2916.150 降至 2861.543，说明住房产权和住房质量能够显著地提高模型的拟合程度，更加证明了这两个因素对于外来人口定居意愿的重要性。因此，假设 1 得到了部分验证，拥有住房产权和更高的住房质量能够显著地提高外来人口的定居意愿，但居住面积对其并未发挥显著作用。

在社区空间层面，社区类型对于外来人口的定居意愿存在一定的影响，但社区环境的满意程度与外来人口的定居意愿并不显著相关。模型 3 的结果显示，与普通商品房及以上社区相比，居住于单位社区的外来人口更可能选择定居（odds ratio 为 1.511），模型 6 中，该系数依然显著。但是在外来人口定居决愿方面，其他类型的社区并未与普通商品房及以上社区呈现出显著差异。因此，假设 2 并未得到完全的验证，社区环境满意度与外来人口的定居意愿并不相关，社区类型中也仅有单位社区对外来人口的定居意愿产生了一定的影响。本次调查主要在各个城市的主城区进行，问卷并未对主城区的地段进行进一步的测量，可能会对社区类型的效应存在一定的影响。

根据模型 4 的结果，居住隔离对于外来人口的定居意愿存在显著影响。与居住于外地人聚居社区的外来人口相比，本外混居社区的外来人口定居意愿高一个或一个以上等级的可能性大 39.6%；本地人聚居社区的外来人口定居意愿高一个或一个以上等级的可能性大 40.9%。由此可见,与本地人混居能够显著地提高外来人口的定居意愿,与本地人的混居程度越高,外来人口越可能选择在目前的城市定居。因此,假设 3 得到了验证,与本地人的居住隔离程度越高,外来人口的定居意愿越弱。

模型 5 的结果显示,与交往的邻居中外地人居多的外来人口相比,当外来人口交往的邻居中本外各半时,他们的定居意愿高一个或一个以上等级的可能性大 62.3%;当外来人口交往的邻居中本地人居多时,他们的定居意愿高一个或一个以上等级的可能性大 50.2%,且都在 1% 的水平上显著。可见,外来人口交往的邻居中本地人的比例越高,他们越会表现出更加强烈的定居意愿,本地人构成的社区社会资本会成为影响外来人口定居的重要因素。由此,假设 4 得到了验证,与本地人邻里的社会交往能够显著地提高外来人口的定居意愿。根据前人对居住隔离的研究不难发现,居住隔离可能会对社区内居民的社会交往,也就是本章所关注的社区社会资本产生影响。居住隔离会使得社区内居民之间交流和沟通的机会减少,造成他们的隔阂。因此,本章提出了假设 5,关注社区社会资本在居住隔离与外来人口定居意愿之间的中介效应。根据模型 4 和模型 5 的结果,居住隔离和社区社会资本都分别与外来人口的定居意愿存在着显著的相关关系。但是当模型 6 同时加入居住隔离和社区社会资本两个变量后,居住隔离与外来人口定居意愿之间的关系变得不显著了,说明中介效应是可能存在的。为了验证假设 5,本章将进一步对这一中介效应进行验证。

表 8-1 外来人口定居意愿的影响因素分析

变量	模型1 odds ratio [S.E.]	模型2 odds ratio [S.E.]	模型3 odds ratio [S.E.]	模型4 odds ratio [S.E.]	模型5 odds ratio [S.E.]	模型6 odds ratio [S.E.]
城市类型[1]						
特大城市	1.029 [0.138]	1.033 [0.140]	0.989 [0.143]	0.962 [0.142]	0.977 [0.143]	0.970 [0.143]
超大城市	0.674** [0.105]	0.709** [0.112]	0.692** [0.111]	0.717** [0.115]	0.720** [0.115]	0.722** [0.116]
性别[2]	0.863 [0.104]	0.886 [0.108]	0.885 [0.108]	0.883 [0.108]	0.874 [0.107]	0.874 [0.107]
年龄	0.933* [0.039]	0.941 [0.040]	0.942 [0.040]	0.939 [0.040]	0.938 [0.040]	0.938 [0.040]
年龄的平方	1.001 [0.0005]	1.001 [0.0005]	1.001 [0.0005]	1.001 [0.0005]	1.001 [0.0005]	1.001 [0.0005]
户口[3]	1.028 [0.141]	0.945 [0.131]	0.964 [0.135]	0.947 [0.134]	0.966 [0.137]	0.963 [0.137]
居住时间	1.083*** [0.011]	1.076*** [0.010]	1.075*** [0.010]	1.076*** [0.011]	1.075*** [0.010]	1.075*** [0.011]
婚姻状况[4]	0.719 [0.144]	0.683* [0.138]	0.670** [0.136]	0.663** [0.134]	0.670** [0.136]	0.667** [0.135]
子女情况[5]	1.266 [0.273]	1.241 [0.270]	1.257 [0.273]	1.302 [0.285]	1.336 [0.292]	1.342 [0.295]
家人同住[6]	1.497** [0.235]	1.282 [0.204]	1.295 [0.207]	1.291 [0.206]	1.279 [0.204]	1.280 [0.204]
政治面貌[7]	0.948 [0.226]	0.941 [0.226]	0.955 [0.230]	0.937 [0.226]	0.979 [0.235]	0.973 [0.234]
受教育程度[8]						
高中/中专/高职	1.466** [0.227]	1.250 [0.197]	1.225 [0.195]	1.186 [0.189]	1.206 [0.192]	1.201 [0.192]
大学专科	1.730*** [0.354]	1.473* [0.309]	1.433* [0.302]	1.375 [0.291]	1.407 [0.298]	1.396 [0.297]
大学本科及以上	2.221*** [0.509]	1.788** [0.421]	1.729** [0.409]	1.627** [0.388]	1.634** [0.388]	1.627** [0.388]
单位性质[9]						
非国有单位	1.351 [0.343]	1.164 [0.296]	1.164 [0.297]	1.156 [0.296]	1.133 [0.291]	1.136 [0.292]
个体工商户	1.146 [0.291]	1.062 [0.270]	1.063 [0.271]	1.049 [0.269]	1.030 [0.265]	1.031 [0.265]
党政机关国有单位	1.604 [0.467]	1.359 [0.398]	1.298 [0.383]	1.294 [0.384]	1.255 [0.373]	1.263 [0.376]
职业类型[10]						
商业服务业人员	1.388* [0.257]	1.297 [0.241]	1.298 [0.242]	1.283 [0.240]	1.282 [0.239]	1.278 [0.239]
办事人员	1.315 [0.327]	1.271 [0.319]	1.264 [0.319]	1.272 [0.323]	1.210 [0.307]	1.215 [0.309]
专业技术人员	1.263 [0.314]	1.204 [0.301]	1.249 [0.314]	1.239 [0.312]	1.171 [0.296]	1.172 [0.296]
无业/农林牧渔及其他	1.348 [0.410]	1.127 [0.345]	1.122 [0.345]	1.052 [0.325]	1.037 [0.320]	1.030 [0.319]
党政机关企事业单位负责人	1.738 [0.730]	1.410 [0.601]	1.382 [0.590]	1.376 [0.584]	1.352 [0.573]	1.352 [0.573]
个人年收入的对数	0.982 [0.017]	0.995 [0.018]	0.996 [0.018]	0.994 [0.018]	0.992 [0.018]	0.992 [0.018]

续表

变量	模型1 odds ratio [S.E.]	模型2 odds ratio [S.E.]	模型3 odds ratio [S.E.]	模型4 odds ratio [S.E.]	模型5 odds ratio [S.E.]	模型6 odds ratio [S.E.]
住房产权[11]		2.593***	2.603***	2.573***	2.523***	2.516***
		[0.417]	[0.423]	[0.422]	[0.412]	[0.413]
居住面积		1.003	1.003	1.002	1.002	1.002
		[0.002]	[0.002]	[0.002]	[0.002]	[0.002]
住房质量		1.239*	1.260*	1.281**	1.284**	1.286**
		[0.142]	[0.151]	[0.155]	[0.156]	[0.156]
社区类型[12]						
单位社区			1.511*	1.571*	1.627**	1.624**
			[0.364]	[0.379]	[0.394]	[0.394]
村改居/城中村/保障性住房			1.027	1.090	1.066	1.072
			[0.162]	[0.174]	[0.170]	[0.172]
老城区未改造社区			0.973	0.980	0.971	0.971
			[0.186]	[0.189]	[0.187]	[0.187]
社区环境满意度因子			1.005	1.004	1.004	1.004
			[0.003]	[0.004]	[0.003]	[0.004]
居住隔离[13]						
本外混居				1.396**		1.044
				[0.210]		[0.200]
本地人聚居				1.409**		1.093
				[0.214]		[0.226]
社区社会资本[14]						
本外各半					1.623***	1.576**
					[0.243]	[0.298]
本地人居多					1.502***	1.416*
					[0.222]	[0.285]
截距1	0.068***	0.113***	0.160**	0.172**	0.170**	0.170**
	[0.054]	[0.095]	[0.139]	[0.150]	[0.149]	[0.149]
截距2	0.225*	0.383	0.542	0.585	0.583	0.583
	[0.179]	[0.318]	[0.468]	[0.507]	[0.507]	[0.508]
截距3	0.581	1.017	1.442	1.564	1.567	1.567
	[0.459]	[0.845]	[1.247]	[1.356]	[1.363]	[1.364]
截距4	1.709	3.147	4.486*	4.890*	4.923*	4.925*
	[1.352]	[2.619]	[3.886]	[4.252]	[4.294]	[4.296]
Pseudo R^2	0.0454	0.0633	0.0652	0.0674	0.0693	0.0694
-2 Log Likelihood	2916.150	2861.543	2855.655	2848.985	2843.119	2842.932

注：*** $p<0.01$，** $p<0.05$，* $p<0.1$。

1 参照组为"超大城市"　　2 参照组为"女性"　　　3 参照组为"农业户口"

4 参照组为"无配偶"　　　5 参照组为"无子女"　　6 参照组为"不同住"

7 参照组为"非中共党员"　8 参照组为"初中及以下"9 参照组为"无单位"

10 参照组为"产业工人"　11 参照组为"无产权"　12 参照组为"商品房及以上"

13 参照组为"外地人聚居"　14 参照组为"外地人居多"

本章的因变量为 5 等级的定序变量，如果使用线性回归来分析中介效应，会导致中介效应低估、标准误低估、置信区间对真值覆盖比例偏低等问题。自变量 X 居住隔离、中介变量 M 社区社会资本和因变量 Y 定居意愿之间的关系如图 8-1 所示。中介模型的含义便是 X 居住隔离通过对 M 社区社会资本发生影响，进而影响外来人口的定居意愿。对于中介效应大小的计算方法有两种：一是回归系数差异法，通过 c-c' 来计算；二是系数乘积法，通过 ab 来计算。对于因变量为定序变量的中介效应估计，系数乘积法得到的结果优于系数差异法（刘红云等，2013）。因此，本章将采用第二种方法进行估计。按照 Baron 等的逐步法，先做 3 个定序对数比率回归模型，再对回归系数标准化后进行 Sobel 检验（Sobel，1982）。Mplus 软件可以直接得到标准化后的系数及标准误估计结果，但自变量和中介变量只能是连续变量。因此，在中介效应部分对居住隔离和社区社会资本的操作是将其视为 1~5 分的连续变量。但是，当计算 X 居住隔离对 M 社区社会资本的系数 a 时，将社区社会资本也作为定序变量，进行定序对数比率回归显然更为恰当。

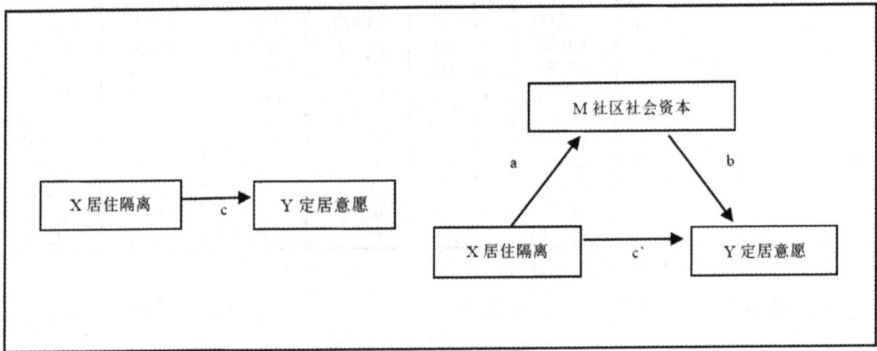

图 8-1　中介效应图示

第一步：对 3 个定序对数比率回归模型的系数进行依次检验。首先，在不考虑 M 社区社会资本的情况下，X 居住隔离对 Y 外来人口的定居意愿发挥显著的正效应（c=0.223，P<0.01）。其次，居住隔离与社区社会资本之间也存在着显著的正相关关系，无论是将其视为连续变量的 Mplus 结果（a=0.718）

还是 ologit 结果（a=2.361），都在 1%的水平上显著。最后，当考虑 M 社区社会资本时，X 居住隔离的系数（c'）不再显著，但 M 社区社会资本的系数（b）依然显著，说明了中介效应的存在。有些学者认为，如果系数 c'不显著，属于完全中介（James and Brett, 1984）。巴龙和肯尼认为，完全中介是中介效应存在最强有力的证明（Baron and Kenny, 1986）。但也有学者认为，完全中介的概念是有问题的，呼吁放弃完全中介，将所有中介都看作是部分中介（Preacher and Hayes, 2008）。因此，本章对该问题将不再进行过度解读。

第二步：通过系数乘积法进行 Sobel 检验。表 8-2 第一组结果为 Mplus 软件中采用完全标准化（STDYX）程序直接得到的标准化结果。Sobel 检验 Z=2.542>1.96，说明居住隔离通过社区社会资本对外来人口的定居意愿有显著的间接作用，中介效应占总效应的比例为 70.9%。第二组结果为 Stata 软件中 3 个定序对数比率回归模型的结果，而第三组结果为根据第二组计算得出的标准化回归系数。Sobel 检验 Z=2.529>1.96，但中介效应占总效应的比例为 87.8%。可见，如果将 M 社区社会资本也视为定序变量，那么中介效应占总效应的比例将远高于 Mplus 的结果。虽然两种结果略有差距，但都使得假设 5 得到了验证，社区社会资本在居住隔离与外来人口定居意愿之间发挥着中介效应。

表 8-2　社区社会资本在居住隔离与定居意愿之间的中介效应

	Mplus STDYX结果		Stata ologit		根据ologit结果计算	
	Coefficient	[S.E.]	Coefficient	[S.E.]	Coefficient^{std}	[(S.E.) ^{std}]
Y定居意愿						
X居住隔离（c）			0.223***	[0.063]	0.111	[0.031]
截距1			-1.736***	[0.215]		
截距2			-0.595***	[0.200]		
截距3			0.281	[0.198]		
截距4			1.268***	[0.202]		
M社区社会资本						
X居住隔离（a）	0.718***	[0.015]	2.361***	[0.101]	2.101	[0.090]
截距1	0.552	[0.085]	2.430***	[0.268]		
截距2			6.115***	[0.290]		
截距3			8.271***	[0.347]		
截距4			11.274***	[0.414]		

续表

	Mplus STDYX结果		Stata ologit		根据ologit结果计算	
	Coefficient	[S.E.]	Coefficient	[S.E.]	Coefficient^{std}	[（S.E.）^{std}]
Y定居意愿						
M社区社会资本（b）	0.112**	[0.044]	0.200**	[0.079]	0.112	[0.044]
X居住隔离（c'）	0.033	[0.044]	0.066	[0.088]	0.033	[0.044]
截距1	-0.883***	[0.123]	-1.618***	[0.220]		
截距2	-0.259**	[0.113]	-0.474**	[0.205]		
截距3	0.222**	[0.111]	0.407**	[0.204]		
截距4	0.763***	[0.111]	1.398***	[0.209]		
ab^{std}①[SE（ab^{std}）②]	0.080	[0.032]			0.235	[0.093]
Sobel检验Z③	2.542				2.529	
中介效应/总效应④	0.709				0.878	

注：*** p<0.01，** p<0.05，* p<0.1。

①ab^{std}=a^{std} * b^{std} ②SE（ab^{std}）=$\sqrt{(b^{std})^2 * (SE(a^{std}))^2 + (a^{std})^2 * (SE(b^{std}))^2}$

③Sobel 检验 Z=ab^{std} / SE（ab^{std}）   ④中介效应/总效应=ab^{std} / （ab^{std} + c'^{std}）

四、小 结

定居意味着外来人口愿意在目前的城市永久居留，实现身份的转变，因此定居意愿是外来人口社会融入的重要体现。同时，外来人口的定居会造成当地公共服务和社会保障需求的增长，定居意愿的研究可以发挥一定的"预警"作用，因此需要给予特别关注。剖析影响外来人口定居意愿的因素能够更加深入地分析这一问题，并提出具有针对性的措施。本章在控制了以往研究中关注的社会经济地位、家庭生命周期等因素的基础上，将关注点置于居住因素的分析。研究结果表明：首先，拥有自有住房和完善的住房设施能够显著地提高外来人口在目前城市定居的可能性。其次，社区类型与外来人口的定居意愿存在一定的显著相关关系。再次，分别将居住隔离和社区社会资本加入模型时，两个因素都会显著地影响外来人口的定居意愿。当外来人口居住社区的本地人比例越高时，或外来人口交往的邻居中本地人口比例越高时，他们越可能选择在目前城市定居。最后，社区社会资本在居住隔离与外来人口的定居意愿之间发挥着显著的中介效应，外来人口与本地居民的居住隔离状态影响着他们在社区内与本地人的社会交往，进而对外来人口的定居意愿发挥作用。

居住隔离对于外来人口的社区社会资本发挥作用，社区内的外来人口和本地居民比例构成会显著地影响外来人口在社区内交往的邻居中的本地人口比例，进而对外来人口的定居意愿产生影响。当外来人口在社区内交往的邻居中本地人口比例升高时，他们更可能选择定居。以往关于外来人口定居意愿的研究较少关注居住隔离和社区社会资本因素，即使有所关注也多将这两个因素分开讨论，本章正是在弥补这一不足。另外，对居住隔离概念中隐含的社区社会资本维度进行了数据论证，验证了居住隔离状态对于社区内社会交往的影响，与前人的研究成果形成了呼应。一方面，该结论说明了社区社会资本的重要性，与居住隔离状态相比，社区内产生的社会资本对于外来人口的定居意愿而言是更加重要的因素。这就对大城市的社区建设提出了更高的要求，居/村委会如果能够为外来人口和本地居民创造更多的接触机会，举办更多促进二者交往的社区活动，不仅能够营造和谐社区的氛围，而且能够促进外来人口的社会融合。另一方面，社区社会资本是一个微观层面的变量，是很难通过政策进行调控的，但是居住隔离有所不同，更加适合在政策方面进行调整，从政策层面上为外来人口形成更多的本地居民社区社会资本提供条件。国外的经验表明，混合居住是破解人群隔离、防止区隔、推动人群之间真正互动交融的重要途径。罗力群（2007）建议，将混合居住政策作为降低当前社会不平等程度的一种社会干预手段。杨菊华（2014）提出，从隔离式居住走向融合式居住亦是促进流动人口的社会融合、缩小阶层分化、实现社会和谐稳定的必由之路。本章的结果为外来人口与本地居民的混合居住模式提供了数据支持。对于外来人口而言，混合居住模式能够提供其与本地居民社会交往的机会，有助于优化外来人口的本地人社会网络,促进外来人口在当地的社会融合。对于本地居民而言,混合居住也同样有助于他们接触和了解外来人口,破解本地居民对外来人口的误解,增强他们对外来人口的理解、包容和接纳。

最后,本章对于控制变量并未进行过多讨论,但是也有一些有趣的发现。在城市类型方面,相较于大城市,超大城市的外来人口表现出了更低的定居意愿。这一结论印证了近年来外来人口"逃离北上广"的趋势。这一趋势可能与超大城市高昂的房价或一些居住因素密切相关,但本章并未对该问题进行深入分析,有待其他研究进一步探究。居住时间和受教育程度也表现出了对外来人口定居意愿的显著影响,在目前城市居住时间越长,学历越高,尤其是大学本科及以上的外来人口,越可能选择在目前城市定居,与以往研究结论一致。本章运用大规模问卷调查的数据为已有的相关研究提供了一定的量化支持,但是受到数据的局限,并没有将更多的变量纳入其中,在一定程度上影响了模型的效度。但是本章也发现了有待进一步探讨的问题:居住因素对于外来人口定居意愿的影响是否存在城市间的差异,居住因素在不同城市中的重要性是否有所不同。由于问卷中未涉及地段变量,因此本章无法进行测量,但是地段对于居住因素而言是一个不可忽视的维度,下一步的研究可以深入探讨居住地段对于外来人口定居意愿的影响。

第九章
结　论

一、居住空间资本

本书将"空间资本"引入社会学研究之中，对"居住空间资本"进行指标体系建构，为以后相关的居住研究奠定了基础。虽然"空间资本"的概念来源于城市规划研究，但是通过文献的梳理在相关理论中获得了支持。自马克思讨论"土地"开始，空间资本的概念已经在悄然萌芽，在列斐伏尔的空间生产中逐渐成长，又在洛根和莫洛奇的空间政治经济学中不断壮大，在这些理论和研究的基础上，对"居住空间资本"进行社会学的界定是水到渠成的。

布迪厄（Bourdieu, 1986）将资本划分为三种基本类型，即经济资本、文化资本和社会资本。假定经济资本是其他资本的根源，经济资本可以直接转换成金钱，文化资本是以教育资质的形式制度化转换成经济资本，而社会资本是以某种高贵身份的形式制度化转换成经济资本。经济资本也可以通过以资本形式积累的劳动时间和资本转换所需的劳动时间转换成文化资本或社会资本。

空间资本、居住隔离与外来人口的社会融合

本书所提出的居住空间资本是空间资本中的一种类型,从功能上而言,该类型的空间主要满足人类的居住需求,但实际上的功能远不止于此。从客观形式上而言,与文化资本和社会资本不同的是,居住空间资本具有更加外显的继承性,可以直接进行继承、馈赠和买卖交换。从具体形式上而言,居住空间资本也在作为一种符号资本而起作用,大量的前人研究已经证实了居住空间是身份的象征,能够反映该空间占有者的社会阶层地位。

居住空间资本与其他资本之间是什么关系呢?(参见图9-1)首先,居住空间资本与经济资本之间的转换通过居住空间的交换价值集中体现出来,交换价值是空间能够给产权占有者直接带来的经济价值。但是居住空间资本的使用价值使得该类型的资本表现出了独特的效果,也使得其能够与文化资本和社会资本进行转换。

其次,居住空间资本向文化资本的转换通过该空间所能赋予居住者的教育资质实现。社区位置与教育资源紧密联系在一起,占有居住空间的同时也就占有了相应的教育资源。"学区房"的高昂房价正是从经济资本的角度直观地反映出了居住空间资本如何能够转换成文化资本,父代会尽己所能地通过占"学区房"的居住空间资本来保障子代对于文化资本的积累和传承。另外,社区文化既包括客观存在的文化产品,比如社区图书馆的资料等,也包括了社区文化活动所形成的主观文化氛围,这些都能够通过社区生活潜移默化地传递到居住者的居住空间资本中。

再次,居住空间资本向社会资本的转换主要通过社区社会资本得以实现。社区社会资本主要表现为邻里关系,其本身就是社会资本的重要组成部分,也一直都是社会网络研究的重要内容。虽然邻里关系属于"弱关系",但也能够为居住者提供信息、工具性的社会支持。通过社区内发生的社会交往,居住空间资本得以转换成社会资本。

最后，文化资本与社会资本转换成居住空间资本来保障居住者资本和地位再生产的实现。居住空间的所有者占有该空间能够获得相应的教育资源、文化产品和社区社会资本，而对于优质教育资源和社会资源的追求能够有效地保障所有者社会阶层的巩固，甚至向上流动。

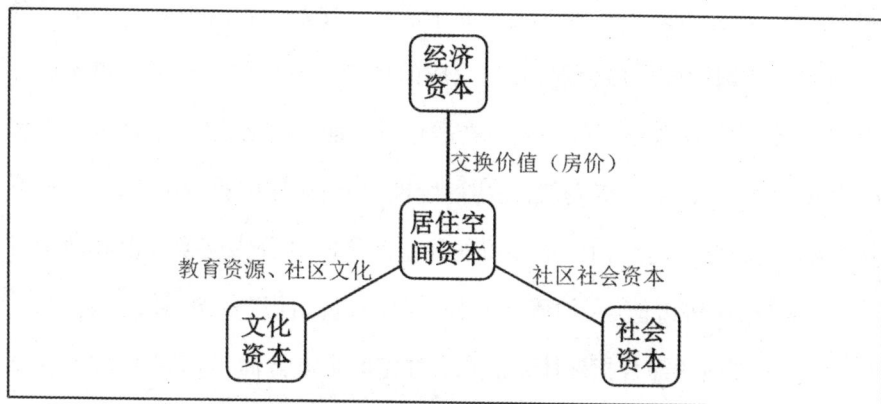

图9-1 居住空间资本与其他资本类型关系图

本书建构了"居住空间资本"可行的指标体系，将居住空间资本的概念进一步细化，转化为更加具象并可以测量的指标。对于以往居住问题的相关研究而言，国内的研究过多地局限于住房本身。住房固然是居住空间资本的重要部分，但"社区效应"更是不可忽视的。本书建构的居住空间资本指标体系试图将社区重新引入居住问题的研究中来，从更加全面的视角来审视居住问题。

二、外来人口居住现状

居住问题是外来人口来到上海后需要面临和解决的首要问题，但是对于大多数外来人口而言也是最难解决的问题。无论是购房政策还是保障性住房，都对外来人口设置了重重阻碍，而在上海拥有一套属于自己的住房又是无数外来人口为之奋斗的"上海梦"。调查显示，无法"安居"的外来人口住房产权占有率低，只能通过"租住"解决居住问题。平均人均居住面积仅为 14 平方米，外来农业群体和非农业群体之间的差异性并不显著。住房内设施较为完善，住房费用占消费总额的百分比均值为 17%，过去两年内平均更换过一次住房，稳定性较低。外来人口集中居住于中心城区和农村之间的近郊区，也就是所谓的城乡接合部，并且六成的外来人口居住于外来人口聚居社区。这一结论再次验证了外来人口在居住方面面临的诸多问题，产权占有率低、住房面积小、设施有待完善、住房稳定性较低、居住位置较偏等。

结合问卷调查的结构，最终将居住空间资本划分为交换价值和使用价值两个部分，住房市值、人均居住面积、居住环境、社区资源、社区组织和社区设施六个方面的综合指标体系。在居住空间资本方面，与老上海非农业群体相比，新上海非农业群体和外来人口都在交换价值方面处于劣势。老上海农业群体产权占有的可能性较大，但是交换价值较低，这主要是受社区位置的影响。在使用价值方面，人均居住面积的差异并不显著，农村地区的人均居住面积较大。在居住环境方面，老上海非农业群体是不同户籍群体中最差的，这可能是受城市化进程的影响，中心城区的社区建造年代较早，配套设施较差。外来非农业群体在社区资源和社区组织方面显著地优于外来农业群体。迁移时间、社会经济地位和家庭生命周期相关的因素都是影响外来人口居住状况的重要变量。外来人口虽然在交换价值占有方面处于劣势，但是会尽量在使用价值方面有所弥补，选择环境较好的社区居住。外来人口内部的差异性也是非常显著的，无论是交换价值还是使用价值，外来农业群体显然是各个群体中居住空间资本占有最低的。总体而言，居住空间资本差异性的分界线并不是在外来人口和本地居民之间，而是在外来农业群体和其他四个群体之间。换言之，农村进城务工人员的居住空间资本显著地低于外来非农业群体、新上海非农业群体、老上海非农业群体和老上海农业群体。

三、居住空间资本与居住隔离

在居住隔离相关理论基础上，填补了"居住空间资本"的重要环节，为解释居住隔离的形成机制提出合理路径。以往的研究在解释居住隔离的形成机制时，除了国家政策和制度等方面的考虑外，主要从个体特征的角度出发，分析社会经济地位、家庭生命周期等因素的影响。但是在个体层面的因素与居住隔离的形成之间缺少了一个有效的解释机制。不同个体根据自身情况进行的择居行为最终导致了不同群体间的居住隔离。个体在择居时考虑的因素是多方面的，房价或者房租是否能够承担？居住面积是否足够？屋内和社区的环境是否满意？社区周边的设施和资源是否完备？而这些因素正是本书所提出的居住空间资本所包含的内容。本书验证了居住空间资本与居住隔离的关系，并且检验了社会经济地位和家庭生命周期等相关变量的影响。通过居住空间资本，将社会经济地位等个体层面因素影响居住隔离形成的解释机制补充完整。另外，本书通过定量分析的方法，在中国的情境中对空间同化理论进行了验证。

本书运用结构方程模型验证了居住空间资本与居住隔离指数之间的相关关系。受访者占有的居住空间资本越高，其居住社区的孤立指数越低，居住分异指数越高，说明其更倾向于选择外来人口相对比例较低的本地人聚居区。本地居民与外来人口的居住隔离集中表现在外来农业群体和老上海非农业群体之间，与老上海非农业群体相比，外来农业群体的孤立指数更高，而居住分异指数更低。居住空间资本的交换价值、使用价值的人均居住面积、居住环境、社区资源、社区组织和社区设施因子都会对外来农业群体的居住隔离发挥显著的作用。其中,社区设施的作用略有不同,但是其他指标的作用都较为一致。总体而言,当外来农业群体能够占有更高的居住空间资本时,他们更倾向于选择与本地居民混居,居住于本地人聚居社区。

外来农业群体由于无力占有较高的居住空间资本,因此形成了与本地居民,尤其是老上海非农业群体的居住隔离状态。这一结论验证了本书的第三个研究问题,个体的社会经济地位对于居住隔离的形成发挥着显著的作用,外来农业群体较低的社会经济地位决定了他们只能占有较低的居住空间资本,最终导致了居住隔离的形成。因此,居住空间资本的优劣成为了解释居住隔离生成机制的可行性路径。当外来农业群体能够占有更高的居住空间资本时,他们会选择搬入本地居民聚居的社区。这些结论验证了空间同化理论,移民在来到一个新的地方时,可能会选择与其他移民聚居,但是当移民获得较高的社会经济地位后,他们将搬离移民聚居区,搬入与当地居民混居的社区之中,最终达到居住空间上的社会融合。外来人口的择居和迁居行为受制于他们的社会经济地位,居住空间资本将社会经济地位能够占有的居住状态更加具象化,成为了解释个体的社会经济地位与居住隔离之间关系的重要桥梁。

四、居住隔离与社会融合

将居住隔离与社会融合感受相关联,并验证了居住隔离对外来人口和本地居民不同融合感受的重要作用。居住隔离一直以来都是社会融合过程的重要阶段,但是以往的研究总是将居住隔离和社会融合进行分别讨论。这主要受制于二者混乱的因果关系,尤其是在分析居住隔离与经济融合时,研究者无法厘清其中的因果。如果以目前的收入水平作为经济融合的测量指标对横截面数据进行分析，研究者无法说明到底是居住隔离影响了外来人口的就业进而影响收入，还是出于收入的考虑而居住于此。因此，本书采用了社会融合主观方面的测量，由于测量主观态度发生在受访者搬入社区之后，时间上的先后顺序使得研究成为可能。

社会融合感受是社会融合主观方面的测量，代表了两个群体相互的心理融合感受。研究显示，外来人口倾向于认同"本地人总是排斥外地人"，而本地居民则认为自己并未排斥外来人口。但同时，本地居民又倾向于认为"外地人多会给本地治安带来问题"，而外来人口并不认同这一观点。换言之，外来人口认为自己被排斥，但他们不是当地的安全威胁，而本地居民持完全相反的观点。孤立指数和居住分异指数对于主观社会融合的两个问题都存在着显著的影响。孤立指数越高的社区，越倾向于同意"本地人总是排斥外地人"，但不同意"外地人多会给本地治安带来问题"。而居住分异指数的作用与孤立指数正好相反，实际上反映的问题是，外来人口聚居社区的平均认知更倾向于同意"本地人总是排斥外地人"，而不同意"外地人多会给本地治安带来问题"，也就是说，本地居民聚居区的整体融合感受要优于外来人口聚居区。居住隔离指数对外来人口安全威胁问题的评价起到了一定的调节作用，但对外来非农业群体和外来农业群体的影响不同，对外来农业群体的作用是进一步加剧其与老上海非农业群体的差异性，而对外来非农业群体的作用是削弱两者间的差异性。

本地居民更倾向于认同"外来人口是当地安全的隐患"，而外来人口更倾向于认同自己是被本地人排斥的群体，二者之间的矛盾感受清晰可见。本地居民与外来人口之间相互排斥的情绪是不可能在短期内消减的，这需要一个漫长的融合过程。而居住融合在这一过程中的作用是非常关键的，从戈登（Gordon，1964）的体系中不难发现，居住融合是达到结构性融合的必经阶段。本书的结果说明,居住隔离对于外来人口和本地居民的融合感受都发挥着不可忽视的重要作用,本地居民聚居区的整体融合感受评价要优于外来人口聚居区。因此,本地居民与外来人口的混合居住是实现二者最终融合的可行性路径,换言之,混合居住模式对上海市本地居民与外来人口的社会融合发挥着积极的正向作用。

另外,受数据限制,对于居住空间资本的测量缺失了社区社会资本的部分。但是社区社会资本是社区作为地域共同体的本质或内核,是以社区为依托或载体而形成的集体性社会资本(方亚琴、夏建中,2014;桂勇、黄荣贵,2008)。外来人口与本地居民在社区活动中的交往可能会成为外来人口在本地社会资本的重要来源。因此,本书的第八章借助"2017年城市化与新移民调查"数据,对居住隔离、社区社会资本和外来人口的定居意愿之间的关系进行了验证。结果显示,社区社会资本在居住隔离与外来人口的定居意愿之间发挥着显著的中介效应,外来人口与本地居民的居住隔离状态影响着他们在社区内与本地人的社会交往,进而对外来人口的定居意愿发挥作用。

本书的分析,一方面论证了居住隔离对主观融合感受的影响,将居住隔离与社会融合直接联系起来,另一方面可以作为政策建议的依据,本书的结论说明了混合居住模式对促进社会融合的积极影响。中国城市的外来人口社会融合是一个充满挑战性的过程,不仅是对外来人口和本地居民的挑战,同时也是对政府和政策制定者的挑战。为了促进外来人口与本地居民的社会融合,政府需要对户籍制度进行深刻改革,将福利和相关权利对外来人口进行一定的倾斜,使外来人口能够获取更好的居住空间资本,从而减少外来人口与本地居民之间的居住隔离,这将对提升社会融合感受,进而加强客观社会融合发挥重要作用。

五、研究反思：局限性及未来可能的研究方向

本书第四至七章使用的主要数据样本量较小，选择使用该数据，主要是出于多层模型对于社区层次数量的需求。以往的研究发现，多层模型的第二层最少需要 30 个样本，样本量越大，越有利于模型的效度。该数据包括了上海市的 38 个社区，是研究时可获得的数据中社区数量最大的。另外，本书的核心概念——居住空间资本的测量中包含了大量的社区层面变量，因此更多的社区样本，会更有利于扩大居住空间资本测量的变异度。

针对本书的不足和局限，对于未来可能的研究方向提出以下四点想法：首先，进一步完善"居住空间资本"的指标体系，将更多的因素纳入其中，尤其是对于社区社会资本的考察。建构更加完善的居住空间资本指标体系，有利于进一步开展相关的研究，并且能够从更为全面的维度对居住情况进行评估。其次，居住空间资本的占有量会随着居住时间发生变化，这正是居住空间资本的再生产过程，因此对于居住空间资本的测量应该考虑其动态的变化。例如，外来人口搬入本地人聚居社区，随着居住时间的增加，他们的本地化社区社会资本很可能也会在邻里交往中增长。再次，居住隔离的测量方法很多，本书采用了最适宜模型建构的两种测量方法。未来的研究可以进一步打通地理学分析和社会学分析，将更多地理学空间意义上的居住隔离分析与空间资本概念结合。最后，社会融合是一个多维的概念，本书验证了居住隔离与主观融合感受之间的关系，未来可以将更多的维度纳入其中，但受因果机制的影响，具有一定的难度，需要找到适合的统计方法进行验证。

参考文献

一、中文文献

(一)著　作

1.[英]安东尼·吉登斯:《社会的构成:结构化理论纲要》,李康、李猛译,生活·读书·新知三联书店,1998年。

2.[美]保罗·福塞尔:《格调:社会等级与生活品味》,梁丽真、乐涛、石涛译,世界图书出版公司,2011年。

3.蔡禾主编、张应祥副主编:《城市社会学:理论与视野》,中山大学出版社,2003年。

4.陈强编著:《高级计量经济学及Stata应用》,高等教育出版社,2014年。

5.[德]盖奥尔格·西美尔:《社会学:关于社会化形式的研究》,林荣远译,华夏出版社,2002年。

6.郭志刚主编:《社会统计分析方法——SPSS软件应用》,中国人民大学出版社,1999 年。

7.［秘］赫尔南多·德·索托:《资本的秘密》,王晓冬译,江苏人民出版社,2001 年。

8.［法］亨利·列斐伏尔:《空间与政治》(第二版),李春译,上海人民出版社,2015 年。

9.侯杰泰、温忠麟、成子娟:《结构方程模型及其应用》,教育科学出版社,2004 年。

10.黄怡:《城市社会分层与居住隔离》,同济大学出版社,2006 年。

11.［美］凯文·林奇:《城市意象》,方益萍、何晓军译,华夏出版社,2001 年。

12.雷开春:《城市新移民的社会认同——感性依恋与理性策略》,上海社会科学院出版社,2011 年。

13.［美］马克·戈特迪纳、［美］雷·哈奇森:《新城市社会学》,黄怡译,上海译文出版社,2011 年。

14.李斌:《中国城市居住空间阶层化研究》,光明日报出版社,2013 年。

15.邱皓政:《潜在类别模型的原理与技术》,北京大学出版社,2008 年。

16.［韩］孙洛龟:《房地产阶级社会》,芦恒译,译林出版社,2012 年。

17.上海市公安局公安史志编纂委员会编:《上海公安志》,上海社会科学院出版社,1997 年。

18.王孟成:《潜变量建模与 Mplus 应用·基础篇》,重庆大学出版社,2014 年。

19.王兴中等:《中国城市社会空间结构研究》,科学出版社,2000 年。

20.吴启焰:《大城市居住空间分异研究的理论与实践》,科学出版社,2001 年。

21.［美］约翰·J.马休尼斯、［美］文森特·N.帕里罗:《城市社会学:城市与城市生活》,姚伟、王佳等译,中国人民大学出版社,2016 年。

22.［美］约翰·R. 洛根、［美］哈维·L. 莫洛奇:《都市财富:空间的政治经济学》,陈那波等译,格致出版社,2016年。

23.杨上广:《中国大城市社会空间的演化》,华东理工大学出版社,2006年。

24.于醒民、唐继无:《上海:近代化的早产儿》,久大文化股份有限公司,1991年。

25.张雷、雷雳、郭伯良:《多层线性模型应用》,教育科学出版社,2003年。

26.张展新、侯亚非等:《城市社区中的流动人口——北京等6城市调查》,社会科学文献出版社,2009年。

27.[日]芝祐顺:《因素分析法》,曹亦薇译,人民教育出版社,1999年。

28.邹依仁:《旧上海人口变迁的研究》,上海人民出版社,1980年。

(二)期刊文章

1.边燕杰、刘勇利:《社会分层、住房产权与居住质量——对中国"五普"数据的分析》,《社会学研究》,2005年第3期。

2.边燕杰、约翰·罗根、卢汉龙、潘允康、关颖:《"单位制"与住房商品化》,《社会学研究》,1996年第1期。

3.曹子玮:《农民工的再建构社会网与网内资源流向》,《社会学研究》,2003年第3期。

4.陈杰、郝前进:《快速城市化进程中的居住隔离——来自上海的实证研究》,《学术月刊》,2014年第5期。

5.陈燕:《中外大中城市居住空间分异的动因比较分析》,《现代城市研究》,2008年第12期。

6.陈燕:《新型城镇化战略对城市居住空间分异影响研究》,《南京社会科学》,2014年第12期。

7.陈映芳:《城市开发的正当性危机与合理性空间》,《社会学研究》,2008

年第 3 期。

8.陈钊、陆铭、陈静敏:《户籍与居住区分割年:城市公共管理的新挑战》,《复旦学报》(社会科学版),2012 年第 5 期。

9.陈志光:《居住隔离与社会距离——以农民工和本地居民为例》,《中共福建省委党校学报》,2018 年第 3 期。

10.崔岩:《流动人口心理层面的社会融入和身份认同问题研究》,《社会学研究》,2012 年第 5 期。

11.杜德斌、崔裴、刘小玲:《论住宅需求、居住选址与居住分异》,《经济地理》,1996 年第 1 期。

12.段成荣、王莹:《流动人口的居住问题》,《北京行政学院学报》,2006年第 6 期。

13.范津砚、叶斌、章震宇、刘宝霞:《探索性因素分析——最近 10 年的评述》,《心理科学进展》,2003 年第 5 期。

14.范先佐:《"流动儿童"教育面临的财政问题与对策》,《教育与经济》,2004 年第 4 期。

15.方亚琴、夏建中:《社区、居住空间与社会资本——社会空间视角下对社区社会资本的考察》,《学习与实践》,2014 年第 11 期。

16.方长春:《体制分割与中国城镇居民的住房差异》,《社会》,2014 年第 3 期。

17.冯健、周一星:《北京都市区社会空间结构及其演化(1982—2000)》,《地理研究》,2003 年第 4 期。

18.嘎日达、黄匡时:《西方社会融合概念探析及其启发》,《国外社会科学》,2009 年第 2 期。

19.高雅、董志勇:《流动人口跨区域迁移与居留意愿》,《北京联合大学学报》(人文社会科学版),2018年第1期。

20.耿慧志、沈丹凤:《上海市外来人口的空间分布和影响机制》,《城市规划》,2009年第12期。

21.郭建鑫:《教育公平、公共财政与农民工子女义务教育的保障机制》,《农村经济》,2007年第1期。

22.郭星华、储卉娟:《从乡村到都市年:融入与隔离——关于民工与城市居民社会距离的实证研究》,《江海学刊》,2004年第3期。

23.桂勇、黄荣贵:《社区社会资本测量年:一项基于经验数据的研究》,《社会学研究》,2008年第3期。

24.国家统计局上海调查总队课题组:《上海外来农民工住房保障问题研究》,《统计科学与实践》,2013年第11期。

25.韩俊强:《农民工住房与城市融合——来自武汉市的调查》,《中国人口科学》,2013年第2期。

26.郝亚明:《城市与移民年:西方族际居住隔离研究述论》,《民族研究》,2012年第6期。

27.郝亚明:《美国的种族居住隔离年:理论与现实》,《世界民族》,2013年第1期。

28.郝彦辉、刘威:《转型期城市基层社区社会资本的重建》,《东南学术》,2006年第5期。

29.何雪松:《社会理论的空间转向》,《社会》,2006年第2期。

30.何艳玲、汪广龙、高红红:《从破碎城市到重整城市年:隔离社区、社会分化与城市治理转型》,《公共行政评论》,2011年第1期。

31.何炤华、杨菊华:《安居还是寄居?不同户籍身份流动人口居住状况研究》,《人口研究》,2013年第6期。

32.侯慧丽、李春华:《北京市流动人口住房状况的非制度影响因素分析》,《北京社会科学》,2010 年第 5 期。

33.侯慧丽、李春华:《梯度城市化年:不同社区类型下的流动人口居住模式和住房状况》,《人口研究》,2013 年第 2 期。

34.侯慧丽、朱静:《从隔离到融合——流动人口居住状况研究的现状及发展》,《西北人口》,2010 年第 4 期。

35.胡潇:《空间的社会逻辑——关于马克思恩格斯空间理论的思考》,《中国社会科学》,2013 年第 1 期。

36.黄乾:《农民工定居城市意愿的影响因素——基于五城市调查的实证分析》,《山西财经大学学报》,2008 年第 4 期。

37.黄怡:《住宅产业化进程中的居住隔离——以上海为例》,《现代城市研究》,2001 年第 4 期。

38.黄怡:《城市居住隔离及其研究进程》,《城市规划学刊》,2004 年第 5 期。

39.黄怡:《城市居住隔离的模式——兼析上海居住隔离的现状》,《城市规划学刊》,2005 年第 2 期。

40.黄友琴、易成栋:《户口、迁移与居住分异——以武汉为例的实证研究》,《城市发展研究》,2009 年第 6 期。

41.蒋耒文、庞丽华、张志明:《中国城镇流动人口的住房状况研究》,《人口研究》,2005 年第 4 期。

42.景晓芬:《西安市外来人口的居住空间隔离研究》,《西北人口》,2014年第1期。

43.雷开春:《城市新移民社会资本的理性转换》,《社会》,2011b 年第 1 期。

44.雷敏、张子珩、杨莉:《流动人口的居住状态与社会融合》,《人口与社会》,2007 年第 4 期。

45.李斌:《市场能力与职工住房利益分化》,《南京社会科学》,2004 年第 11 期。

46.李斌:《城市住房价值结构化年:人口迁移的一种筛选机制》,《中国人口科学》,2008 年第 4 期。

47.李洁瑾、黄荣贵、冯艾:《城市社区异质性与邻里社会资本研究》,《复旦学报》(社会科学版),2007 年第 5 期。

48.李骏:《住房产权与政治参与年:中国城市的基层社区民主》,《社会学研究》,2009 年第 5 期。

49.李倩、张文忠、余建辉、曹靖、党云晓:《北京不同收入家庭的居住隔离状态研究》,《地理科学进展》,2012 年第 6 期。

50.李强:《关于城市农民工的情绪倾向及社会冲突问题》,《社会学研究》,1995 年第 4 期。

51.李强:《中国大陆城市农民工的职业流动》,《社会学研究》,1999 年第 3 期。

52.李强:《当前中国社会的四个利益群体》,《学术界》,2000 年第 3 期。

53.李强:《户籍分层与农民工的社会地位》,《中国党政干部论坛》,2002年第 8 期。

54.李强:《转型时期城市"住房地位群体"》,《江苏社会科学》,2009 年第 4 期。

55.李强、李洋:《居住分异与社会距离》,《北京社会科学》,2010 年第 1 期。

56.李树茁、任义科、靳小怡、费尔德曼:《中国农民工的社会融合及其影响因素研究——基于社会支持网络的分析》,《人口与经济》,2008 年第 2 期。

57.李志刚:《中国城市的居住分异》,《国际城市规划》,2008 年第 4 期。

58.李志刚、吴缚龙:《转型期上海社会空间分异研究》,《地理学报》,2006

年第 2 期。

59.李志刚、吴缚龙、肖扬:《基于全国第六次人口普查数据的广州新移民居住分异研究》,《地理研究》,2014 年第 11 期。

60.梁海祥:《双层劳动力市场下的居住隔离——以上海市居住分异实证研究为例》,《山东社会科学》,2015 年第 8 期。

61.廖邦固、徐建刚、梅安新:《1947—2007 年上海中心城区居住空间分异变化——基于居住用地类型视角》,《地理研究》,2012 年第 6 期。

62.林李月、朱宇:《两栖状态下流动人口的居住状态及其制约因素——以福建省为例》,《人口研究》,2008 年第 3 期。

63.林李月、朱宇、许丽芳:《流动人口对流入地的环境感知及其对定居意愿的影响——基于福州市的调查》,《人文地理》,2016 年第 1 期。

64.刘红云、骆方、张玉、张丹慧:《因变量为等级变量的中介效应分析》,《心理学报》,2013 年第 12 期。

65.刘厚莲:《我国特大城市流动人口住房状况分析》,《人口学刊》,2016年第 5 期。

66.刘精明、李路路:《阶层化年:居住空间、生活方式、社会交往与阶层认同——我国城镇社会阶层化问题的实证研究》,《社会学研究》,2005 年第3期。

67.刘军、富萍萍:《结构方程模型应用陷阱分析》,《数理统计与管理》,2007 年第 2 期。

68.刘婷婷、李含伟、高凯:《家庭随迁流动人口住房选择及其影响因素分析——以上海市为例》,《南方人口》,2014 年第 3 期。

69.刘望保、翁计传:《住房制度改革对中国城市居住分异的影响》,《人文地理》,2007 年第 1 期。

70.刘望保、闫小培、曹小曙:《转型期中国城镇居民住房类型分化及其影响因素——基于 CGSS(2005)的分析》,《地理学报》,2010 年第 8 期。

71.刘欣:《中国城市的阶层结构与中产阶层的定位》,《社会学研究》,2007 年第 6 期。

72.刘于琪、刘晔、李志刚:《中国城市新移民的定居意愿及其影响机制》,《地理科学》,2014 年第 7 期。

73.刘志林、廖露、钮晨琳:《社区社会资本对居住满意度的影响——基于北京市中低收入社区调查的实证分析》,《人文地理》,2015 年第 3 期。

74.刘祖云、胡蓉:《城市住房的阶层分化年:基于 CGSS2006 调查数据的分析》,《社会》,2010 年第 5 期。

75.刘祖云、毛小平:《中国城市住房分层年:基于 2010 年广州市千户问卷调查》,《中国社会科学》,2012 年第 2 期。

76.罗恩立:《就业能力对农民工城市居留意愿的影响——以上海市为例》,《城市问题》,2012 年第 7 期。

77.罗力群:《对美欧学者关于邻里效应研究的述评》,《社会》,2007 年第 4 期。

78.罗仁朝、王德:《上海市流动人口不同聚居形态及其社会融合差异研究》,《城市规划学刊》,2008 年第 6 期。

79.马西恒、童星:《敦睦他者年:城市新移民的社会融合之路——对上海市 Y 社区的个案考察》,《学海》,2008 年第 2 期。

80.麦玉娇、温忠麟:《探索性结构方程建模(ESEM)年:EFA 和 CFA 的整合》,《心理科学进展》,2013 年第 5 期。

81.毛小平:《购房年:制度变迁下的住房分层与自我选择性流动》,《社会》,2014 年第 2 期。

82.彭华民、唐慧慧:《排斥与融入年:低收入农民工城市住房困境与住房保障政策》,《山东社会科学》,2012 年第 8 期。

83.戚迪明、江金启、张广胜:《农民工城市居住选择影响其城市融入吗？——以邻里效应作为中介变量的实证考察》,《中南财经政法大学学报》,2016 年第 4 期。

84.任远、戴星翼:《外来人口长期居留倾向的 Logit 模型分析》,《南方人口》,2003 年第 4 期。

85.任远、乔楠:《城市流动人口社会融合的过程、测量及影响因素》,《人口研究》,2010 年第 2 期。

86.任远、邬民乐:《城市流动人口的社会融合年:文献述评》,《人口研究》,2006 年第 3 期。

87.上海市统计局:《2015 年上海市国民经济和社会发展统计公报》,《统计科学与实践》,2016 年第 3 期。

88.盛明洁:《欧美邻里效应研究进展及对我国的启示》,《国际城市规划》,2017 年第 6 期。

89.司敏:《“社会空间视角”年:当代城市社会学研究的新视角》,《社会》,2004 年第 5 期。

90.宋伟轩、吴启焰、朱喜钢:《新时期南京居住空间分异研究》,《地理学报》,2010 年第 6 期。

91.隋广军、盖翊中:《城市社区社会资本及其测量》,《学术研究》,2002年第7期。

92.孙斌栋、吴雅菲:《上海居住空间分异的实证分析与城市规划应对策略》,《上海经济研究》,2008 年第 12 期。

93.孙秀林:《社会科学中的空间分析年:概念、技术和应用实例》,《山东社会科学》,2015 年第 8 期。

94.孙远太:《生命周期、迁移行为与城市居民住房资产获得》,《中共福建省委党校学报》,2015 年第 4 期。

94.陶海燕、黎夏、陈晓翔:《基于多智能体的居住空间格局演变的真实场景模拟》,《地理学报》,2009 年第 6 期。

95.童星、马西恒:《"敦睦他者"与"化整为零"——城市新移民的社区融合》,《社会科学研究》,2008 年第 1 期。

96.王春兰、丁金宏:《流动人口城市居留意愿的影响因素分析》,《南方人口》,2007 年第 1 期。

97.王桂新、张得志:《上海外来人口生存状态与社会融合研究》,《人口与发展》,2006 年第 5 期。

98. 王美琴:《城市居住空间分异格局下单位制社区的走向》,《苏州大学学报》(哲学社会科学版),2010 年第 6 期。

99.王琪:《转型、空间与区隔——社会转型期城市居住空间演进逻辑的实证研究》,《山东社会科学》,2015 年第 8 期。

100.王小章:《何谓社区与社区何为》,《浙江学刊》,2002 年第 2 期。

101.王毅杰:《流动农民留城定居意愿影响因素分析》,《江苏社会科学》,2005 年第 5 期。

102.王玉君:《农民工城市定居意愿研究——基于十二个城市问卷调查的实证分析》,《人口研究》,2013 年第 4 期。

103.王玉君、杨文辉、刘志林:《进城务工人员的住房变动及其影响因素——基于十二城市问卷调查的实证分析》,《人口研究》,2014 年第 4 期。

104.魏立华、闫小培:《中国经济发达地区城市非正式移民聚居区——"城中村"的形成与演进——以珠江三角洲诸城市为例》,《管理世界》,2005 年第 8 期。

105.吴开泽、陈琳:《从生命周期到生命历程年:中西方住房获得研究回顾和展望》,《城市发展研究》,2014年第12期。

106.吴启焰:《城市社会空间分异的研究领域及其进展》,《城市规划学刊》,1999年第3期。

107.吴启焰、张京祥、朱喜钢、徐逸伦:《现代中国城市居住空间分异机制的理论研究》,《人文地理》,2002年第3期。

108.吴维平、王汉生:《寄居大都市年:京沪两地流动人口住房现状分析》,《社会学研究》,2002年第3期。

109.夏显力、姚植夫、李瑶、贺强:《新生代农民工定居城市意愿影响因素分析》,《人口学刊》,2012年第4期。

110.熊波、石人炳:《农民工定居城市意愿影响因素——基于武汉市的实证分析》,《南方人口》,2007年第2期。

111.徐菊芬、张京祥:《中国城市居住分异的制度成因及其调控——基于住房供给的视角》,《城市问题》,2007年第4期。

112.许学强、胡华颖、叶嘉安:《广州市社会空间结构的因子生态分析》,《地理学报》,1989年第4期。

113.续田曾:《农民工定居性迁移的意愿分析——基于北京地区的实证研究》,《经济科学》,2010年第3期。

114.杨菊华:《从隔离、选择融入到融合年:流动人口社会融入问题的理论思考》,《人口研究》,2009年第1期。

115.杨菊华:《混合居住模式年:助推流动人口从"寄居"走向"安居"》,《决策探索》(下半月),2014年第7期。

116.杨菊华:《人口流动与居住分离年:经济理性抑或制度制约?》,《人口学刊》,2015年第1期。

117.杨菊华、朱格:《心仪而行离年:流动人口与本地市民居住隔离研究》,《山东社会科学》,2016 年第 1 期。

118.杨上广:《大城市社会空间结构演变的动力机制研究》,《社会科学》,2005 年第 10 期。

119.杨上广、王春兰:《上海城市居住空间分异的社会学研究》,《社会》,2006 年第 6 期。

120.杨雪、魏洪英:《流动人口长期居留意愿的新特征及影响机制》,《人口研究》,2017 年第 5 期。

121.姚先国、俞玲:《农民工职业分层与人力资本约束》,《浙江大学学报》(人文社会科学版),2006 年第 5 期。

122.叶鹏飞:《农民工的城市定居意愿研究年:基于七省(区)调查数据的实证分析》,《社会》,2011 年第 2 期。

123.易成栋:《城镇家庭住房状况的影响因素——基于 Logit 模型和 6 城市"五普"数据的实证研究》,《人口与社会》,2007 年第 2 期。

124.于潇、陈新造:《经济收入与社会地位对流动人口城市居留意愿的影响——基于广东省的实证研究》,《广东社会科学》,2017 年第 3 期。

125.袁媛、许学强:《广州市外来人口居住隔离及影响因素研究》,《人文地理》,2008 年第 5 期。

126.原鹏飞、王磊:《我国城镇居民住房财富分配不平等及贡献率分解研究》,《统计研究》,2013 年第 12 期。

127.悦中山、李树茁、靳小怡、费尔德曼:《从"先赋"到"后致"年:农民工的社会网络与社会融合》,《社会》,2011 年第 6 期。

128.湛东升、张文忠、党云晓、戚伟、刘倩倩:《中国流动人口的城市宜居性感知及其对定居意愿的影响》,《地理科学进展》,2017 年第 10 期。

129.张春泥、刘林平:《网络的差异性和求职效果——农民工利用关系求职的效果研究》,《社会学研究》,2008 年第 4 期。

130.张春泥、谢宇:《同乡的力量年:同乡聚集对农民工工资收入的影响》,《社会》,2013 年第 1 期。

131.张斐、孙磊:《大城市流动人口居住状况研究——以北京市为例》,《兰州学刊》,2010 年第 7 期。

132.张文宏、雷开春:《城市新移民社会融合的结构、现状与影响因素分析》,《社会学研究》,2008 年第 5 期。

133.张文宏、刘琳:《住房问题与阶层认同研究》,《江海学刊》,2013 年第 4 期。

134.张文宏、刘琳:《城市移民与本地居民的居住隔离及其对社会融合度评价的影响》,《江海学刊》,2015 年第 6 期。

135.张应祥、蔡禾:《新马克思主义城市理论述评》,《学术研究》,2006 年第 3 期。

136.张子珩:《中国流动人口居住问题研究》,《人口学刊》,2005 年第 2 期。

137.仇楠楠、周利兵:《非正规就业流动人口住房问题及对策研究》,《当代经济管理》,2015 年第 1 期。

138.赵渺希:《上海市中心城区外来人口社会空间分布研究》,《地理信息世界》,2006 年第 1 期。

139.赵延东、王奋宇:《城乡流动人口的经济地位获得及决定因素》,《中国人口科学》,2002 年第 4 期。

140.赵艳枝:《外来人口的居留意愿与合理流动——以北京市顺义区外来人口为例》,《南京人口管理干部学院学报》,2006 年第 4 期。

141.赵晔琴:《外来人口的居住现状及居住需求调查——以上海三个外来

人口集中居住小区为例》,《青年学报》,2014 年第 2 期。

142.郑辉、李路路:《中国城市的精英代际转化与阶层再生产》,《社会学研究》,2009 年第 6 期。

143.郑静、许学强、陈浩光:《广州市社会空间的因子生态再分析》,《地理研究》,1995 年第 2 期。

144.郑思齐、曹洋:《农民工的住房问题年:从经济增长与社会融合角度的研究》,《广东社会科学》,2009 年第 5 期。

145.郑震:《空间年:一个社会学的概念》,《社会学研究》,2010 年第 5 期。

146.周皓:《流动人口社会融合的测量及理论思考》,《人口研究》,2012 年第 3 期。

147.周敏、林闽钢:《族裔资本与美国华人移民社区的转型》,《社会学研究》,2004 年第 3 期。

148.朱荟、郝亚明:《美国种族居住隔离理论的三种范式》,《贵州民族研究》,2016 年第 1 期。

149.朱静宜:《居住分异与社会分层的相互作用研究——以上海为例》,《城市观察》,2015 年第 5 期。

150.朱力:《论农民工阶层的城市适应》,《江海学刊》,2002 年第 6 期。

151.朱祥波、谭术魁、王斯亮、李燚:《城市流动人口的住房选择年:事实与解释》,《南方人口》,2015 年第 3 期。

152.邹湘江:《我国城市人口住房状况特征及变化分析——基于"五普"和"六普"数据的比较》,《广州大学学报》(社会科学版),2013 年第 1 期。

(三)其他文献

1.白剑峰:《我国流动人口规模持续下降》,《人民日报》,2007 年 11 月 15

日,第21版。

2.胡蓉:《中国城镇社会住房资源阶层分化研究》,中山大学,2010博士研究生毕业论文。

3.李汉林:《关系强度与虚拟社区——农民工研究的一种视角》,载李培林主编:《农民工年:中国进城农民工的经济社会分析》,社会科学文献出版社,2003年。

4.[法]亨利·列斐伏尔:《〈空间的生产〉新版序言(1986)》,载张一兵主编:《社会批判理论纪事》(第1辑),中央编译出版社,2006年。

5.彭玉生:《定序或定类依变项回归分析》,载李沛良著:《社会研究的统计应用》,社会科学文献出版社,2001年。

6.屈智勇、王丽:《流动儿童义务教育问题和政策应对》,载张秀兰主编:《中国教育发展与政策30年:1978—2008》,社会科学文献出版社,2008年。

二、外文文献

(一)著 作

1.Alejandro Portes,Rubén G. Rumbaut,*Immigrant America:A Potrait*(3rd edition),University of California Press,2006.

2.Anthony Giddens,*The Class Structure of the Advanced Societies*,Hutchinson University Library,1973.

3.Bill Hillier,*Space is the Machine:A Configuration Theory of Architecture*,Cambridge University Press,1996.

4.Ceri Peach,*Urban Social Segregation*,Longman,1975.

5.Daniel A. Powers, Yu Xie, *Statistical Methods for Categorical Data Analysis(2nd edition)*, Emerald Group Publishing Limited, 2008.

6.Dorothy J. Solinger, *Contesting Citizenship in Urban China: Peasant Migrants, the State, and the Logic of the Market*, University of California Press, 1999.

7.Dowell Myers, *Housing Demography: Linking Demographic Structure and Housing Markets*, University of Wisconsin Press, 1990.

8.Elizabeth Huttman, Wim Blauw & Juliet Saltman, *Urban Housing Segregation of Minorities in Western Europe and the United States*, Duke University Press, 1991.

9.Henri Lefebvre, *The Production of Space*, Translated by Donald Nicholson-Smith, Blackwell, 1991.

10.Homer Hoyt, *The Structure and Growth of Residential Neighborhoods in American Cities*, Federal Housing Administration, 1939.

11.Ivan Szelényi, *Urban Inequalities under State Socialism*, Oxford University Press, 1983.

12.John Iceland, *Where We Live Now: Immigration and Race in the United States*, University of California Press, 2009.

13.John Knight, Lina Song, *The Rural-Urban Divide: Economic Disparities and Interactions in China*, Oxford University Press, 1999.

14.John M. Goering, Ron E. Wienk, *Mortgage Lending, Racial Discrimination, and Federal Policy*, Urban Institute Press, 1996.

15.John Rex, Robert Moore, Alan Shuttleworth & Jennifer Williams, *Race, Community and Conflict: A Study of Sparkbrook*, Oxford University Press, 1967.

16.John Yinger, *Closed Doors, Opportunities Lost: The Continuing Costs of Housing Discrimination*, Russell Sage Foundation, 1995.

17.Jum C. Nunnally, Ira H. Bernstein, *Psychometric Theory (3rd edition)*, McGraw-Hill, 1994.

18.Kenneth A. Bollen, *Structural Equations with Latent Variables*, Wiley, 1989.

19.Luigi M. Solivetti, *Immigration, Social Integration and Crime: A Cross-National Approach*, Routledge-Cavendish, 2010.

20.Malcolm Harrison, Ian Law & Deborah Phillips, *Migrants, Minorities and Housing: Exclusion, Discrimination and Anti-Discrimination in 15 Member States of the European Union*, European Monitoring Centre on Racism and Xenophobia (EUMC), 2005.

21.Martin King Whyte, William L. Parish, *Urban Life in Contemporary China*, University of Chicago Press, 1984.

22.Milton M. Gordon, *Assimilation in American Life: The Role of Race, Religion, and National Origins*, Oxford University Press, 1964.

23.Nathan Kantrowitz, *Ethnic and Racial Segregation in the New York Metropolis: Residential Patterns among White Ethnic Groups, Blacks, and Puerto Ricians*, Praeger Publishers, 1973.

24.Peter H. Rossi, *Why Families Move: A Study in the Social Psychology of Urban Residential Mobility (2nd edition)*, Sage Publications, 1980.

25.Peter M. Blau, *Inequality and Heterogeneity: A Primitive Theory of Social Structure*, Free Press, 1977.

26.Peter Saunders, *Social Theory and the Urban Question (2nd edition)*,

Holmes & Meier, 1986.

27.Richard D. Alba, Victor Nee, *Remaking the American Mainstream: Assimilation and Contemporary Immigration*, Harvard University Press, 2003.

28.Robert A. LeVine, Donald T. Campbell, *Ethnocentrism: Theories of Conflict, Ethnic Attitudes, and Group Behavior*, Wiley, 1972.

29.Robert E. Park, *Race and Culture*, Free Press, 1950.

30.Robert E. Park, Ernest W. Burgess, *Introduction to the Science of Sociology*, University of Chicago Press, 1921.

31.Robert E. Park, Ernest W. Burgess & Roderick D. McKenzie, *The City: Suggestions for Investigation of Human Behavior in the Urban Environment*, University of Chicago Press, 1984.

32.Sako Musterd, Wim Ostendorf, *Urban Segregation and the Welfare State: Inequality and Exclusion in Western Cities*, Routledge, 1998.

33.Stanley Lieberson, *A Piece of the Pie: Black and White Immigrants Since 1880*, University of California Press, 1980.

34.Stephen Castles, Mark J. Miller, *The Age of Migration: International Population Movements in the Modern World*, Guilford Press, 2003.

35.Stephen Grant Meyer, *As Long as They Don't Move Next Door: Segregation and Racial Conflict in American Neighborhoods*, Rowman & Littlefield, 2000.

36.Stephen W. Raudenbush, Anthony S. Bryk, *Hierarchical Linear Models: Applications and Data Analysis Methods(2nd edition)*, Sage, 2002.

37.Suzanne Keller, *The Urban Neighbourhood: A Sociological Perspective*, Random House, 1968.

38.Timothy A. Brown, *Confirmatory Factor Analysis for Applied Research*, Guilford Press, 2006.

39.William Alonso, *Location and Land Use: Toward a General Theory of Land Rent*, Harvard University Press, 1964.

40.William A. V. Clark, Frans M. Dieleman, *Households and Housing: Choice and Outcomes in the Housing Market*, Center for Urban Policy Research, 1996.

(二)期刊文章

1.Ade Kearns, Michael Parkinson, The Significance of Neighbourhood, *Urban Studies*, Vol.38, No.12, 2001, pp.2103–2110.

2.Alejandro Portes, Rationality in the Slum: An Essay on Interpretive Sociology, *Comparative Studies in Society and History*, Vol.14, No.3, 1972, pp.268–286.

3.Alejandro Portes, Social Capital: Its Origins and Applications in Modern Sociology, *Annual Review of Sociology*, Vol.24, No.1, 1998, pp.1–24.

4.Alejandro Portes, Min Zhou, The New Second Generation: Segmented Assimilation and Its Variants, *The Annals of the American Academy of Political and Social Science*, No.530, 1993, pp.74–96.

5.Alejandro Portes, Robert Nash Parker & José A. Cobas, Assimilation or Consciousness: Perceptions of U.S. Society among Recent Latin American Immigrants to the United States, *Social Forces*, Vol.59, No.1, 1980, pp.200–224.

6.Alexandre J. S. Morin, and Christophe Maïano, Cross-Validation of the Short Form of the Physical Self-Inventory(PSI-S)Using Exploratory Structural Equation Modeling(ESEM), *Psychology of Sport and Exercise*, Vol.12, No.5, 2011, pp.540-554.

7.Alfonso Echazarra, Residential Segregation of the Foreign Population in Madrid's Metropolitcan Area: A Quantitative Analysis, *Revista Internacional De Sociologia*, Vol.68, No.1, 2010, pp.165-197.

8.Alison Parkes, Ade Kearns & Rowland Atkinson, What Makes People Dissatisfied with their Neighbourhoods, *Urban Studies*, Vol.39, No.13, 2002, pp. 2413-2438.

9.Anita I. Drever, Separate Spaces, Separate Outcomes? Neighbourhood Impacts on Minorities in Germany, *Urban Studies*, Vol.41, No.8, 2004, pp.1423-1439.

10.A.Sule Özüekren, Ronald Van Kempen, Housing Careers of Minority Ethnic Groups: Experiences, Explanations and Prospects, *Housing Studies*, Vol.17, No.3, 2002, pp.365-379.

11.Barry Wellman, Barry Leighton, Networks, Neighborhoods, and Communities: Approaches to the Study of the Community Question, *Urban Affairs Quarterly*, Vol.14, No.3, 1979, pp.363-390.

12.Bengt O. Muthén, Contributions to Factor Analysis of Dichotomous Variables, Psychometrika, Vol.43, No.4, 1978, pp.551-560.

13.Bingqin Li, Floating Population or Urban Citizens? Status, Social Provision and Circumstances of Rural-Urban Migrants in China, *Social Policy and Administration*, Vol.40, No.2, 2006, pp.174-195.

14.Bingqin Li, Mark Duda & Xiangsheng An, Drivers of Housing Choice among Rural-to-Urban Migrants: Evidence from Taiyuan, *Journal of Asian Public Policy*, Vol.2, No.2, 2009, pp.142-156.

15.Bingqin Li, Yongmei Zhang, Housing Provision for Rural-Urban Migrant

Workers in Chinese Cities:The Roles of the State,Employers and the Market, *Social Policy and Administration*,Vol.45,No.6,2011,pp.694–713.

16.Brian J. L. Berry,Internal Structure of the City,*Law and Contemporary Problems*,Vol.30,No.1,1965,pp.111–119.

17.Camilli Zubrinsky Charles,The Dynamics of Racial Residential Segregation,*Annual Review of Sociology*,Vol.29,No.1,2003,pp.167–207.

18.Casey J. Dawkins,Recent Evidence on the Continuing Causes of Black–White Residential Segregation,*Journal of Urban Affairs*,Vol.26,No.3,2004,pp.379–400.

19.C. Cindy Fan,Rural–Urban Migration and Gender Division of Labor in Transitional China,*International Journal of Urban and Regional Research*,Vol.27,No.1,2003,pp.24–47.

20.C. Cindy Fan,Settlement Intention and Split Households:Findings from a Survey of Migrants in Beijing's Urban Villages,*China Review*,Vol.11,No.2,2011,pp.11–41.

21.Ceri Peach,Slippery Segregation:Discovering or Manufacturing Ghettos?,*Journal of Ethnic and Migration Studies*,Vol.35,No.9,2009,pp.1381–1395.

22.Christine DiStefano,Brian Hess,Using Confirmatory Factor Analysis for Construct Validation:An Empirical Review,*Journal of Psychoeducational Assessment*,Vol.23,No.3,2005,pp.225–241.

23.Christopher Howe,The Supply and Administration of Urban Housing in Mainland China:The Case of Shanghai,*China Quarterly*,No.33,1968,pp.73–97.

24.Chauncy D. Harris,Edward L. Ullman,The Nature of Cities,*Annals of the American Academy of Political and Social Science*,Vol.242,No.1,1945,pp.

7-17.

25.Craig K. Enders, Davood Tofighi, Centering Predictor Variables in Cross-sectional Multilevel Models: A New Look at an Old Issue, *Psychological Methods*, Vol.12, No.2, 2007, pp.121-138.

26.Daniel A. Sass, Thomas A. Schmitt, Introduction to the Special Issue: Moving Beyond Traditional Psychometric Approaches, *Journal of Psychoeducational Assessment*, Vol.29, No.4, 2011, pp.299-303.

27.David B. Flora, Patrick J. Curran, An Empirical Evaluation of Alternative Methods of Estimation for Confirmatory Factor Analysis with Ordinal Data, *Psychological Methods*, Vol.9, No.4, 2004, pp.466-491.

28.David W. Gerbing, Janet G. Hamilton, Viability of Exploratory Factor Analysis as a Precursor to Confirmatory Factor Analysis, *Structural Equation Modeling: A Multidisciplinary Journal*, Vol.3, No.1, 1996, pp.62-72.

29.David. W. S. Wong, Enhancing Segregation Studies Using GIS, Computers, *Environment and Urban Systems*, Vol.20, No.2, 1996, pp.99-109.

30.Deborah Phillips, Black Minority Ethnic Concentration, Segregation and Dispersal in Britain, *Urban Studies*, Vol.35, No.10, 1998, pp.1681-1702.

31.Deborah Phillips, Cathy Davis & Peter Ratcliffe, British Asian Narratives of Urban Space, *Transactions of the Institute of British Geographers*, Vol.32, No.2, 2007, pp.217-234.

32.Dennis Conway, Changing Perspectives on Squatter Settlements, Intraurban Mobility, and Constraints on Housing Choice of the Third World Urban Poor, *Urban Geography*, Vol.6, No.2, 1985, pp.170-192.

33.Donald O. Cowgill, Residential Segregation by Age in American Metropolitan Areas, *Journal of Gerontology*, Vol.33, No.3, 1978, pp.446–453.

34.Douglas S. Massey, Effects of Socioeconomic Factors on the Residential Segregation of Blacks and Spanish Americans in U.S. Urbanized Areas, *American Sociological Review*, Vol.44, No.6, 1979, pp.1015–1022.

35.Douglas S. Massey, Ethnic Residential Segregation: A Theoretical Synthesis and Empirical Review, *Sociology and Social Research*, Vol.69, No.3, 1985, pp.315–350.

36.Douglas S. Massey, Nancy A. Denton, Trends in the Residential Segregation of Blacks, Hispanics, and Asians: 1970–1980, *American Sociological Review*, Vol.52, No.6, 1987, pp.802–825.

37.Douglas S. Massey, Nancy A. Denton, Suburbanization and Segregation in U.S. Metropolitan Areas, *American Journal of Sociology*, Vol.94, No.3, 1988, pp.592–626.

38.Douglas S. Massey, Brendan P. Mullan, Processes of Hispanic and Black Spatial Assimilation, *American Journal of Sociology*, Vol.89, No.4, 1984, pp.836–873.

39.Feng Wang, Xuejin Zuo, Inside China's Cities: Institutional Barriers and Opportunities for Urban Migrants, *American Economic Review*, Vol.89, No.2, 1999, pp.276–280.

40.George C. Galster, Kurt Metzger & Ruth Waite, Neighborhood Opportunity Structures of Immigrant Populations, 1980 and 1990, *Housing Policy Debate*, Vol.10, No.2, 1999a, pp.395–442.

41.George C. Galster, Kurt Metzger & Ruth Waite, Neighborhood Opportunity Structures and Immigrants' Socioeconomic Advancement, *Journal of Housing*

Research, Vol.10, No.1, 1999b, pp.95–127.

42.George Galster, Should Policy Makers Strive for Neighborhood Social Mix? An Analysis of the Western European Evidence Base, *Housing Studies*, Vol.22, No.4, 2007, pp.523–545.

43.Gideon Bolt, Ronald Van Kempen, Escaping Poverty Neighbourhoods in the Netherlands, Housing, *Theory and Society*, Vol.20, No.4, 2003, pp.209–222.

44.Gideon Bolt, Ronald Van Kempen, Ethnic Segregation and Residential Mobility: Relocations of Minority Ethnic Groups in the Netherlands, *Journal of Ethnic and Migration Studies*, Vol.36, No.2, 2010, pp.333–354.

45.Gideon Bolt, Jack Burgers & Ronald Van Kempen, On the Social Significance of Spatial Location: Spatial Segregation and Social Inclusion, *Netherlands Journal of Housing and the Built Environment*, Vol.13, No.1, 1998, pp.83–95.

46.Gideon Bolt, A. Sule Özüekren & Deborah Phillips, Linking Integration and Residential Segregation, *Journal of Ethnic and Migration Studies*, Vol.36, No.2, 2010, pp.169–186.

47.Glenn Firebaugh, Kenneth E. Davis, Trends in Antiblack Prejudice, 1972–1984: Region and Cohort Effects, *American Journal of Sociology*, Vol.94, No.2, 1988, pp.251–272.

48.Hazel A. Morrow–Jones, The Housing Life –Cycle and the Transition from Renting to Owning a Home in the United States: A Multistate Analysis, *Environment and Planning A: Economy and Space*, Vol.20, No.9, 1988, pp.1165–1184.

49.Herbert W. Marsh, Bengt Muthén, Tihomir Asparouhov, Oliver Lüdtke, Alexander Robitzsch, Alexandre J. S. Morin & Ulrich Trautwein, Exploratory

Structural Equation Modeling, Integrating CFA and EFA: Application to Students' Evaluations of University Teaching, *Structural Equation Modeling: A Multidisciplinary Journal*, Vol.16, No.3, 2009, pp.439-476.

50.Herbert W. Marsh, Benjamin Nagengast & Alexandre J. S. Morin, Measurement Invariance of Big-Five Factors over the Life Span: ESEM Tests of Gender, Age, Plasticity, Maturity, and La Dolce Vita Effects, *Developmental Psychology*, Vol.49, No.6, 2013, pp.1194-1218.

51.Herbert W. Marsh, Benjamin Nagengast, Alexandre J. S. Morin, Roberto H. Parada, Rhonda G. Craven & Linda R. Hamilton, Construct Validity of the Multidimensional Structure of Bullying and Victimization: An Application of Exploratory Structural Equation Modeling, *Journal of Educational Psychology*, Vol. 103, No.3, 2011a, pp.701-732.

52.Herbert W. Marsh, Gregory Arief D. Liem, Andrew J. Martin, Alexandre J. S. Morin & Benjamin Nagengast, Methodological Measurement Fruitfulness of Exploratory Structural Equation Modeling (ESEM): New Approaches to Key Substantive Issues in Motivation and Engagement, *Journal of Psychoeducational Assessment*, Vol.29, No.4, 2011b, pp.322-346.

53.Herbert W. Marsh, Oliver Lüdtke, Bengt Muthén, Tihomir Asparouhov, Alexandre J. S. Morin, Ulrich Trautwein & Benjamin Nagengast, A New Look at the Big Five Factor Structure through Exploratory Structural Equation Modeling, *Psychological Assessment*, Vol.22, No.3, 2010, pp.471-491.

54.Hiroshi Sato, Housing Inequality and Housing Poverty in Urban China in the Late 1990s, *China Economic Review*, Vol.17, No.1, 2006, pp.37-50.

55.Howard M. Bahr, Jack P. Gibbs, Racial Differentiation in American

Metropolitan Areas, *Social Forces*, Vol.45, No.4, 1967, pp.521–532.

56.Ichiro Kawachi, Bruce P. Kennedy, Kimberly Lochner & Deborah Pro-throw-Stith, Social Capital, Income Inequality, and Mortality, *American Journal of Public Health*, Vol.87, No.9, 1997, pp.1491–1498.

57.Ivan Szelényi, Social Inequalities in State Socialist Redistributive E-conomies, *International Journal of Comparative Sociology*, No.19, 1978, pp.63–87.

58.James C. Hayton, David G. Allen & Vida Scarpello, Retention Decisions in Exploratory Factor Analysis: A Tutorial on Parallel Analysis, *Organizational Research Methods*, Vol.7, No.2, 2004, pp.191–205.

59.James Hanlon, Unsightly Urban Menaces and the Rescaling of Residential Segregation in the United States, *Journal of Urban History*, Vol.37, No.5, 2011, pp.732–756.

60.James H. Steiger, Structural Model Evaluation and Modification: An Interval Estimation Approach, *Multivariate Behavioral Research*, Vol.25, No.2, 1990, pp.173–180.

61.James M. Wood, Douglas J. Tataryn & Richard L. Gorsuch, Effects of Under-and Overextraction on Principal Axis Factor Analysis with Varimax Rotation, *Psychological Methods*, Vol.1, No.4, 1996, pp.354–365.

62.Janet Abu-Lughod, Migrant Adjustment to City Life: the Egyptian Case, *American Journal of Sociology*, Vol.67, No.1, 1961, pp.22–32.

63.Jan Pieter Van Oudenhoven, Karin S. Prins & Bram P. Buunk, Attitudes of Minority and Majority Members towards Adaptation of Immigrants, *European Journal of Social Psychology*, Vol.28, No.6, 1998, pp.995–1013.

64.Jeffrey C. Dixon, The Ties That Bind and Those That Don't: Toward

Reconciling Group Threat and Contact Theories of Prejudice, *Social Forces*, Vol. 84, No.4, 2006, pp.2179-2204.

65.Jenny Onyx, Paul Bullen, Measuring Social Capital in Five Communities, *The Journal of Applied Behavioral Science*, Vol.36, No.1, 2000, pp.23-42.

66.Joe T. Darden, Sameh M. Kamel, Black Residential Segregation in the City and Suburbs of Detroit: Does Socioeconomic Status Matter?, *Journal of Urban Affairs*, Vol.22, No.1, 2000, pp.1-13.

67.John C. Turner, Housing Priorities, Settlement Patterns, and Urban Development in Modernizing Countries, *Journal of the American Institute of Planners*, Vol.34, No.6, 1968, pp.354-363.

68.John Ermisch, Pamela D. Salvo, Surprises and Housing Tenure Decisions in Great Britain, *Journal of Housing Economics*, Vol.5, No.3, 1996, pp.247-273.

69.John Goldlust, Anthony H. Richmond, A Multivariate Model of Immigrant Adaptation, *International Migration Review*, Vol.8, No.2, 1974, pp.193-225.

70.John Iceland, Melissa Scopilliti, Immigrant Residential Segregation in U. S. Metropolitan Areas, 1990-2000, *Demography*, Vol.45, No.1, 2008, pp.79-94.

71.John Knight, Lina Song & Jia Huaibin, Chinese Rural Migrants in Urban Enterprises: Three Perspectives, *The Journal of Development Studies*, Vol.35, No. 3, 1999, pp.73-104.

72.John R. Logan, Yanjie Bian & Fuqin Bian, Housing Inequality in Urban China in the 1990s, *International Journal of Urban and Regional Research*, Vol. 23, No.1, 1999, pp.7-25.

73.John R. Logan, Yiping Fang & Zhanxin Zhang, Access to Housing in Urban China, *International Journal of Urban and Regional Research*, Vol.33, No.

4,2009,pp.914-935.

74.John R. Logan,Yiping Fang & Zhanxin Zhang,The Winners in China's Urban Housing Reform,*Housing Studies*,Vol.25,No.1,2010,pp.101-117.

75.John W. Berry,Immigration,Acculturation,and Adaptation,*Applied Psychology:An International Review*,Vol.46,No.1,1997,pp.5-34.

76.Joseph P. Tierney,A Comparative Examination of the Residential Segregation of Persons 65 to 74 and Persons 75 and Above in 18 United States Metropolitan Areas for 1970 and 1980,*Journal of Gerontology*,Vol.42,No.1,1987, pp.101-106.

77.Justin Allen Berg,Core Networks and Whites' Attitudes toward Immigrants and Immigration Policy,*Public Opinion Quarterly*,Vol.73,No.1,2009,pp. 7-31.

78.Jürgen Friedrichs,George Galster & Sako Musterd,Neighbourhood Effects on Social Opportunities:The European and American Research and Policy Context,*Housing Studies*,Vol.18,No.6,2003,pp.797-806.

79.J. Vernon Henderson,Yannis M. Ioannides,Owner Occupancy:Investment vs Consumption Demand,*Journal of Urban Economics*,Vol.21,No.2,1987, pp.228-241.

80.Kam Wing Chan,Li Zhang,The Hukou System and Rural-Urban Migration in China:Processes and Changes,*China Quarterly*,No.160,1999,pp.818-855.

81.Kenneth Clark,Stephen Drinkwater,Enclaves,Neighbourhood Effects and Employment Outcomes:Ethnic Minorities in England and Wales,*Journal of Population Economics*,Vol.15,No.1,2002,pp.5-29.

82.Kim Korinek, Barbara Entwisle & Aree Jampaklay, Through Thick and Thin: Layers of Social Ties and Urban Settlement among Thai Migrants, *American Sociological Review*, Vol.70, No.5, 2005, pp.779–800.

83.Kingsley Davis, Asia's Cities: Problems and Options, *Population and Development Review*, Vol.1, No.1, 1975, pp.71–86.

84.Kristopher J. Preacher, Andrew F. Hayes, Asymptotic and Resampling Strategies for Assessing and Comparing Indirect Effects in Multiple Mediator Models, *Behavior Research Methods*, Vol.40, No.3, 2008, pp.879–891.

85.Kyle D. Crowder, Residential Segregation of West Indians in the New York/New Jersey Metropolitan Area: The Roles of Race and Ethnicity, *International Migration Review*, Vol.33, No.1, 1999, pp.79–113.

86.Lance Freeman, Does Spatial Assimilation Work for Black Immigrants in the U.S.?, *Urban Studies*, Vol.39, No.11, 2002, pp.1983–2003.

87.Lars Marcus, Spatial Capital: A Proposal for an Extension of Space Syntax into a More General Urban Morphology, *The Journal of Space Syntax*, Vol.1, No.1, 2010, pp.30–40.

88.Lauren M. McLaren, Anti-Immigrant Prejudice in Europe: Contact, Threat Perception, and Preferences for the Exclusion of Migrants, *Social Forces*, Vol. 81, No.3, 2003, pp.909–936.

89.Lawrence Bobo, Keeping the Linchpin in Place: Testing the Multiple Sources of Opposition to Residential Integration, *International Review of Social Psychology*, Vol.2, No.3, 1989, pp.305–323.

90.Lawrence Bobo, Camille L. Zubrinsky, Attitudes on Residential Integration: Perceived Status Differences, Mere In-Group Preference, or Racial Prejudice?, *Social Forces*, Vol.74, No.3, 1996, pp.883–909.

91.Lawrence R. James, Jeanne M. Brett, Mediators, Moderators, and Tests for Mediation, *Journal of Applied Psychology*, Vol.69, No.2, 1984, pp.307–321.

92.Leandre R. Fabrigar, Duane T. Wegener, Robert C. MacCallum & Erin J. Strahan, Evaluating the Use of Exploratory Factor Analysis in Psychological Research, *Psychological Methods*, Vol.4, No.3, 1999, pp.272–299.

93.Lincoln Quillian, Prejudice as a Response to Perceived Group Threat: Population Composition and Anti–Immigrant and Racial Prejudice in Europe, *American Sociological Review*, Vol.60, No.4, 1995, pp.586– 611.

94.Li–tze Hu, Peter M. Bentler, Cutoff Criteria for Fit Indexes in Covariance Structure Analysis: Conventional Criteria versus New Alternatives, *Structural Equation Modeling: A Multidisciplinary Journal*, Vol.6, No.1, 1999, pp.1–55.

95.Ludi Simpson, Statistics of Racial Segregation: Measures, Evidence and Policy, *Urban Studies*, Vol.41, No.3, 2004, pp.661–681.

96.Lutz Sager, Residential Segregation and Socioeconomic Neighbourhood Sorting: Evidence at the Micro –neighbourhood Level for Migrant Groups in Germany, *Urban Studies*, Vol.49, No.12, 2012, pp.2617–2632.

97.Maarten van Ham, William A.V. Clark, Neighbourhood Mobility in Context: Household Moves and Changing Neighbourhoods in the Netherlands, *Environment and Planning*, Vol.41, No.6, 2009, pp.1442–1459.

98.Maria Krysan, Mick P. Couper, Reynolds Farley & Tyrone A. Forman, Does Race Matter in Neighborhood Preferences? Results from a Video Experiment, *American Journal of Sociology*, Vol.115, No.2, 2009, pp.527–559.

99.Marinus C. Deurloo, Sako Musterd, Ethnic Clusters in Amsterdam,

1994-1996:A Micro-area Analysis, *Urban Studies*, Vol.35, No.3, 1998, pp.385-396.

100.Mark Reiser, Maria VandenBerg, Validity of the Chi-Square Test in Dichotomous Variable Factor Analysis When Expected Frequencies are Small, *British Journal of Mathematical and Statistical Psychology*, Vol.47, No.1, 1994, pp.85-107.

101.Michael E. Sobel, Asymptotic Confidence Intervals for Indirect Effects in Structural Equation Models, *Sociological Methodology*, No.13, 1982, pp.290-312.

102.Michael Hughes, Steven A. Tuch, Gender Differences in Whites' Racial Attitudes:Are Women's Attitudes Really More Favorable?, *Social Psychology Quarterly*, Vol.66, No.4, 2003, pp.384-401.

103.Michael Storper, Richard Walker, The Theory of Labour and the Theory of Location, *International Journal of Urban and Regional Research*, Vol.7, No.1, 1983, pp.1-43.

104.Min Zhou, Coming of Age:The Current Situation of Asian American Children, *Amerasia Journal*, Vol.25, No.1, 1999, pp.1-27.

105.Ming Zhuang, The Social Support Network for Rural Migrant Workers in Chengdu, China:Local Governance and Civil Society in the Fight Against Poverty and Exclusion, *IDS Bulletin*, Vol.40, No.6, 2009, pp.41-49.

106.Moshe Semyonov, Anya Glikman, Ethnic Residential Segregation, Social Contacts, and Anti-Minority Attitudes in European Societies, *European Sociological Review*, Vol.25, No.6, 2009, pp.693-708.

107.Moshe Semyonov, Rebecca Raijman, Anat Yom Tov & Peter Schmidt,

Population Size, Perceived Threat, and Exclusion: A Multiple-Indicators Analysis of Attitudes toward Foreigners in Germany, *Social Science Research*, Vol.33, No.4, 2004, pp.681-701.

108.Nick Buck, Identifying Neighbourhood Effects on Social Exclusion, *Urban Studies*, Vol.38, No.12, 2001, pp.2251-2275.

109.Otis Dudley Duncan, Beverly Duncan, Residential Distribution and Occupational Stratification, *American Journal of Sociology*, Vol.60, No.5, 1955a, pp.493-503.

110.Otis Dudley Duncan, Beverly Duncan, A Methodological Analysis of Segregation Indexes, *American Sociological Review*, Vol.20, No.2, 1955b, pp.210-217.

111.Patricia Ehrkamp, Placing Identities: Transnational Practices and Local Attachments of Turkish Immigrants in Germany, *Journal of Ethnic and Migration Studies*, Vol.31, No.2, 2005, pp.345-364.

112.Peter Saunders, Beyond Housing Classes: The Sociological Significance of Private Property Rights in Means of Consumption, *International Journal of Urban and Regional Research*, Vol.8, No.2, 1984, pp.202-227.

113.R. Darrell Bock, Marcus Lieberman, Fitting a Response Model for Dichotomously Scored Items, *Psychometrika*, Vol.35, No.2, 1970, pp.179-187.

114.Reuben M. Baron, David A. Kenny, The Moderator-Mediator Variable Distinction in Social Psychological Research: Conceptual, Strategic, and Statistical Considerations, *Journal of Personality and Social Psychology*, Vol.51, No.6, 1986, pp.1172-1182.

115.Reynolds Farley, Charlotte Steeh, Maria Krysan, Tara Jackson & Keith

Reeves, Stereotypes and Segregation: Neighborhoods in the Detroit Area, *American Journal of Sociology*, Vol.100, No.3, 1994, pp.750-780.

116.Reynolds Farley, William H. Frey, Changes in the Segregation of Whites from Blacks during the 1980s: Small Steps toward a More Integrated Society, *American Sociological Review*, Vol.59, No.1, 1994, pp.23-45.

117.Richard D. Alba, John R. Logan, Variations on Two Themes: Racial and Ethnic Patterns in the Attainment of Suburban Residence, *Demography*, Vol.28, No.3, 1991, pp.431-453.

118Richard D. Alba, Ruben G. Rumbaut & Kenneth Marotz, A Distorted Nation: Perceptions of Racial/Ethnic Group Sizes and Attitudes toward Immigrants and Other Minorities, *Social Forces*, Vol.84, No.2, 2005, pp.901-919.

119.Richard D. Alba, Victor Nee, Rethinking Assimilation Theory for a New Era of Immigration, *International Migration Review*, Vol.31, No.4, 1997, pp.826-874.

120.Richard Ulack, Migration to the Slum and Squatter Communities of Cagayan de Oro City, The Philippines, *International Migration Review*, Vol.10, No.3, 1976, pp.355-376.

121.Robert C. MacCallum, Keith F. Widaman, Shaobo Zhang & Sehee Hong, Sample Size in Factor Analysis, *Psychological Methods*, Vol.4, No.1, 1999, pp.84-99.

122.Robert E. Park, The City: Suggestions for Investigation of Human Behavior in the Urban Environment, *American Journal of Sociology*, Vol.20, No.5, 1915, pp.577-612.

123.Robert E. Park, Human Migration and the Marginal Man, *American*

Journal of Sociology, Vol.33, No.6, 1928, pp.881–893.

124.Robert J. Sampson, Jeffrey D. Morenoff & Thomas Gannon–Rowley, Assessing "Neighborhood Effects": Social Processes and New Directions in Research, *Annual Review of Sociology*, Vol.28, No.1, 2002, pp.443–478.

125.Robert M. Jiobu, Harvey H. Marshall Jr., Urban Structure and the Differentiation between Blacks and Whites, *American Sociological Review*, Vol.36, No.4, 1971, pp.638–649.

126.Robin K. Henson, J. Kyle Roberts, Use of Exploratory Factor Analysis in Published Research: Common Errors and Some Comment on Improved Practice, *Educational and Psychological Measurement*, Vol.66, No.3, 2006, pp.393–416.

127.Roderick Duncan Mckenzie, The Neighborhood: A Study of Local Life in the City of Columbus, Ohio, *American Journal of Sociology*, Vol.27, No.3, 1970, pp.344–363.

128.Roderick P. McDonald, Kapur S. Ahlawat, Difficulty Factors in Binary Data, *British Journal of Mathematical and Statistical Psychology*, Vol.27, No.1, 1974, pp.82–99.

129.Roderick P. McDonald, Moon–Ho Ringo Ho, Principles and Practice in Reporting Structural Equation Analyses, *Psychological Methods*, Vol.7, No.1, 2002, pp.64–82.

130.Rogers Brubaker, The Return of Assimilation? Changing Perspectives on Immigration and Its Sequels in France, Germany, and the United States, *Ethnic and Racial Studies*, Vol.24, No.4, 2001, pp.531–548.

131.Ronald Van Kempen, A. Sule Özüekren, Ethnic Segregation in Cities: New Forms and Explanations in a Dynamic World, *Urban Studies*, Vol.35, No.

10,1998,pp.1631–1656.

132.Sako Musterd,Social and Ethnic Segregation in Europe:Levels,Causes, and Effects,*Journal of Urban Affairs*,Vol.27,No.3,2005,pp.331–348.

133.Sako Musterd,Mariëlle De Winter,Conditions for Spatial Segregation: Some European Perspectives,*International Journal of Urban and Regional Research*,Vol.22,No.4,1998,pp.665–673.

134.Sako Musterd,Roger Andersson,Housing Mix,Social Mix,and Social Opportunities,*Urban Affairs Review*,Vol.40,No.6,2005,pp.761–790.

135.Sako Musterd,Wim Ostendorf,Residential Segregation and Integration in the Netherlands,*Journal of Ethnic and Migration Studies*,Vol.35,No.9,2009, pp.1515–1532.

136.Shenjing He,Yuting Liu,Fulong Wu & Chris Webster,Social Groups and Housing Differentiation in China's Urban Villages:An Institutional Interpretation,*Housing Studies*,Vol.25,No.5,2010,pp.671–691.

137.Silke L. Schneider,Anti–Immigrant Attitudes in Europe:Outgroup Size and Perceived Ethnic Threat,*European Sociological Review*,Vol.24,No.1,2008, pp.53–67.

138.Siqi Zheng,Fenjie Long,C. Cindy Fan & Yizhen Gu,Urban Villages in China:A 2008 Survey of Migrant Settlements in Beijing,*Eurasian Geography and Economics*,Vol.50,No.4,2009,pp.425–446.

139.Sonia Arbaci,Jorge Malheiros,De –Segregation,Peripheralisation and the Social Exclusion of Immigrants:Southern European Cities in the 1990s, *Journal of Ethnic and Migration Studies*,Vol.36,No.2,2010,pp.227–255.

140.Stanley A. Renshon,Immigrant Attachment and Community Integra–

tion:A Psychological Theory of Facilitating New Membership,*Migrations and Identities*,Vol.1,No.1,2008,pp.75–96.

141.Susan Eckstein,Urbanization Revisited:Inner–city Slum of Hope and Squatter Settlement of Despair,*World Development*,Vol.18,No.2,1990,pp.165–181.

142.Susanne Urban,Is the Neighbourhood Effect an Economic or an Immigrant Issue? A Study of the Importance of the Childhood Neighbourhood for Future Integration into the Labour Market,*Urban Studies*,Vol.46,No.3,2009,pp.583–603.

143.Thomas A. Schmitt,Current Methodological Considerations in Exploratory and Confirmatory Factor Analysis,*Journal of Psychoeducational Assessment*,Vol.29,No.4,2011,pp.304–321.

144.Thomas C. Schelling,Dynamic Models of Segregation,*Journal of Mathematical Sociology*,Vol.1,No.2,1971,pp.143–186.

145.Thomas F. Pettigrew,Intergroup Contact Theory,*Annual Review of Psychology*,No.49,1998,pp.65–85.

146.Thomas J. Espenshade,Katherine Hempstead,Contemporary American Attitudes toward U.S. Immigration,*International Migration Review*,Vol.30,No.2,1996,pp.535–570.

147.Tihomir Asparouhov,Bengt Muthén,Exploratory Structural Equation Modeling,*Structural Equation Modeling:A Multidisciplinary Journal*,Vol.16,No.3,2009,pp.397–438.

148.Valerie A. Lewis,Michael O. Emerson & Stephen L. Klineberg,Who We'll Live With:Neighborhood Racial Composition Preferences of Whites,

Blacks and Latinos, *Social Forces*, Vol.89, No.4, 2011, pp.1385–1407.

149. Victoria M. Esses, John F. Dovidio, Lynne M. Jackson & Tamara L. Armstrong, The Immigration Dilemma: The Role of Perceived Group Competition, Ethnic Prejudice, and National Identity, *Journal of Social Issues*, Vol.57, No.3, 2001, pp.389–412.

150. Wayne F. Velicer, Joseph L. Fava, Effects of Variable and Subject Sampling on Factor Pattern Recovery, *Psychological Methods*, Vol.3, No.2, 1998, pp.231–251.

151. W. Clark Roof, Residential Segregation of Blacks and Racial Inequality in Southern Cities: Toward a Causal Model, *Social Problems*, Vol.19, No.3, 1972, pp.393–407.

152. Weiping Wu, Migrant Housing in Urban China: Choices and Constraints, *Urban Affairs Review*, Vol.38, No.1, 2002, pp.90–119.

153. Weiping Wu, Sources of Migrant Housing Disadvantage in Urban China, *Environment and Planning A: Economy and Space*, Vol.36, No.7, 2004, pp.1285–1304.

154. Wenda Van Der Laan Bouma–Doff, Confined Contact: Residential Segregation and Ethnic Bridges in the Netherlands, *Urban Studies*, Vol.44, No.5–6, 2007, pp.997–1017.

155. Wilfred G. Marston, Thomas L. Van Valey, The Role of Residential Segregation in the Assimilation Process, *The Annals of the American Academy of Political and Social Science*, Vol.441, No.1, 1979, pp.13–25.

156. William A. V. Clark, Residential Preferences and Residential Choices in a Multiethnic Context, *Demography*, Vol.29, No.3, 1992, pp.451–466.

157.William A. V. Clark, Anita I. Drever, Residential Mobility in a Constrained Housing Market: Implications for Ethnic Populations in Germany, *Environment and Planning A*, Vol.32, No.5, 2000, pp.833–846.

158.William A. V. Clark, Marinus C. Deurloo & Frans M. Dieleman, Tenure Changes in the Context of Micro–Level Family and Macro–Level Economic Shifts, *Urban Studies*, Vol.31, No.1, 1994, pp.137–154.

159.William A. V. Clark, Marinus C. Deurloo & Frans M. Dieleman, Entry to Home–ownership in Germany: Some Comparisons with the United States, *Urban Studies*, Vol.34, No.1, 1997, pp.7–19.

160.William R. Zwick, Wayne F. Velicer, Comparison of Five Rules for Determining the Number of Components to Retain, *Psychological Bulletin*, Vol.99, No.3, 1986, pp.432–442.

161.Wirth Louis, Urbanism as a Way of Life, *American Journal of Sociology*, Vol.44, No.1, 1938, pp.1–24.

162.Yannis M. Ioannides, Stuart S. Rosenthal, Estimating the Consumption and Investment Demands for Housing and Their Effect on Housing Tenure Status, *The Review of Economics and Statistics*, Vol.76, No.1, 1994, pp.127–141.

163.Ya Ping Wang, Living Conditions of Migrants in Inland Chinese Cities, *Journal of Comparative Asian Development*, Vol.2, No.1, 2003, pp.47–69.

164.Ya Ping Wang, Alan Murie, Social and Spatial Implications of Housing Reform in China, *International Journal of Urban and Regional Research*, Vol.24, No.2, 2000, pp.397–417.

165.Ya Ping Wang, Yanglin Wang & Jiansheng Wu, Housing Migrant Work ers in Rapidly Urbanizing Regions: A Study of the Chinese Model in

Shenzhen, *Housing Studies*, Vol.25, No.1, 2010, pp.83-100.

166.Yok-Shiu F. Lee, The Urban Housing Problem in China, *China Quarterly*, No.115, 1988, pp.387-407.

167.Youqin Huang, Renters' Housing Behaviour in Transitional Urban China, *Housing Studies*, Vol.18, No.1, 2003, pp.103-126.

168.Youqin Huang, Housing Markets, Government Behaviors, and Housing Choice: A Case Study of Three Cities in China, *Environment and Planning A*, Vol.36, No.1, 2004, pp.45-68.

169.Youqin Huang, Ran Tao, Housing Migrants in Chinese Cities: Current Status and Policy Design, *Environment and Planning C: Government and Policy*, Vol.33, No.3, 2015, pp.640-660.

170.Youqin Huang, William A. V. Clark, Housing Tenure Choice in Transitional Urban China: A Multilevel Analysis, *Urban Studies*, Vol.39, No.1, 2002, pp.7-32.

171.Yu Zhu, Wenzhe Chen, The Settlement Intention of China's Floating Population in the Cities: Recent Changes and Multifaceted Individual -Level Determinants, Population, *Space and Place*, Vol.16, No.4, 2010, pp.253-267.

(三)其他文献

1.Amos H. Hawley, Dispersion versus Segregation: Apropos of a Solution of Race Problems, *Papers of the Michigan Academy of Science, Arts, and Letters*, No.30, 1944, pp.667-674.

2.Bengt O. Muthén, Stephen H. C. du Toit & Damir Spisic, Robust Inference Using Weighted Least Squares and Quadratic Estimating Equations in Latent Vari able Modeling with Categorical and Continuous Outcomes, 1997, Unpublished technical report, paper can be download from http://www.statmodel.com/download/Article_075.pdf.

3.Camille Zubrinsky Charles, Processes of Racial Residential Segregation, Alice O' Connor, Chris Tilly & Lawrence D. Bobo, *Urban Inequality: Evidence from Four Cities*, Russell Sage Foundation, 2001, pp.217-271.

4.C. Cindy Fan, Migration, *Hukou*, and the Chinese City, Shahid Yusuf and Tony Saich, *China Urbanizes: Consequences, Strategies, and Policies*, The World Bank, 2008, pp.65-89.

5.Ching-Yun Yu, *Evaluating Cutoff Criteria of Model Fit Indices for Latent Variable Models with Binary and Continuous Outcomes*, Ph. D diss., University of California, Los Angeles, 2002.

6.Daphne Spain, Housing Quality and Affordability among Female Householders, Dowell Myers, *Housing Demography: Linking Demographic Structure and Housing Markets*, University of Wisconsin Press, 1990, pp.86-108.

7.David. W. S. Wong, Conceptual and Operational Issues in Incorporating Segregation Measurements in Hedonic Price Modeling, Andrea Baranzini, José Ramirez, Caroline Schaerer & Philippe Thalmann, Hedonic Methods in Housing Markets, Springer, 2008, pp.159-175.

8.Ernest W. Burgess, The Growth of the City: An Introduction to a Research Project, Robert E. Park, Ernest W. Burgess & R. D. McKenzie, *The City: Suggestions for Investigation of Human Behavior in the Urban Environment*, University of Chicago Press, 1925, pp.47–62.

9.George C. Galster, Neighborhood Social Mix: Theory, Evidence, and Implications for Policy and Planning, Naomi Carmon and Susan S. Fainstein, *Policy, Planning and People: Promoting Justice in Urban Development*, Univerisity of Pennsylvania Press, 2013, pp.307–336.

10.Harry W. Richardson, *City Size and National Spatial Strategies in Developing Countries*, World Bank Staff Working Paper No.252, 1977.

11.Henri Tajfel, John C. Turner, An Integrative Theory of Intergroup Conflict, William G. Austin and Stephen Worchel, *The Social Psychology of Intergroup Relations*, Brooks Cole, 1979, pp.33–47.

12.Lars Marcus, Spatial Capital and How to Measure It: An Outline of an Analytical Theory of Urban Form, Urban Morphology Research Paper No.005, Sixth International Space Syntax Symposium, Istanbul, 2007.

13.Linda K. Muthén, Bengt O. Muthén, *Mplus User's Guide (7th edition)*, Muthén & Muthén, 1998–2012.

14.Margery Austin Turner, Stephen L. Ross, *Discrimination in Metropolitan Housing Markets: Phase 2–Asians and Pacific Islanders*, Submitted to U.S. Department of Housing and Urban Development, Washington, DC, 2003.

15.Margery Austin Turner, Stephen L. Ross, George C. Galster & John Yinger, *Discrimination in Metropolitan Housing Markets: National Results from Phase 1 HDS2000*, Submitted to U.S. Department of Housing and Urban Development, Washington, DC, 2002.

16.Pierre Bourdieu, The Forms of Capital, John G. Richardson, *Handbook of Theory and Research for the Sociology of Education*, Greenwood Press, 1986, pp.241–258.

17.Robert A. Murdie, *Factorial Ecology of Metropolitan Toronto, 1951–1961*, Department of Geography Research Paper No.116, The University of Chicago, 1969.

18.Wilbur A. Steger, Economic and Social Costs of Residential Segregation, Marion Clawson, *Modernizing Urban Land Policy*, Johns Hopkins University Press, 1973, pp.87–113.

19.World Bank, *Sharing Rising Incomes: Disparities in China*, The World Bank, 1997.

20.Yanjie Bian, John R. Logan, Hanlong Lu, Yunkang Pan & Ying Guan, Work Units and Housing Reform in Two Chinese Cities, Xiaobo Lu and Elizabeth J. Perry, *Danwei: The Changing Chinese Workplace in Historical and Comparative Perspective*, M. E. Sharpe, 1997, pp.223–250.

21.Youqin Huang, *Housing Choices in Transitional Urban China*, Ph.D diss., University of California, Los Angeles, 2001.

22.Youqin Huang, From Work –Unit Compounds to Gated Communities: Housing Inequality and Residential Segregation in Transitional Beijing, Laurence J. C. Ma and Fulong Wu, *Restructuring the Chinese Cities: Changing Society, Economy and Space*, Routledge, 2005, pp.192–221.